차트투자의 기술

차트투자의 기술

초판 1쇄 인쇄 | 2008년 2월 12일
초판 3쇄 발행 | 2009년 4월 1일

지은이 | 임상현
펴낸이 | 전익균

이사 | 송영욱, 임상현
마케팅 | 오정민   경영지원 | 최예란
교정, 교열 | 이남경, 이미순   디자인 | 김희숙, 이호영
찍은곳 | 예림인쇄   출력 | 스크린   제본 | 바다제책

펴낸곳 | (주)새빛에듀넷
주소 | 서울 강남구 역삼동 723-28 영빌딩 1, 2층
전화 | 02-3442-4393~4   팩스 | 02-3442-6771
e-mail | svedu@hanmail.net   홈페이지 | www.assetclass.co.kr
등록번호 | 제16-4043호   등록일자 | 2006. 11. 28

값 18,000원
ISBN 978-89-92873-14-7 (13320)

* 잘못 만들어진 책은 구입하신 곳에서 바꾸어 드립니다.

아무도 가르쳐주지 않았던 **주가파동의 비밀!**

캔들의 생성원리와 이동평균선
매매기법 그리고 거래량의 비밀!!

차트투자의

STANDARD OF TECHNICAL ANALYSIS

기술

임상현 지음

도서출판 새빛
AEVIT

　　재테크의 수단으로 주식투자가 새로운 대안으로 자리를 잡아가고 있다. 간접투자를 하기 위해 펀드가입을 하거나 직접투자를 하기 위해 주가차트를 보고 매매하는 현상이 보편화되고 있지만, 투자의 판단을 하는 시기나 매매타이밍을 정할 때 필요한 것은 기술적 분석의 도구들이다.

　　'차트투자의 기술' 이라는 용어는 차트에 나타난 모든 시그널을 살펴 투자를 결정하는 일반적인 방식을 알기 쉽게 핵심을 정리한 것이며 또한, 이것을 적용하는 기준과 원칙을 객관적이고 과학적인 개념으로 정립한 것을 표현한 말이기도 하다. 이 책에서는 일반적으로 알려진 캔들과 이평선 그리고 파동원리를 설명하고 분석했다. 더불어 새로운 시간 개념을 도입하여 원리적인 이해를 돕도록 노력하였다. 단순히 피상적인 내용을 기술한 것이 아니라 파동의 원리를 적용하여 주가파동의 실체를 파악하는데 역점을 두었다.

　　흔히 기술적 분석은 어디서나 배울 수 있는 내용이라고 하지만, 파동이 생성되면서　움직이는 원리는 일반적으로 알고 있는 개념을 초월한 영역에 자리잡고 있다. 파동은 매우 불규칙적이고 우연적으로 움직이는 것처럼 보이지만, 이면적인 파동원리를 통해 보면 매우 필연적인 규칙과 질서를 가지고 있음을 알 수 있다. 인생의 의미를 아무도 가르쳐 주지 않듯이 기술적 분석 역시 그렇다.

캔들의 원리를 보면, 주가파동의 에너지를 읽을 수 있는 형상이 나타난다. 주가의 변곡이 될 만한 파동이 나타난 이후에는 본격적인 추세전환이나 추세지속이 나타난다. 그러나 기준이 되는 특정 캔들과 캔들의 원형을 간단하게 구분하여 지지와 저항 그리고 중심을 찾는 방법이 있는지 제대로 알수 없다.

이평선의 원리를 살펴보면, 이평선은 주가의 평균을 의미할 뿐 아니라 시간의 단위를 나타내는 지표이다. 이평선은 시간의 마디를 나타내기 때문에 주가가 상승에너지에서 움직이는지 하락에너지에서 움직이는지 판단이 가능하다. 그러나 이평선의 개념을 단순하게 알기 때문에 이평선의 특성이 매매신호의 기준인지 제대로 알수 없다.

필자는 주가파동의 원리를 터득하기 위해서 자연현상의 파동원리부터 연구하였으며, 수학, 과학, 기하학, 동양철학 등을 분석하였다. 아직도 파동의 원리를 정립하는 과정에 있지만, 놀랍게도 자연파동과 자연학문에 나타난 이론 그리고 주가파동 사이에는 매우 유사한 원리로 움직인다는 것을 확인하여 '상수파동'이라는 용어 속에 체계적 이론을 정립하였다. 이를 토대로, 기존 기술적 분석의 내용을 재해석하여 원리적인 접근이 가능하도록 해설하여 이 책을 출간한다.

2008년 2월 2일

세림 임상현

주식투자의 본질과 차트투자

주식시장은 경기변동의 지표

주식시장은 끊임없이 변하는 경기변동이라는 환경 속에서 기업의 가치를 매매하는 거대한 공간이다. 주식이란 이러한 산업 동향과 경기변동 속에서 시장에 참여한 투자자들이 판단하는 기업의 가치를 말하며 주식 가격에 영향을 미치는 모든 변수는 살아 움직이는 생명체처럼 시시각각 변한다.

주식투자는 주가의 시세 차익을 취하는 거래 방법이므로 주식투자에 성공하기 위해서는 주가의 미래를 예측할 수 있어야 한다. 차트(chart)는 주식시장에서 얻을 수 있는 데이터, 즉 주가, 이동평균선, 거래량, 보조지표, 각종 산업동향 그리고 경기동향 등을 도표화하여 거래도구로 발전시킨 것이다. '차트투자의 기술'이란 이렇게 차트에 나타난 모든 시그널을 투자를 결정하는 객관적 지표로 삼는 방법을 말한다.

겉으로는 펀더멘털, 속으로는 차트

기본적 분석을 중요하게 생각하는 사람들에게 기술적 분석은 그다지 좋은 평가를 받지 못하고 있지만 세계적인 투자 명인 중에 기술적 분석의 대가들이 많다는 사실은 우리에게 시사하는 바가 크다. 한편 '주가는 기업의 가치대로 움직이는 것인데 골든크로스가 발생했다고 해서 펀더멘털이 좋아진다고 생각할 수 있는가!' 라고 반문하는 사람도 있을 것이다. 주식시장이 단기에 100% 급변하는 상황을 상식적으로 설명하려는 것은 무리다. 그렇다고 해서 주가가 틀렸다고 주장해 보아야 아무 소용이 없다. 주식시장은 시세 차익을 보는 투자 공간이기 때문이다.

기업의 가치는 변하지 않았어도 수개월 사이 변동폭이 컸다면 펀더멘털로는 설명이 불가능하다. 또한 아무리 펀더멘털이 좋다하더라도 차트를 살피지 않고 무조건 매수하는 것은 어리석은 행동이다. 따라서 펀더멘털이 좋은 경우 당장 차트를 보고 과거 최고가와 최저가를 파악하고 고평가와 저평가 그리고 추세를 판단하여 의사결정을 내리는 것이 정석이다.

차트에는 기업의 모든 정보가 들어 있다고 해도 과언이 아니다. 기업의 가치는 시가총액에, 기업의 미래는 정배열 여부에 그리고 급등가능성은 이동평균선 결집에 나타나며 급락 가능성은 목표가격 완성에서 결정되기 때문이다.

주식시장과 경기변동의 관계

주식시장은 경기변동이라는 환경의 절대적 지배를 받는다. 따라서 기술적 분석에서 경기변동의 각종 변수를 분석하고 조합하는 것은 매우 기본적인 일이라 할 수 있다. 각종 경기동향지수는 과목에 해당하고 실질GNP증가율(경제성장률)은 과목평균에 해당한다.

자본주의 사회의 시장경제에서는 끊임없이 호경기(양)와 불경기(음)가 번갈아 나타난다. 이처럼 경기가 회복(봄)·확장(여름)·후퇴(가을)·수축(겨울)의 4단계 국면을 거쳐 순환한다는 사실을 수학적 도구를 이용해 도표화한 것이 바로 파동이다.

경기변동의 한 요소가 한 방향으로 탄력이 붙어 움직이기 시작하면 같은 방향으로 누적적으로 발전하다가 어느 점에 도달하면 기동력이 떨어져 마침내 반대방향으로 역전하는 성향 때문에 파동으로 인식한 것이다.

역사를 통해 경기변동도 생명체처럼 일정한 규칙과 질서 그리고 주기를 가지고 순환하면서 우여곡절을 경험한다는 사실이 밝혀졌으며 이같은 성향이 미래에도 어떤 방식으로든 반복된다는 것은 기술적 분석의 기초 이론이다.

일반적으로 주식시장을 파악하는 방법론은 기술적 분석과 기본적 분석으로 나누어진다. 기술적 분석론은 기업의 가치는 크게 변하지 않는 상황에서 주가의 가격이 크게 변한다고 주장하므로 기본적 분석에 대한 회의를 느끼며, 반면 기본적 분석론은 주가는 기업의 가치대로 회귀

한다고 주장하기 때문에 기술적 분석론 자체를 신뢰하지 않는다. 과연 기술적 분석과 기본적 분석은 서로 모순된 관계이며 다른 한쪽은 잘못된 투자방법론인가. 그러나 기본적 분석에서도 기업의 환경을 지배하는 요소 역시 파동의 형태로 변하기 때문에 미래를 예측하는 것 자체가 기술적 분석의 영역에 해당한다. 결국 기술적 분석과 기본적 분석은 대립하고 양분하는 분야가 아닌 공존의 방식인 것이다.

차 례

캐들의 원리와 매매방법

이동평균선의 원리와 추세판단

실전 이동평균선 분석기법

시간론과 변곡점 실전투자

목표가를 산출하는 파동이론

TECHNOLOGY OF CHART
INVESTMENT

캔들의 원리와
매매방법

캔들의 원리와 기초

캔들의 정의

영어로 캔들(Candle)은 양초라는 뜻이다. 주식에서 말하는 캔들은 몸통이 있고 심지가 있는 양초 모양과 닮아서 이와 같은 이름이 붙여졌으며 다른 말로는 봉(奉)이라고도 한다. 이 또한 산봉우리와 비슷한 생김새에서 유래된 말이다. 캔들(봉)패턴은 하루 동안의 주가 움직임을 압축해서 나타낸 그림을 말하며 형상이 파동의 에너지를 담고 있다. 과거의 패턴이 미래에도 반복해서 나타난다는 가정 하에 향후 주가의 움직임을 예측하고자 할 때 사용하는 기술이 캔들 분석법이다.

캔들 차트는 한국 주식시장에서 자주 사용되는 차트 유형 중 하나이다. 주가의 움직임을 한눈에 알아볼 수 있는 시각 기능이 뛰어나기 때문

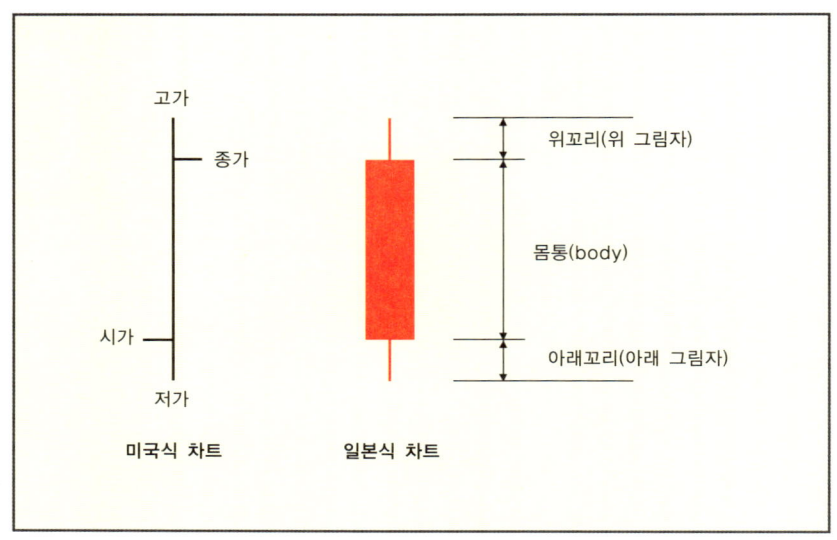

[그림 1-1] 미국식 바와 일본식 캔들

에 미국식 차트나 다른 차트보다 더 유용하게 쓰이고 있다.

[그림 1-1]은 미국식 주가표시 방식과 일본식 주가표시 방식을 나타낸 것이다. 미국식 차트를 바 차트(Bar Chart)라 하고 일본식 차트는 캔들 차트라 한다. 각각 시가(증권 시장에서 당일 최초로 형성된 가격), 고가(장중 최고 가격), 저가(장중 최저 가격), 종가(증권 시장에서 당일 마지막에 형성된 가격) 등 4가지 가격을 나타낸다. 그림에서 알 수 있듯이 바와 캔들 모두 주가를 한눈에 파악할 수 있어 시각적으로 뛰어나다. 일본식 차트는 시가보다 종가가 높은 경우 양봉이라 하여 빨간색으로 표시하고 시가보다 종가가 낮은 경우에는 음봉이라 하여 청색으로 표시한다. 흑백 자료를 쓸 때에는 빨간색은 흰색으로 청색은 검정색으로 표시한다.

한편 동양에서는 빨간색이 주가 상승을 나타내지만 서양에서는 빨간색이 주가 하락을 의미한다. 따라서 미국에서는 주가가 하락하면 빨간색으로 표시한다. 적자와 흑자라는 말의 유래를 생각하면 이해하기 쉽다. 이익이 난 흑자의 경우에는 검정 색으로 표시를 하고 손해를 본 적자의 경우에는 빨간색으로 표시하는 것처럼 주가도 같은 요령으로 표시하는 것이다.

이처럼 동양과 서양의 인식은 정반대이다. 동양식(일본식) 차트는 동양 사상에 영향을 받아 상승하는 주가를 양봉인 빨간색으로, 하락하는 주가를 음봉인 청색(또는 검정색)으로 표시한다. 양(陽)은 동적이고 상승을 의미하며 음(陰)은 정적이고 하락을 의미한다는 음양이론에서 비롯된 것이다.

TIP • 캔들의 유래

캔들은 17세기 초 일본의 홈마(本間)라는 상인에 의해 만들어졌다고 알려진다. 당시 오사카 항구에는 쌀 거래가 주로 이루어지면서 미리 일정가격으로 계약을 체결하는 일종의 선물시장이 형성되었다. 홈마라는 상인은 선물시장에서 미래의 쌀 가격을 예측하는 세계 최초의 기술적 분석을 사용했는데 홈마가 사용하였던 기술적 분석을 토대로 캔들 차트를 발전시켜 오늘에 이르렀다. 홈마가 사까다 항에 살았기 때문에 사까다 전법(Sakata's Rule)이라고도 불린다.

캔들과 캔들 차트

[차트 1-1]은 같은 주가의 움직임을 미국식 바 차트와 일본식 캔들 차트로 비교해 놓은 것이다. 한눈에 보기에도 캔들 차트가 주가의 역동적인 모습을 더 잘 나타내고 있음을 알 수 있다.

캔들은 시가와 종가를 중요하게 생각하고 장중 고가와 저가는 출렁임으로 인식한다. 캔들은 몸통과 꼬리로 나누어 분석한다. 시가와 종가를 의미하는 몸통은 파동의 내부로 나타난 '보이는 에너지'의 주체(主體)를 말하며 꼬리는 파동의 외부로 표출된 '보이지 않는 에너지'의 객용(客用)을 의미한다. 시가와 종가 사이를 몸통이라 하여 체(體)로 보고 몸체(body, 바디)라 한다. 고가와 저가는 팔다리인 용(用)으로 보고 그림자(Shadow, 섀도)라 한다. 위에 꼬리가 달리면 위 그림자, 아래에 꼬리가 달리면 아래 그림자, 즉 위 그림자 양봉(위꼬리 양봉) 또는 아래 그림자 음봉(아래꼬리 음봉)으로 부른다.

몸통이 크면 힘이 한 방향으로 크게 작용하여 끝났다는 뜻이다. 이를 롱바디(long body)또는 롱데이(long day)라 하고 한 방향으로 힘이 작게 작용하여 끝났다면 숏바디(short body)또는 숏데이(short day)라 한다. 봉을 일본식 발음으로 마르보즈(Marubozu)라고 부르기도 하는데 이는 마루봉이라는 한자어에서 유래된 것이다.

이제 캔들이 어떻게 표시되며 표시된 캔들은 어떤 의미를 지니는지 알아보자. 이는 캔들 분석의 기초에 해당되므로 반드시 기억하도록 한다.

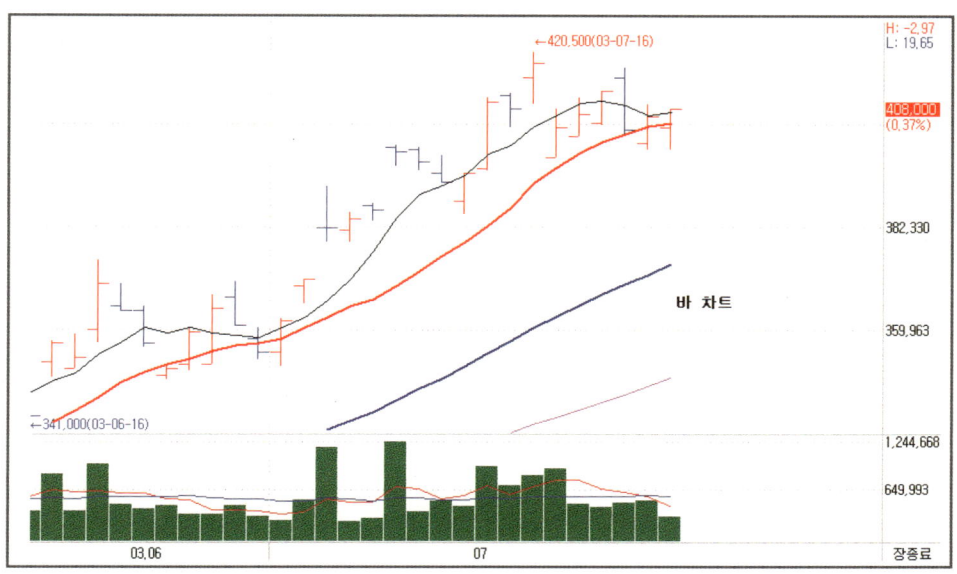

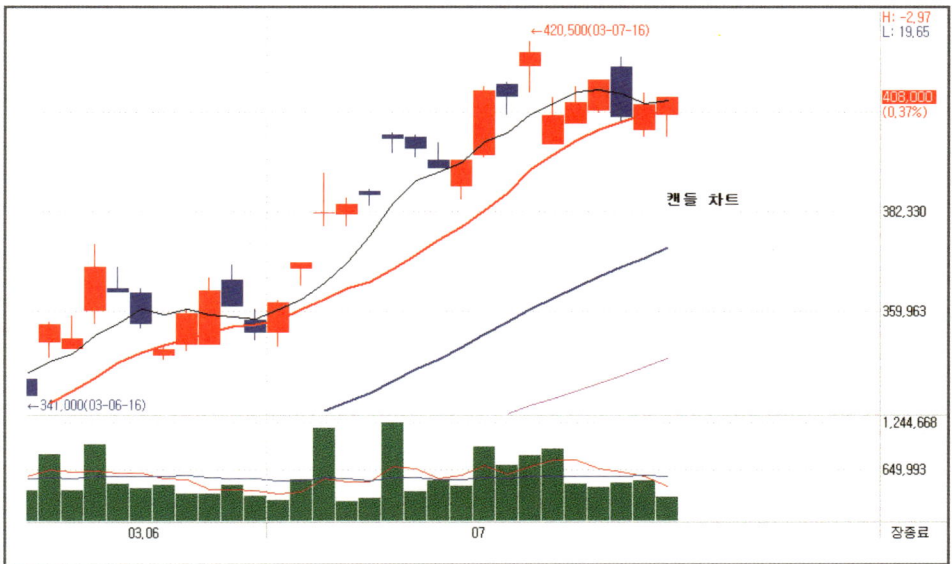

[차트 1-1] 바 차트와 캔들 차트의 비교

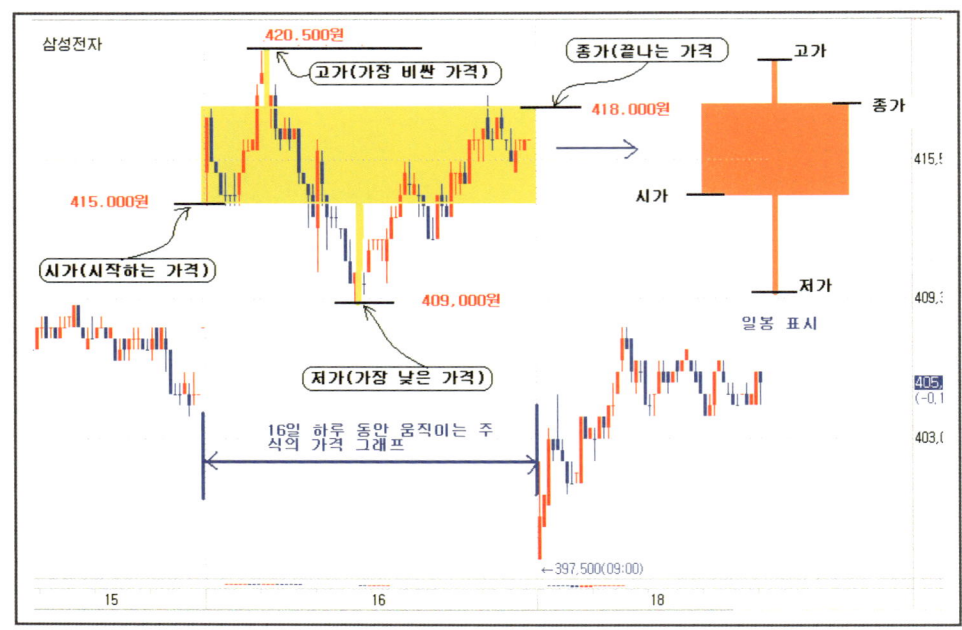

[차트 1-2] 캔들 표시

　　[차트 1-2]는 삼성전자라는 종목이 장세의 고점을 기록한 날, 하루의 주가 움직임을 나타낸 그림이다. 노란색으로 표시된 부분이 16일 당일 주가 움직임을 5분마다 캔들로 표시한 차트이다. 아침에 시작한 가격(시가)이 41만 5,000원으로 크게 상승한 채 주가가 움직였다. 장중에도 크게 상승하여 장중 최고 가격(고가)인 42만 500원을 기록하고 다시 하락하여 장중 최저 가격(저가)인 40만 9,000원을 기록하다가 장이 끝나는 시간에 가격(종가)은 41만 8,000원을 기록했다. 이러한 주가 움직임을 전체적으로 알기 쉽게 표시하면 오른쪽 붉은 색의 캔들이 된다. (여

기서 캔들의 단점이 드러난다. 캔들만 봐서는 장중에 고가와 저가 중 어느 가격이 먼저 도달했는지 선후 관계를 알 수 없다는 것이다.) 여기에서 가장 중요한 것은 몸통이다. 즉, 시가와 종가를 가장 중요하게 살펴보아야 한다. 저가와 고가는 오버액션 같은 힘에 의해 나타나는 것이므로 중요한 데이터로 취급하지 않는다.

이제 다음과 같은 몇 가지 사실을 확인할 수 있다.

· 몸통이 크면 강한 방향성과 힘이 나타났다는 뜻이며 몸통이 적으면 약한 방향성과 힘이 나타났다는 뜻이다.

· 양봉이면 상승추세를 나타내고 시가보다 종가가 높게 끝났다는 것을 의미한다. 시가는 아래쪽에, 종가는 위쪽에 위치한다. 음봉이면 하락추세를 나타내고 시가보다 종가가 낮게 끝났다는 것을 의미한다. 시가는 위쪽에 위치하고 종가는 아래쪽에 위치한다.

· 꼬리(그림자)가 어디에 위치하느냐에 따라 다음과 같이 해석할 수 있다. 양봉인 경우 시가가 저가인 상태에서 상승한다면 아래꼬리가 표시되지 않고 종가가 고가라면 위꼬리가 표시되지 않는다. 음봉인 경우 시가가 고가인 상태에서 하락할 경우 위꼬리가 표시되지 않고 종가가 저가이면 아래꼬리가 표시되지 않는다.

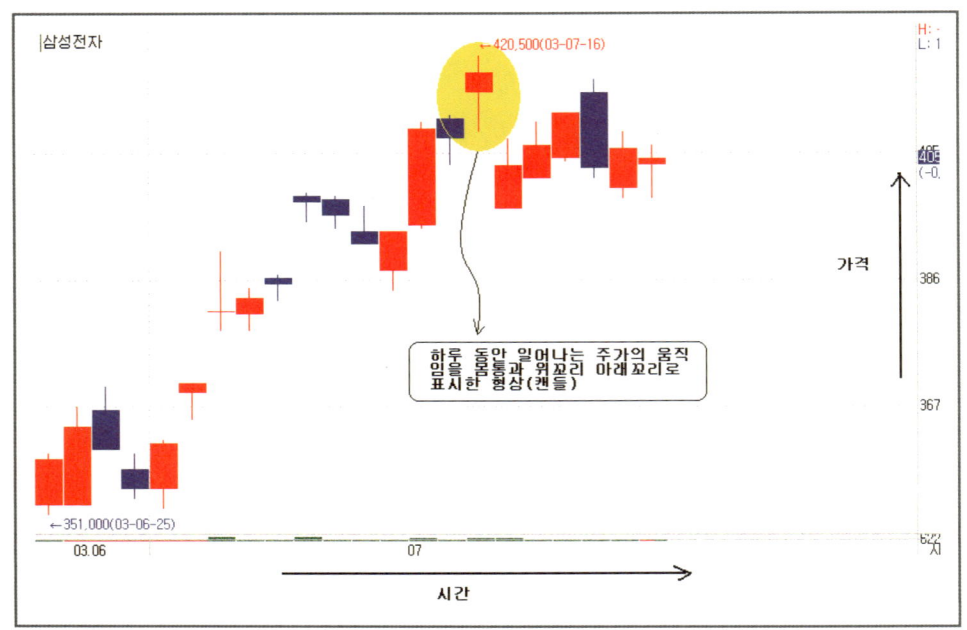

[차트 1-3] 삼성전자의 캔들 차트

　　[차트 1-3]은 16일 하루의 움직임을 하나의 캔들로 표현하여 나타
낸 차트이다. 하루의 주가 움직임을 하나의 캔들로 나타낸 것을 '일봉'
이라 하며 한 주 또는 한 달의 움직임을 하나의 캔들로 나타낸 것을 각
각 '주봉' 또는 '월봉' 이라 한다. 같은 원리를 분 차트(Minute Chart)에
적용하면 5분봉, 10분봉, 30분봉, 60분봉으로 나타낼 수 있다. [차트 1-
3]에서 알 수 있듯이 주가가 높게 떠서 강한 상승을 보이는 역동적인 흐
름을 한눈에 파악할 수 있다.

캔들의 종류

캔들은 주가의 흐름을 나타내는 형태 중 하나로 다양한 모양으로 나타낼 수 있다. 대체적으로 캔들은 전체적인 큰 양상에 따라 3수 원리로 분류할 수 있다. 캔들은 상승, 하락, 횡보, 이 세가지 외에 경우의 수는 존재하지 않는다.

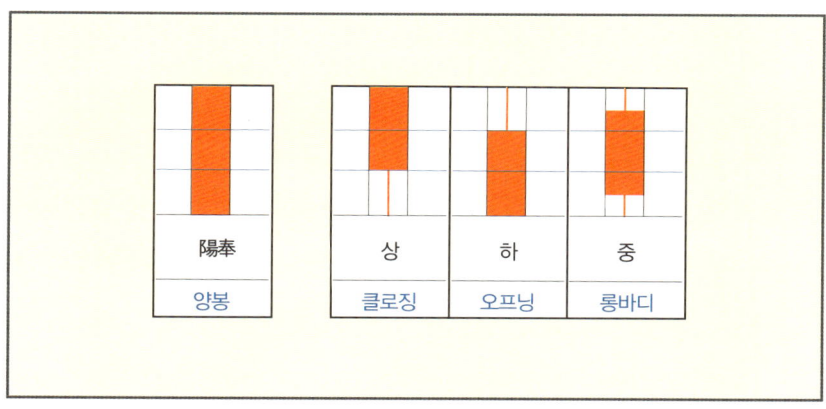

[그림 1-2] 캔들의 종류 1

[그림 1-2]는 장대 양봉을 기준으로 나올 수 있는 경우의 수를 나타낸 것이다. 상승의 힘이 머무는 상태를 몸통(body)이라 하며 강한 힘일수록 몸통은 길어지며 이를 장대 몸통이라 한다. 이 힘이 머무는 위치에 따라 상중하로 분류할 수 있다. [그림 1-2]는 강한 상승의 힘이 머무는 장대 양봉 3가지를 나타낸 것이다. 전체 에너지를 1로 보고 이 전체 에

너지를 3으로 나눴을 때 몸통이 3분의 2의 에너지를 보유하고 있으므로 강한 체력이라 할 수 있다.

이러한 강한 체력의 몸통이 어디에 위치하느냐에 따라 캔들의 의미는 달라진다. 첫째, 바닥에 머무는 경우는 오프닝(상승의 시작, 始)이라 하며 위로 방향성이 열려 있음을 뜻한다. 둘째, 몸통이 중간에 머무는 경우는 롱바디(상승의 진행, 中)라 하며 주가가 상승 중에 있다는 뜻이다. 셋째, 몸통이 위에 머무는 경우는 클로징(상승의 완료, 終)이라 한다. 상승의 종료를 뜻하는데 다음 캔들의 새로운 상승을 의미할 수도 있으며 새로운 하락으로 접어들기 직전 마지막 상승의 오버액션으로 볼 수 있다.

캔들 분석에서 가장 중요한 것은 몸통의 크기와 위치이다. 즉, 에너지의 형태(공간)를 진행 중인 위치(시간)에 따라 분류하는 것이다. 분류 방법은 위에서 설명한 것과 같다. 몸통에 해당하는 전체 에너지를 등분으로 나눈 후 전체를 3분할하는 3분법과 2분할하는 2분법이 있다. 그리고 몸통에 해당하는 에너지가 진행하는 위치에 따라 상중하(始中終-靜中動)로 분류한다.

[그림 1-3]은 전체 캔들의 성격과 종류를 종합 분류한 것이다. 양봉에 해당하는 12가지 유형과 음봉에 해당하는 12가지 유형, 총 24가지 변화 양상을 나타낸 것이다. 4가지 특별한 경우(장대양봉, 장대음봉, 점상 일자형 양봉, 점하 일자형 음봉)를 포함하면 28가지 변화 양상이 존재한다. 일반적으로 캔들의 모양은 사물의 모양과 특성을 비슷하게 조합하여 표현했다.

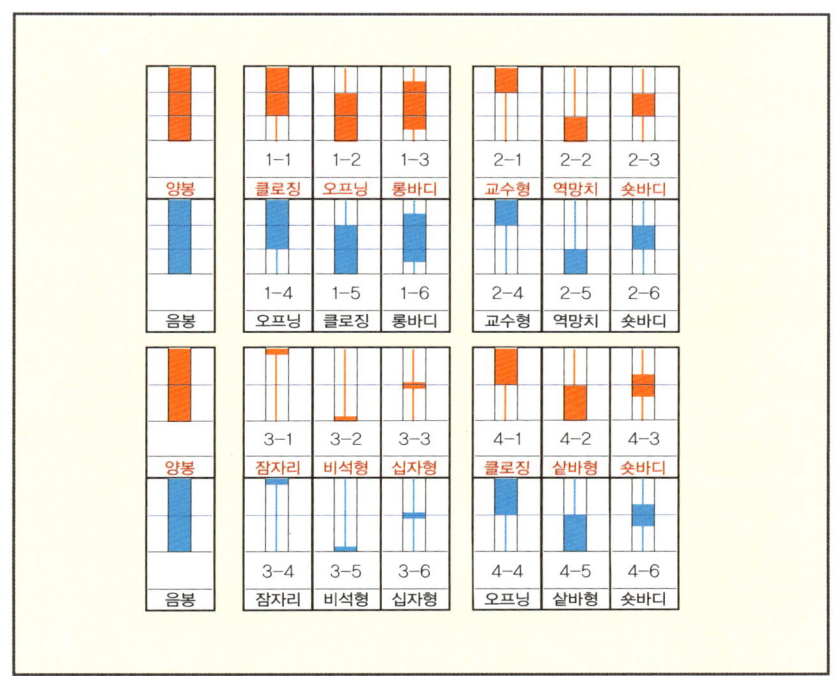

[그림 1-3] 캔들의 종류 2

전체 몸통을 3분법으로 분류한 캔들을 보면 다음과 같다.

[그림 1-3]에서 먼저 1-1에서 1-6까지의 캔들을 보자. 1의 캔들은 전체 에너지의 3분의 2를 몸통으로 가지고 있다. 이렇게 큰 몸통이 같은 방향으로 움직이면 크게 움직이고 추세가 전환되어 다른 방향으로 갈 때에도 크게 움직인다. 1-1과 1-2는 진행 방향이 위로 가는 양봉이며 위로 가능성이 열리는 것(위꼬리)을 오프닝 양봉이라 하고 진행방향이 완성된 것을 클로징 양봉이라 한다. 반대로 1-4와 1-5는 진행방향이 아래로 가는 음봉이며 아래로 가능성이 열려 있는 것(아래꼬리)을 오프

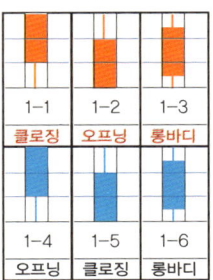

2-1	2-2	2-3
교수형	역망치	숏바디
2-4	2-5	2-6
교수형	역망치	숏바디

닝 음봉이라 하고 진행방향이 완성된 것을 클로징 음봉이라 한다.

이제 2-1에서 2-6까지의 캔들을 살펴보자. 2의 캔들은 전체 에너지의 3분의 1을 몸통으로 가지고 있다. 그래서 몸통이 짧고 몹시 불안한 모습이다. 1의 캔들보다 몸통이 짧기 때문에 변동성의 속도는 더 크다. 2-1은 형상이 마치 교수형을 당하는 사람처럼 생겼다고 하여 '교수형 캔들' 이라 불린다. 이는 상승의 끝이기 때문에 양봉이나 음봉에 관계 없이 상승의 종료를 뜻한다. 2-2는 형상이 마치 망치 모습을 닮았는데 망치를 내려 놓은 모양이라고 해서 '역망치 캔들' 이라고 한다. 망치의 손잡이가 길듯 꼬리가 긴 형태이다. 음봉의 역망치 캔들인 2-5는 해석 에 따라 별똥별, 즉 유성이라 부르기도 한다. 상승추세의 고점에 이 캔 들이 나타났다면 상승을 하다가 크게 실패하고 바닥을 향해 끊임없이 하락할 징조이다.

전체 몸통을 2분법으로 분류한 캔들을 보면 다음과 같다.

3-1	3-2	3-3
잠자리	비석형	십자형
3-4	3-5	3-6
잠자리	비석형	십자형

3-1에서 3-6까지의 캔들을 보자. 3의 캔들은 전체 에너지의 약 2분 의 0을 가지고 있다. 몸통이 거의 없다는 것은 매도세와 매수세가 같다 는 의미이므로 상당히 불안한 모습이다. 몸통이 거의 없는 만큼 변동성 의 속도는 최대이다. 3-1은 그 모양이 잠자리처럼 머리와 날개가 있고 3-2는 비석처럼 기둥과 다리가 있다. 잠자리는 어디론가 날아가 버리 거나 먹이 사슬에 의해 천적의 먹이가 될 수 있다. 흔히 세력주에서 많 이 나타나는 유형으로 상한가가 풀려 다시 상한가가 형성될 때 나타난 다. 비석형 또한 세력주에서 많이 나타나는데 하한가가 깨지고 다시 하

한가 형성될 때 나타난다. 만약 하한가가 풀리지 않는다면 다음날도 하한가일 것이기 때문에 비석과 같은 불길한 징조라는 데서 이름이 유래되었다.

마지막으로 4-1에서 4-6까지의 캔들을 보자. 4의 캔들은 전체 에너지의 2분의 1을 가지고 있다. 몸통이 절반이라는 것은 충분한 조정을 이미 겪었으므로 이후 방향성이 실제 추세와 실제 방향으로 진행될 확률이 높다는 뜻이다. 따라서 방향성 매매가 바람직하다. 즉, 상승 중에 4의 캔들 모형이 나오고 다음 캔들이 상승했다면 이미 조정을 보였기 때문에 안정적인 상승을 예상할 수 있으며 장중 저가 충격을 피할 가능성 또한 높다. 4-2는 씨름을 할 때 쓰는 샅바처럼 생겼다고 해서 붙여진 이름이다. 샅바는 허리, 즉 2분의 1 지점에 샅바를 매기 때문에 중간에 해당된다. 상대방을 넘기느냐 내가 넘어 가느냐 하는 변곡점에 있다는 뜻이다. 상승이면 안정적인 상승, 하락이면 추세적인 하락이 될 가능성이 높다.

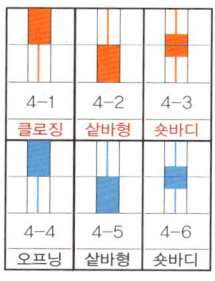

이 외에 십자형이 있는데 몸통이 아예 없는 십자형(일명 모닝스타(샛별) 혹은 이브닝 스타(저녁별))와 몸통이 3분의 1 정도 있는 십자형이 있다. 십자형을 '도지'라고 부르기도 한다. 몸통이 더 커지면 십자형이라 부르기 힘든 모양새가 되지만 그 근본은 힘의 백중세를 의미한다. 즉, 십자는 절대 중용과 평등 그리고 조화를 의미하므로 지금까지 진행된 전체의 추세전환이나 지금까지 진행된 추세의 이단 상승이나 이단 하락의 징조를 뜻한다. 십자가의 정신으로 이해하면 될 것이다.

캔들의 모형 분류방법

캔들의 에너지를 판단하는 5단계 분류법

캔들은 기본적으로 3단계로 구분하지만 세부적으로 5단계까지 구분할 수 있다. 우리가 보는 다양한 캔들의 형태는 이러한 구분법에서 파생된 형상 중 하나이다. 3단계 분류법에 따라 생성된 캔들은 상승을 의미하는 양봉, 하락을 의미하는 음봉 그리고 상승과 하락이 혼합된 십자봉이 있다. 5단계 분류법에서는 양봉을 강약에 따라 2가지로 분리할 수 있으며 음봉 역시 강약에 따라 2가지로 분리할 수 있다. 동양철학에서 모든 사물을 음양오행으로 분석하듯 캔들에서도 같은 방법으로 음양봉과 5가지 기본 형태로 분류할 수 있다.

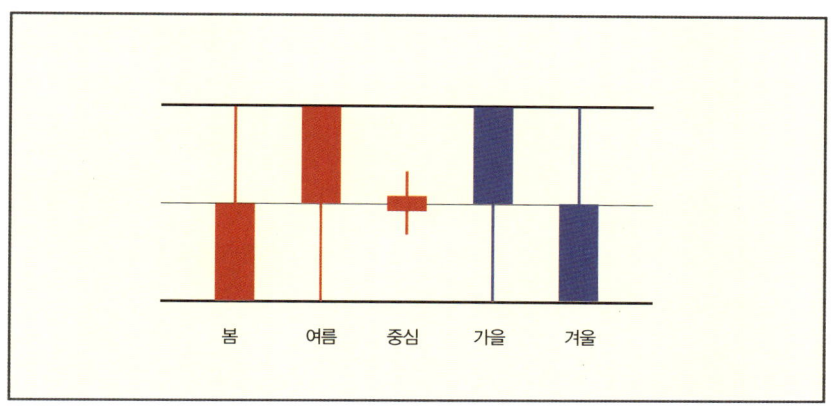

[그림 2-1] 캔들 종합

　[그림 2-1]에서 위꼬리가 달린 양봉은 상승 중에 조정을 보이는 힘이 약한 상승형 캔들을 의미한다. 저항대에 밀려 내려갔거나 상승 에너지가 강하지 못해 밀린 것으로 볼 수 있다. 계절로 비유하면 강한 상승 에너지가 함축된 봄(木)을 상징한다.

　아래꼬리가 달린 양봉은 조정을 보이다가 전고점(시가)을 넘는 강한 폭등형 캔들을 뜻한다. 저항대를 뚫고 올라갔거나 상승 에너지가 강하여 위로 올라간 것으로 파악하면 된다. 계절로 비유하면 강한 상승 에너지가 분출되는 여름(火)의 이미지를 상징한다.

　십자형(＋) 캔들은 상승과 하락을 반복하는 파동을 나타내며 위아래로 크게 흔들리는 장십자형과 작은 숨고르기가 지속되는 단십자형으로 나눌 수 있다. 장십자형은 매도세와 매수세가 크게 충돌하기 때문에 이후 방향성에 장기적인 영향을 끼친다. 단십자형은 작은 숨고르기를 나타내므로 추세와 패턴 그리고 시간 분기의 기준으로 작용한다.

아래꼬리가 달린 음봉은 큰 하락을 보이다가 일시적 반등을 보인 반등의 힘이 강한 하락형 캔들을 뜻한다. 지지대의 지지를 받고 일시적인 상승을 보였지만 언제든 하락으로 돌변할 가능성이 있으며, 하락이 된다면 본격적인 하락이 시작될 수 있다. 계절로 비유하면 하락 에너지가 분출되는 가을(金)을 상징한다.

위꼬리가 달린 음봉은 상승 중에 크게 상승하다 밀려서 끝난 강한 하락형 캔들을 뜻한다. 강력한 저항대에 밀려 크게 하락을 하거나 매수세가 약해지고 매도세가 강해지면서 투매를 유발할 수 있다. 계절로 비유하면 강한 하락 에너지가 함축된 겨울(水)을 상징한다.

상승과 하락을 판단하는 5개 기준선의 비밀

주가의 상승과 하락을 판단하는 파동의 기준을 정하는 방법은 3가지가 있다.

첫 번째 방법은 전고점이나 전저점을 중요한 판단의 기준으로 삼는 것이다. 파동은 전고점을 돌파하거나 전저점을 붕괴하면 큰 방향성 에너지가 생성되기 때문이다.

두 번째 방법은 시가나 종가를 기준선으로 삼는 것이다. 시가를 기준으로 상승하느냐 하락하느냐에 따라 추세나 흐름이 시작되고 종가 형성에 따라 다음날 투자심리가 결정되기 때문이다.

　세 번째 방법은 상승 또는 하락 파동이 진행되는 과정에서 전체 진행 방향의 절반이 되기 전에는 추세가 꺾이지 않기 때문에 중요 파동의 중심을 방향성 판단의 중요한 기준으로 삼는 것이다.

양봉을 보고 매수기준을 정하는 방법

　양봉은 시가보다 종가가 더 상승했다는 의미이기 때문에 상승 중에 있는 캔들은 매수를 결정하는 기준이 된다. 매수를 하기 위해서는 상승이 시작되거나 진행되고 있다고 판단할 수 있는 파동상의 확실한 기준과 원칙이 있어야 한다. 추세가 극명하게 갈리는 분기점을 기준으로 매수와 홀딩 또는 매도와 관망을 자유자재로 할 수 있어야 하기 때문이다.

　[그림 2 - 2]를 보자. 오른쪽에 있는 3개의 양봉은 기준선 아래에 몸통이나 꼬리가 달려 있다. 따라서 하단이 기준폭이 되며 종가가 기준선이 된다. 이런 경우 조정을 마치고 다시 진행하는 양상이므로 점진적인 상승을 기대할 수 있다. 매수시점은 종가가 기준선이 되거나 시가에서 아래꼬리의 진폭만큼 상승하는 돌파 파동이 나왔을 때가 적당하다.

　위꼬리가 달린 양봉의 경우 양봉의 원형은 전체 상승의 2분의 1만큼 하락한 몸통(양살바형, 봄)이 나와야 정상이다. 그러나 기준선 아래의 하단 몸통이 채워지지 않은 것으로 보아 이미 시세가 완성되었거나 진행 중인 것으로 판단할 수 있다.

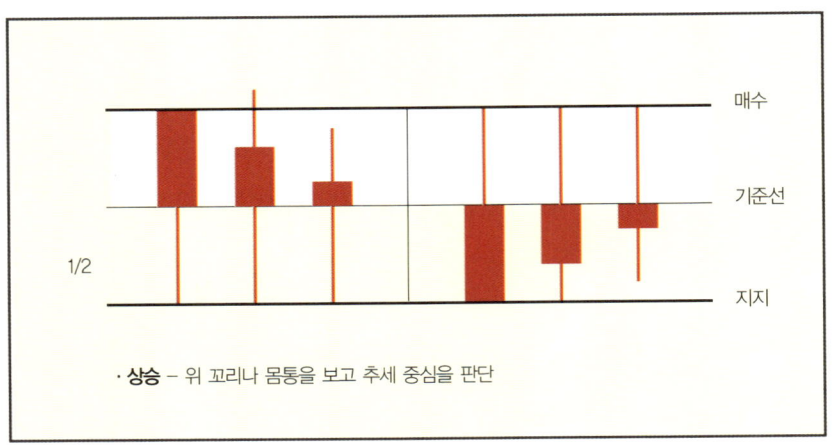

[그림 2-2] 캔들 1

　왼쪽에 있는 3개의 양봉은 기준선을 중심으로 아래꼬리가 달려 있다. 이는 하단이 기준폭이 되며 시가가 기준선이 된다는 뜻이다. 이 경우 강력한 시세 폭등을 기대할 수 있는데 새로운 상승 공간의 출발점이나 바닥에 해당하기 때문이다. 매수시점은 전일 시가가 기준선이 되거나 시가에서 하단의 기준폭만큼 상승하는 돌파 파동이 나왔을 때가 적당하다.

　양봉의 원형은 아래꼬리만큼 상승하는 몸통(양망치형, 여름)이 나와야 정상이다. 그러나 시세가 진행되는 구간이기 때문에 저항대 상단을 돌파하기 전에는 상단의 몸통이 작을 수 있다.

음봉을 보고 매도기준을 정하는 방법

음봉 차트가 나타났다는 것은 시가보다 종가가 더 하락했다는 것을 의미하기 때문에 대부분 매도를 심각하게 고민하게 마련이다. 매도를 하기 위해서는 매도한 가격보다 주가가 더 하락할 것이라는 파동상의 확실한 기준과 원칙이 있어야 한다. 주식투자는 저점매수 고점매도가 정석이기 때문이다.

[그림 2-3]에서 왼쪽에 있는 3개의 음봉을 보자. 위꼬리가 달린 음봉인 경우에 기준선 상단이 기준폭이 되며 시가가 기준선이 된다. 이 경우 매수세의 위축으로 점진적인 하락이 지속될 가능성이 존재한다. 적정한 매도시점은 상승하다가 시가를 깨는 순간이나 상단 기준폭만큼 아래로 내려가 지지대를 붕괴시킬 때이다.

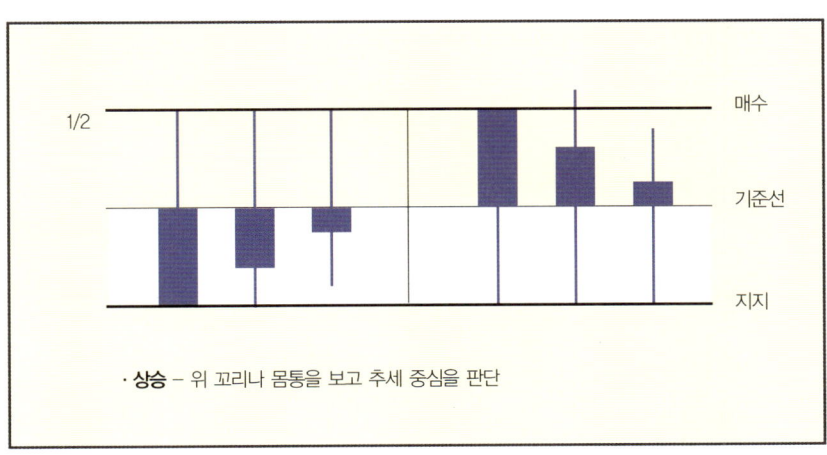

[그림 2-3] 캔들 2

위꼬리가 달린 음봉은 음봉의 원형이 시가에서 상승의 기준폭만큼 하락한 몸통(음살바형, 겨울)이 나와야 정상이다. 그러나 지지대를 붕괴하지 않는 상황이기 때문에 안심할 구간은 아니다.

이제 오른쪽에 있는 3개의 음봉을 살펴보자. 기준선을 중심으로 위꼬리나 몸통이 달린 음봉은 상단이 기준폭이 되며 종가가 기준선이 된다. 이 경우 매도세가 매우 강하므로 강력한 폭락을 예상할 수 있다. 매도시점은 반등이 되는 기준선이 내려오거나 하단의 지지대를 붕괴시킬 때가 적당하다.

아래꼬리가 달린 음봉은 음봉의 원형이 전체 하락의 2분의 1만큼 반등한 몸통(음망치형, 가을)이 나와야 정상이다. 그러나 2분의 1 하단의 꼬리가 나타나지 않는다면 하락이 진행되는 과정으로 보아야 할 것이다.

캔들 매매신호를
판단하는 방법론

캔들은 파동의 에너지를 읽을 수 있는 형상이 나타나 있다. 주가의 변곡이 될 만한 파동이 나타난 이후에 본격적인 추세전환이나 추세지속이 나타나는 것이 일반적이며, 이러한 특성을 판단하고 매매신호로 사용한다.

중요한 핵심은 '캔들의 기준과 적용을 어떻게 하는 것인가!' 하는 구체적인 방법을 찾는 것이다. 그리고 이러한 방법이 일반적인 주가 현상을 잘 설명해 주고 매매신호로 활용하는 데 효용가치가 높아야 한다.

캔들을 보고 매매신호를 판단하는 방법론에는 추세전환과 추세지속을 알 수 있는 명확한 기준이 되는 중심선과 지지와 저항선 그리고 정수배 반전의 박스권 움직임의 가격폭 등이 있다.

양봉 망치형 캔들의 표준 매수기법

[차트 3-1]은 바닥에서 상승한 양봉 망치형 차트이다. 양봉 망치형 캔들이 쌍으로 나오면서 강한 바닥다지기 양상을 보이고 있다는 뜻이다. 양봉 망치형 캔들이 출현하면 하단 아래꼬리를 기준폭의 지표로 삼는데 상단 정수배만큼 상승하면 매수신호가 발생한 것으로 판단한다. 당일 양봉 망치형 캔들이 출현했고 다음날 시가가 플러스라면 상승장으로 진행할 것이라고 예측할 수 있다. 바닥에서 20수인 한달 만에 60일 이동평균선이 나왔기 때문에 중기매수신호가 나오는 변곡수로 20수가 작용했다.

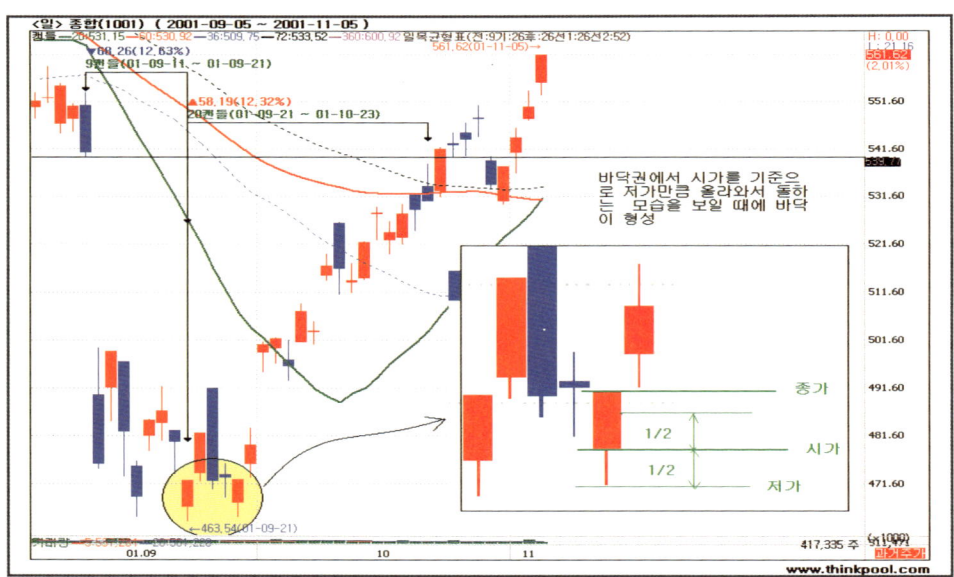

[차트 3-1] 망치형 캔들 1

• 양봉 망치형 캔들의 변형 : 상승완료형

[차트 3-2]는 쌍바닥을 형성한 뒤 상승장에 있는 양봉 망치형 차트이다. 하단의 아래꼬리가 짧고 상단의 몸통이 크게 형성된 것을 볼 수 있다. 양봉 망치형 캔들이 장중에 실현되었기 때문에 몸통이 길게 나온 것이다. 장중에 하단 기준폭의 지표가 상단으로 정수배 돌파되는 시점에 매수신호가 발생했다. 만약 매수를 하지 못했다면 다음날 상단 정수배 돌파시점에 지지를 해 줄 가능성이 있으므로 그때 매수를 해야 한다. 최종 바닥에서 고점이 6수이며 다음 저점까지 12수를 보이면서 정수배 변곡이 실행되었기 때문에 매수변곡에 해당된다.

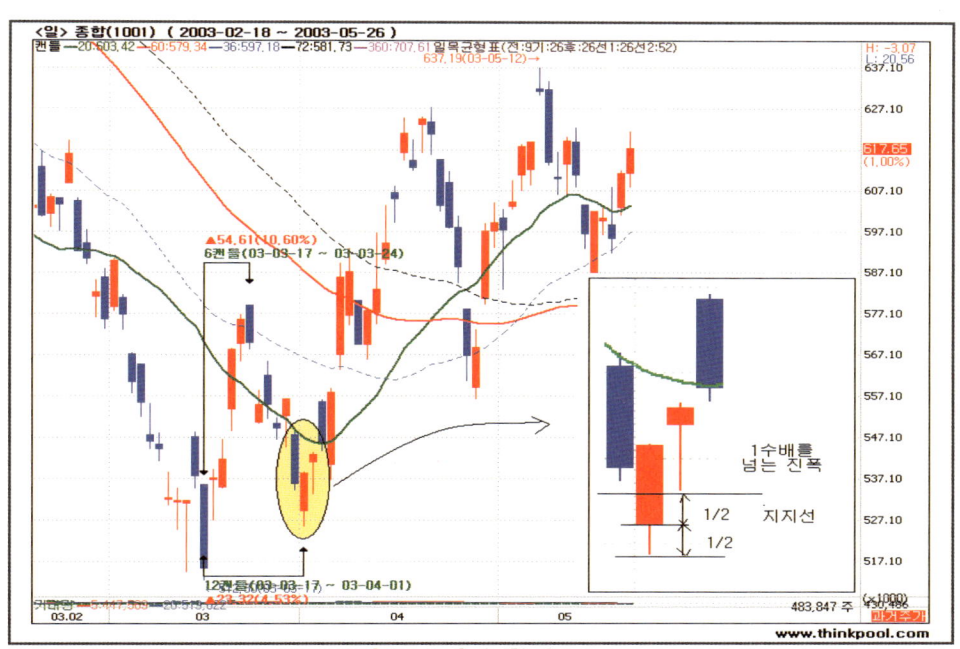

Check Point

양봉 망치형 캔들은 상단 몸통과 하단 아래꼬리가 같은 비율을 이루고 있지만 상승이 더 진행된다면 상단 몸통이 크게 나타난다 하더라도 양봉 망치형 캔들의 변형으로 보아야 한다.

[차트 3-2] 망치형 캔들 2

• 양봉 망치형 캔들의 변형 : 상승진행형

[차트 3-3]은 저점에서 아래꼬리를 크게 달고 상승하여 전고점을 돌파하는 양봉 망치형 차트이다. 시가에서 하락을 하다가 바닥에서 지지를 받고 시가를 넘어 강한 상승 중에 끝났다. 상승추세의 시작이라면 하단 아래꼬리가 기준폭의 지표가 되며 상단으로 정수배가 되는 지점에서 매수신호가 발생한다. 비록 당일에 상단과 하단의 비율이 맞지 않더라도 진행형으로 보고 다음날 기준폭이 정수배 돌파하는 시기에 매수를 해야 한다. 고점과 고점이 13수이며 저점과 저점이 13수의 질서를 보이기 때문에 상승을 알리는 매수변곡이다.

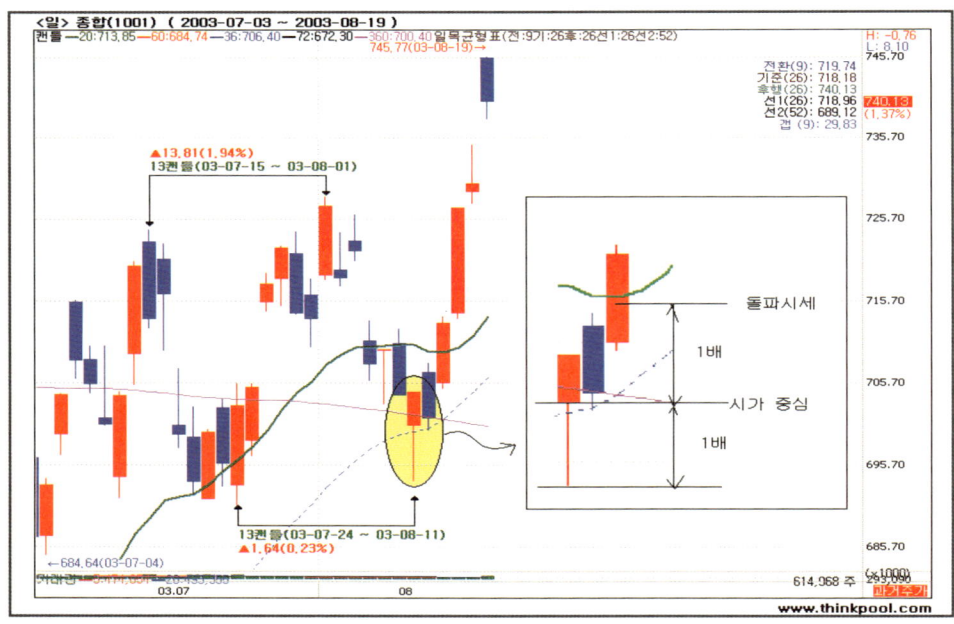

[차트 3-3] 망치형 캔들 3

양봉 망치형 캔들의 표준 매도기법

Check Point

다음날 시가가 플러스이면 추가상승이 시작되지만 마이너스이면 강력한 하락이 발생한다. 몸통 부분의 기준폭의 정수배를 하단으로 이탈하면 매도신호가 발생한다.

[차트 3-4]는 되돌림 고점에서 발생한 양봉 망치형 차트이다. 고점에서 6일 동안 급락하고 다시 6일 동안 되돌림 현상이 있었지만 전고점을 넘지 못하고 재하락하는 양상을 보이고 있다. 되돌림을 형성한 날은 캔들이 양봉 망치형으로 끝났지만 더 이상 고점을 넘지 못한 최고 되돌림 시세였다. 양봉 망치형의 시가와 고가를 기준폭 지표로 보면 다음날 고점을 넘으면서 전고점을 넘는 시세가 나왔다. 그러나 다음날 시가가 갭하락하면서 기준폭의 정수배 하단을 붕괴시켰고 지지선을 이탈하여 매도신호가 발생했다.

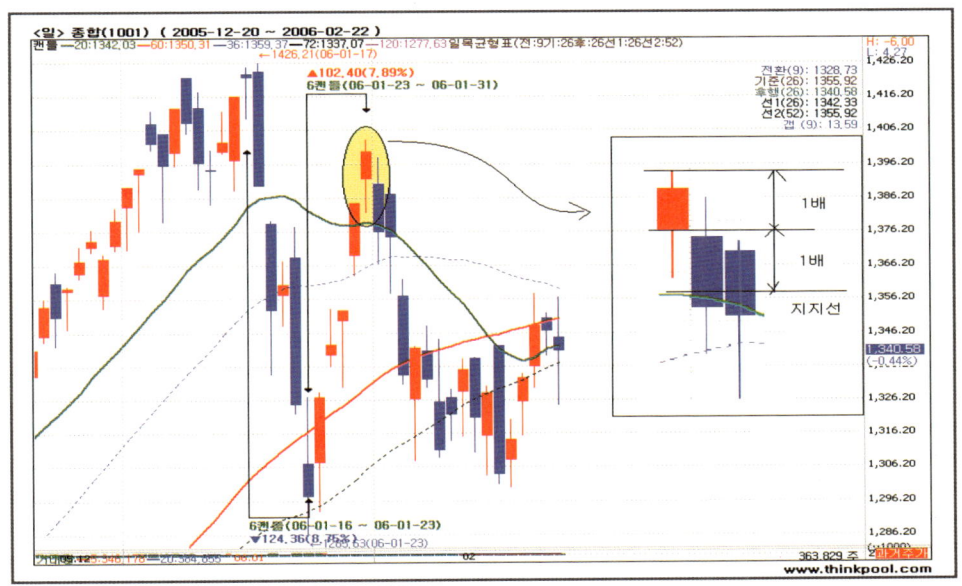

[차트 3-4] 교수형 캔들

음봉 망치형 캔들의 표준 매도기법

[차트 3-5]는 20일선을 돌파한 상태에서 매도신호가 발생한 음봉 망치형 차트이다. 기나긴 하락추세에서 20일선을 돌파하여 양봉 망치형이 출현했지만 다음날 더 큰 음봉 망치형 차트가 나와 급락했다. 양봉 망치형 캔들이 나온 이후 시가가 마이너스가 나와 매도신호가 발생했으며 주가가 급락하여 다시 되돌림이 나타났지만 다음날 시가가 마이너스로 시작돼 재차 매도신호가 발생했다. 음봉 망치형 캔들이 나온 몸통 부분을 상단 기준폭의 지표로 삼고 하단으로 정수배 하락한 시점에서 매도신호가 발생했다.

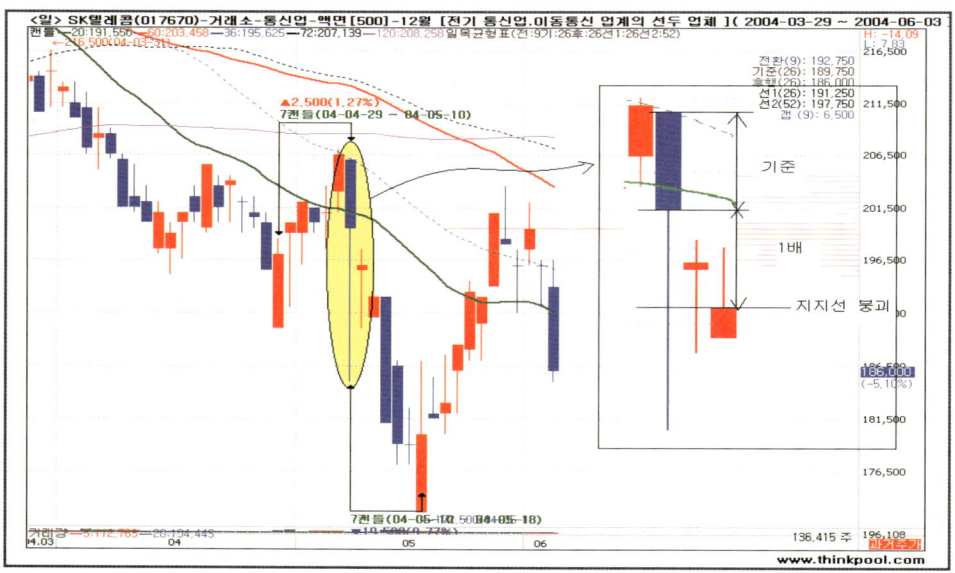

[차트 3-5] 캔들 꼬리 1

• 음봉 망치형 캔들의 응용

[차트 3-6]은 연속적인 하락을 보인 진폭이 큰 음봉 망치형 차트이다. 가장 강력한 하락 신호를 보이는 캔들이 음봉 망치형이기 때문에 단순히 낙폭이 심하다는 이유만으로 매수를 해서는 안된다. 하단 아래꼬리의 기준폭이 지표의 정수배 이상 돌파하지 않으면 연속적인 하락을 보이기 때문에 확실한 반전을 확인하고 매수에 들어가야 한다. 9수에서 하락이 심화되는 추세중심을 보이고 있으며 다시 9수 중심에서 9수가 진행된 이후 17수(9+9-1) 바닥을 형성하였다.

[차트 3-6] 망치형 캔들 4

음봉 망치형 캔들의 표준 매수기법

[차트 3-7]은 하락추세가 지속되는 상황에서 반전을 시도하는 음봉 망치형 차트이다. 양봉 망치형이 나오지 않았으므로 추가 하락이 가능하다. 당일 하단 아래꼬리를 기준폭으로 하여 상단으로 정수배 상승한 진폭이 도달하는 것을 확인한 후 추세 반전이 일어날 것이라 예측할 수 있다. 다음날 시가가 정수배 진폭 이상에서 시작했기 때문에 매수신호가 발생했다. 고점에서 9수의 3배가 하락한 점에서 저점을 실현했다.

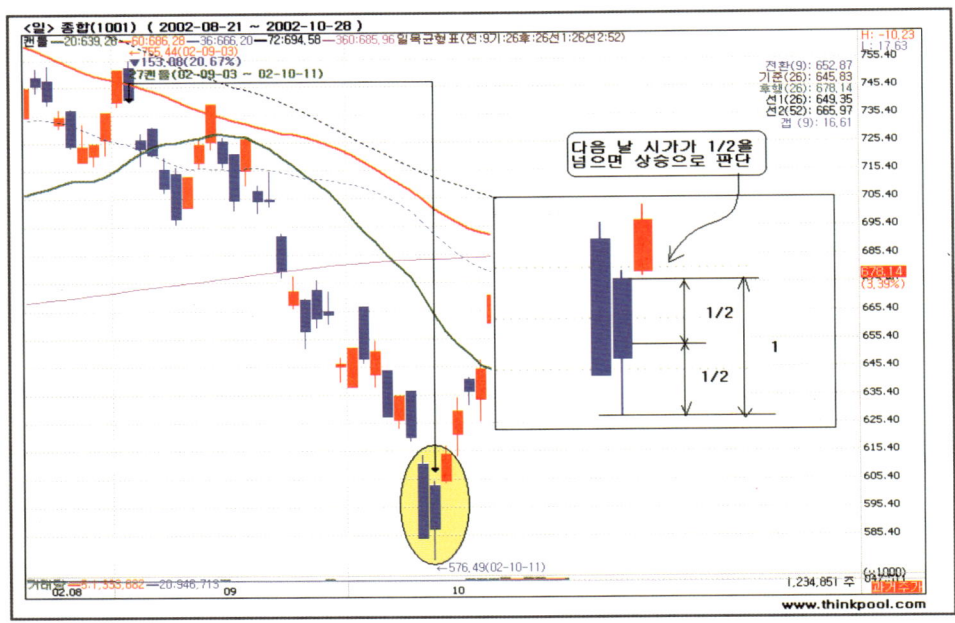

[차트 3-7] 망치형 캔들 5

교수형 캔들의 이해

망치형 캔들과 교수형 캔들의 중요한 차이점은 아래꼬리와 윗몸통의 비율이다. 교수형 캔들은 아래꼬리에 비해 윗몸통이 지나치게 작은 모양을 하고 있다. 음봉인 경우에 시가에서 시작하여 아래로 하락하는데 하락의 진폭을 2분의 1 정도 회복한 것이 망치형 캔들이라면 반등이 지나치게 되어 시가 수준으로 올라오는 것이 교수형 캔들이다.

[그림 3-1]은 표준 망치형 캔들과 변형된 망치형 캔들인 교수형 캔들의 예를 제시한 것이다.

첫 번째 교수형 캔들은 아직 종가가 형성되지 않았기 때문에 향후 움직임이나 다음날 시가를 보고 판단해야 하며 매매기준선은 전체 길이

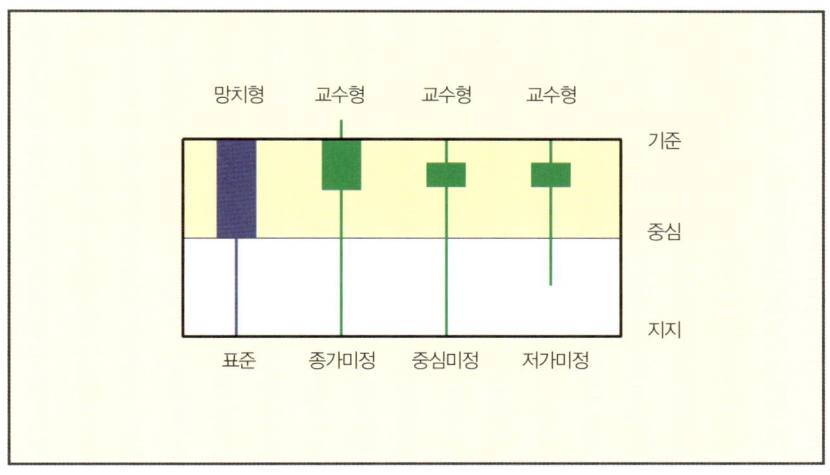

[그림 3-1] 망치형 캔들과 교수형 캔들

의 중심에 있다.

두 번째 교수형 캔들은 위꼬리가 달린 형태이지만 위꼬리도 몸통의 영역으로 보아야 한다. 시가가 저항대에서 낮게 출발하여 생긴 캔들이기 때문이다. 만일 아래꼬리와 몸통이 2분의 1 비율이면 위꼬리는 무시해야 하므로 중심이 정해지지 않았다고 보아야 한다. 고가를 넘어 새로운 추세로 가는 양봉 망치형이 출현될 수도 있기 때문이다.

세 번째 교수형 캔들은 아래꼬리가 완성되지 않은 모습이다. 추가 저점을 보인 이후 다시 반등할 가능성이 있기 때문에 저가에 대한 확신은 이르다. 이 캔들의 중심을 설정하고 싶다면 전체 크기의 중심을 임시 중심선으로 잡을 수 있다.

망치형에서 파생된 교수형은 고가를 기준선으로 삼아야 하며 신뢰할 만한 지지를 보이지 않고 반등했다면 중심선은 자주 변동할 것이다. 기준선이 되는 고가 저항대를 넘지 않는 이상 하락 압력이 강하게 나타난다는 점에서 망치형보다 더 위험한 캔들이다. 단, 저점에서는 고가를 넘는다면 새로운 상승추세의 출발점이므로 강력한 역전파동이 나타난다는 점에서 극한 변곡이 작용한다.

비석형 캔들의 이해

비석형 캔들과 샅바형 캔들의 중요한 차이는 위꼬리와 아래몸통의

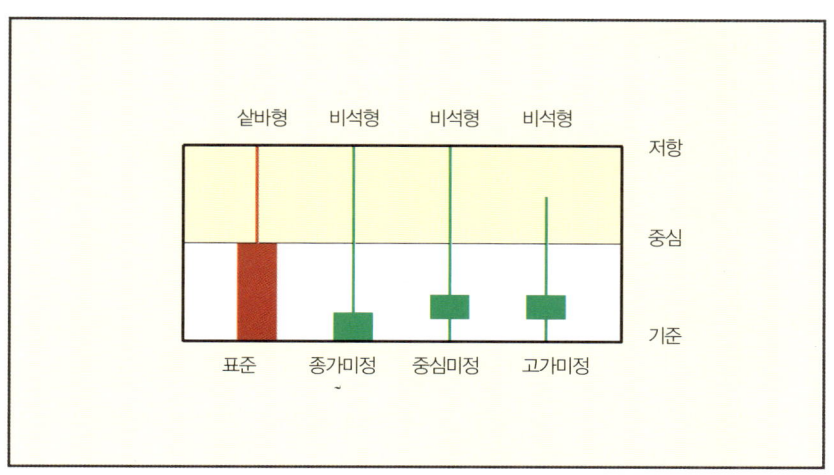

[그림 3-2] 살바형 캔들과 비석형 캔들

Check Point

비석형 캔들은 살바형 캔들에서 파생되었으며 위꼬리와 아래몸통의 비율이 2분의 1을 벗어난다. 비석형 캔들의 매매기준은 살바형에 따라야 한다.

비율이다. 비석형 캔들은 위꼬리에 비해 아래몸통이 지나치게 작은 모양을 하고 있다. 양봉인 경우 시가에서 시작하여 상승을 시도하다 조정의 진폭이 2분의 1 정도 된 형태가 살바형 캔들이고 지나치게 조정이 되어 주저 앉다시피 시가 수준으로 내려오는 형태는 비석형 캔들이다.

[그림 3-2]는 표준 살바형 캔들과 변형된 살바형 캔들인 비석형 캔들의 예를 제시한 것이다.

첫 번째 비석형 캔들은 아직 종가가 형성되지 않았기 때문에 향후 움직임이나 다음날 시가를 보고 판단해야 하며 매매기준선은 전체 길이의 중심에 있다.

두 번째 비석형 캔들은 아래꼬리가 달린 형태이다. 그러나 아래꼬리를 몸통의 영역으로 보아야 한다. 시가가 지지대에서 높게 출발하여 생긴 캔들이기 때문이다. 만일 위꼬리와 아래몸통의 비율이 2분의 1이면 아래꼬리는 무시해야 하므로 중심이 정해지지 않았다고 보아야 한다. 저가를 붕괴하여 새로운 추세로 가는 음봉의 샅바형이 출현할 수도 있기 때문이다.

세 번째 비석형 캔들은 위꼬리가 완성되지 않는 모습이다. 추가 상승을 보인 이후에 다시 하락할 가능성이 있기 때문에 고가에 대한 확신은 이르다.

샅바형에서 파생된 비석형은 저가를 기준선으로 삼아야 하며 신뢰할 만한 저항을 보이지 않고 조정을 받았다면 중심선은 자주 변동할 것이다. 기준선이 되는 저가 지지대를 붕괴하지 않는 이상 상승 에너지를 강하게 함축하고 있다는 점에서 샅바형보다 더 강한 캔들이다. 단, 고점에서 저가가 붕괴된다면 새로운 하락추세의 출발점이 되어 강력한 역전파동이 나타난다는 점에서 극한 변곡이 작용한다.

교수형 캔들의 표준 매수기법

[차트 3-8]은 상승추세가 이어지는 상황에서 상승각도를 더 가파르게 하는 변곡점에서 나타난 양봉 교수형 차트이다. 양봉 교수형 캔들 전일에 십자도지형이 나타나 크게 하락했으나 다시 시가를 회복하면서 끝난 양봉 교수형 캔들이 발생했다. 양봉 교수형 캔들을 기준으로 하단에 존재하는 아래꼬리가 기준폭이며 상단으로 정수배 상승하여 저항대를

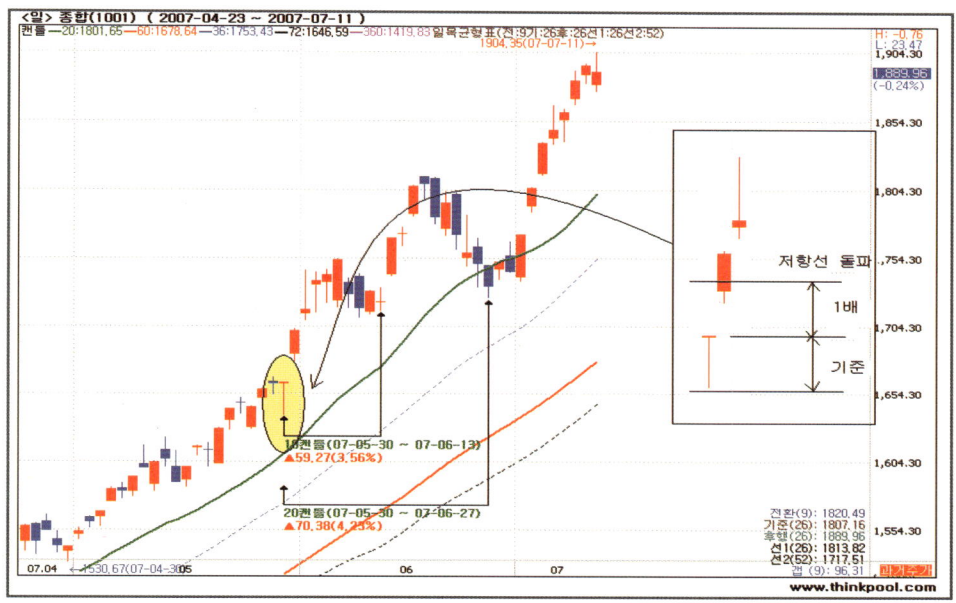

[차트 3-8] 캔들 꼬리 2

돌파한 시점에서 매수신호가 발생했다. 실제로 다음날 시가가 기준폭의 정수배에 근접하는 진폭이었다.

TIP • 교수형 캔들의 매도기법에 대한 이해

일반적으로 교수형 캔들은 매도신호로 해석한다. 다만 장중에 다시 돌파하려는 흐름이 있더라도 여전히 쌍봉 가능성에 유념해야 한다. 전고점을 넘는다면 매수신호이며 아래꼬리인 저가를 깨면 매도신호가 발생한다. 그러나 박스권으로 움직일 때는 관망해야 한다.

비석형 캔들의 표준 매도기법

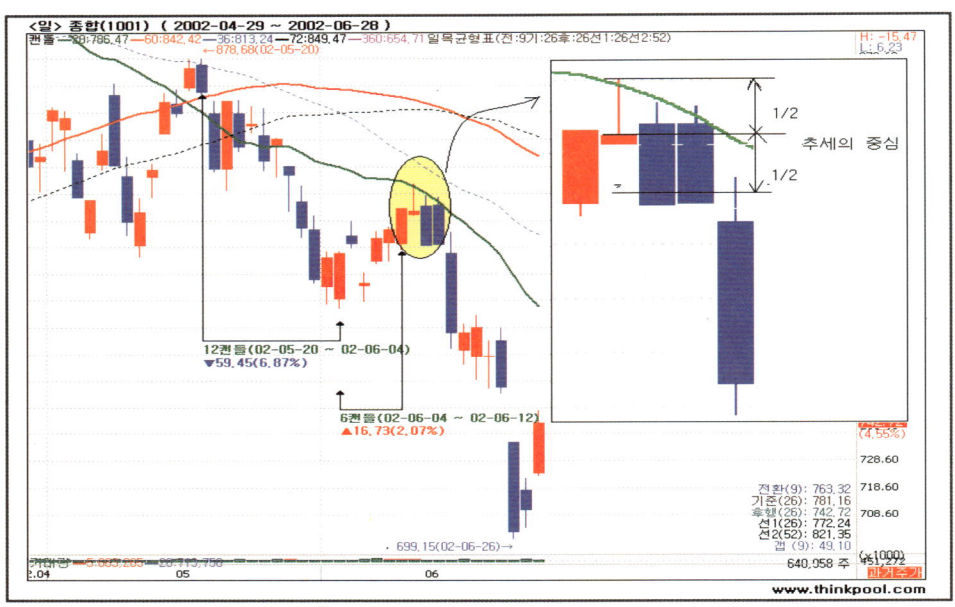

[차트 3-9] 비석형 캔들 1

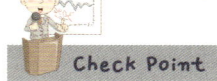

Check Point

고점에서 비석형 캔들이 나
타나면 음봉 샅바형이 진행
되는 과정이므로 시가를 기
준으로 위꼬리 진폭만큼 하
단으로 정수배 하락한 지지
선이 있느냐에 따라 매매신
호가 결정된다.

[차트 3-9]는 반등이 이루어지는 과정에서 20일선 저항에 부딪혀 주저앉은 비석형 차트이다. 고점에서 하락하는 비석형은 음봉 샅바형으로 가는 과정이기 때문에 위꼬리 부분이 기준폭이 되며 하단으로 정수배 하락한 지지대의 지지 여부를 살펴보아야 한다. 비석형 캔들 다음에 형성된 캔들의 종가가 두번 지지되는 모습을 볼 수 있는 것은 이러한 원리가 작용하기 때문이다. 또한 마지막에 지지대 붕괴가 발생하여 매

48

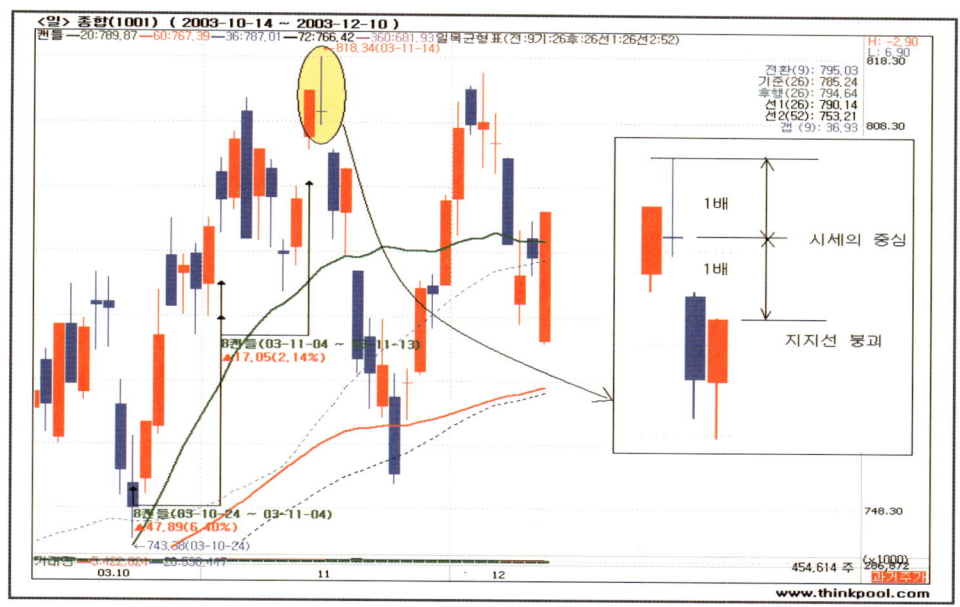

[차트 3-10] 비석형 캔들 2

도신호가 발생한 것을 확인할 수 있다. 하락이 12수 동안 진행되었으며 12수의 2분의 1인 6수에서 반등하여 변곡이 발생했다.

[차트 3-10]은 고점에서 비석형이 나타난 차트이다. 고점에 나타난 비석형 차트에는 여러 가지 하락 시그널이 내포되어 있다. 첫째, 당일 시가가 갭하락이 되어 마이너스에서 시작했으며 둘째, 장중에 상승을 시도하다 밀려서 종가와 시가가 같은 위치에 있지만 마이너스에서 끝났으며 셋째, 다음날 비석형 위꼬리 기준폭만큼 하단으로 정수배 하락한 지지대가 붕괴된 상태에서 끝났고 이틀째 되는 날 역시 반등이 되어도 지지대가 저항대로 바뀌어 더 이상 반등하지 못했기 때문이다. 장세

의 저점에서 고점까지 16(2×8)일이 진행되었으며 18(2×9)일이 되기 전에 하락변곡이 출현했다.

TIP · 비석형 캔들의 매수기법에 대한 이해

일반적으로 비석형 캔들은 매도신호로 여겨지지만 바닥에서는 쌍바닥 패턴으로 보아야 한다. 당연히 시가를 기준으로 지지 여부를 체크하고 위꼬리를 돌파하는 순간에 매수해야 한다.

양봉 샅바형 캔들의 표준 매도기법

Check Point

하락하는 변곡이 작용하는 경우에는 위꼬리를 기준폭으로 잡아야 한다. 단, 갭을 동반한 흐름이라면 갭이 빈 공간의 중심선을 택하거나 전체 파동의 중심을 택하는 경우도 있다.

[차트 3-11]은 갭상승이 일어나면서 양봉 샅바형이 나타났지만 추가 상승을 하지 못하고 하락세가 나타난 차트이다. 일단 갭상승 부분을 제외하고 본다면 위꼬리가 너무 길기 때문에 상승의 힘이 부족하다는 것을 알 수 있다. 재하락하는 경우 위꼬리가 기준폭의 지표가 되는데 하단으로 정수배 하락하는 선, 즉 지지대가 붕괴되어 매도신호가 발생했다. 여기서는 바로 붕괴가 일어나지 않았고 일시 반등 뒤에 재하락했다. 다소 시일이 경과되긴 했지만 고점의 캔들이 중요 변곡으로 작용했다.

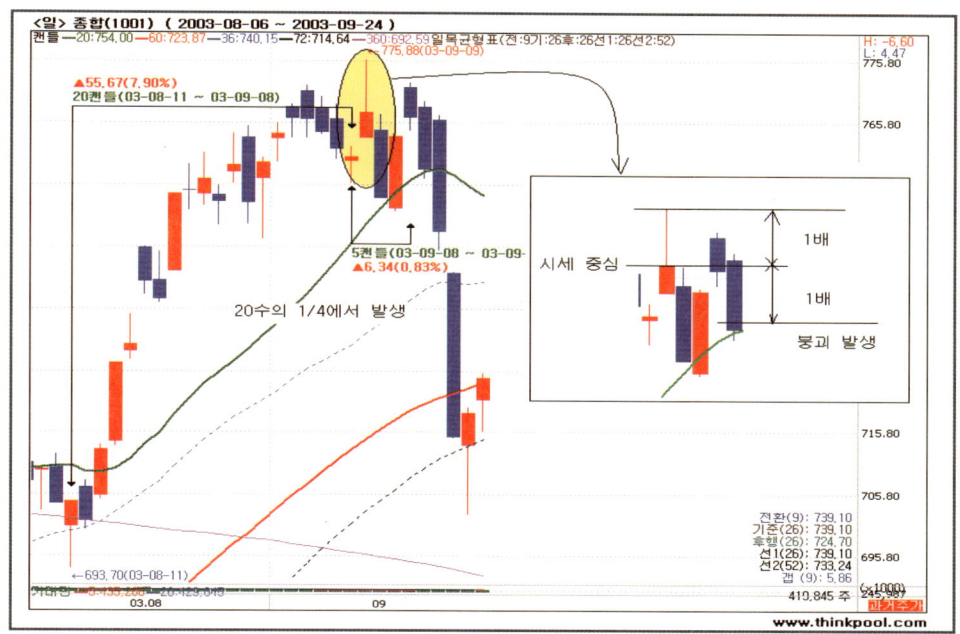

[차트 3-11] 샅바형 캔들 1

TIP • 음봉 샅바형 캔들의 매매기준에 대한 이해

음봉 샅바형 캔들은 시가를 기준으로 상승하다 하락이 진행되는 상황에서 끝났
다는 뜻이므로 매도신호라고 볼 수 있다. 다만 지나친 하락으로 인해 일시적 반
등 현상이 나타날 수 있기 때문에 추세 판단을 하기 어렵다. 이런 경우에는 시가
를 기준으로 상승할 때 매수를 하고, 시가를 기준으로 종가를 깨고 내려가면 전
일 하락이 연장되는 개념으로 받아들여야 한다.

장대양봉 표준 매도기법

[차트 3-12]는 20일선을 지지하면서 상승하는 차트이다. 14수 주기를 형성하면서 상승하다가 3구간 중 7수에서 급락하는 변곡점이 나타났다. 하나의 시간단위의 중심에서 변화가 일어나는 것은 일반적인 현상이다. 장대양봉이 피날레 파동을 형성하는 경우가 있는데 이때는 시가를 기준으로 지지 여부를 판단한다. 최종적인 추세이탈은 시가와 고가를 기준폭으로 하단으로 정수배 하락하는 선의 지지 여부를 살펴야 한다.

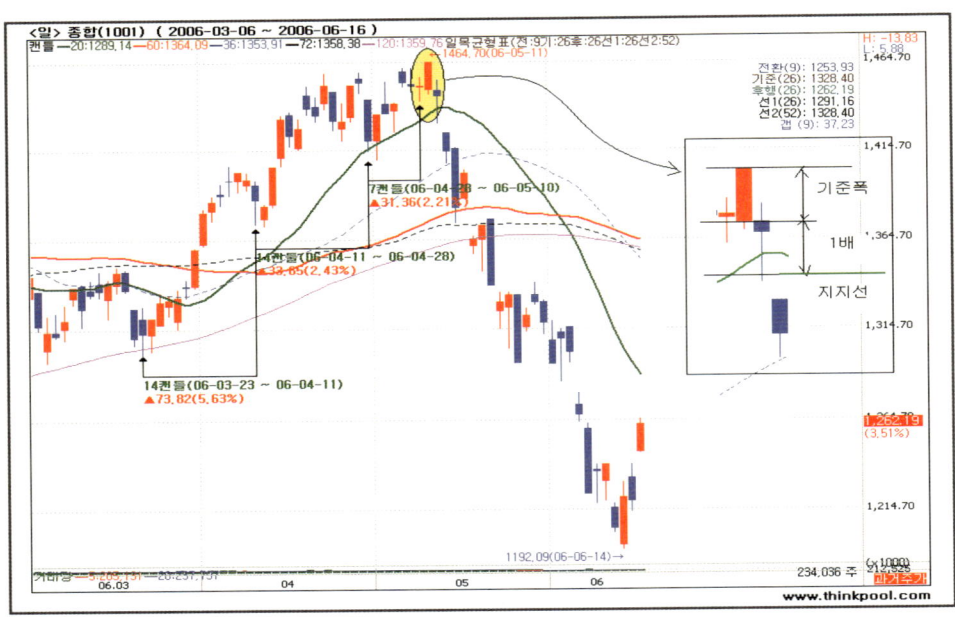

[차트 3-12] 장대양봉 1

장대양봉 표준 매수기법

[차트 3-13]은 직전 고점을 돌파하는 장대양봉이 출현한 차트이다. 전고점을 돌파하여 다시 조정을 보였지만 크게 밀리지 않는 이격조정을 보이면서 재차 상승하고 있다. 장대양봉 몸통의 2분의 1을 기준폭의 지표로 정하고 중심축이 지지를 하는지 주목해야 한다. 그 지점이 매수를 해야 하는 진폭인 것이다. 장대양봉이 나오기 전 저점에서 5수 이후 재차 상승을 보이고 있는데, 5일 이동평균선의 의미처럼 중요한 기준수

Check Point

갭상승이 되지 않는 장대양봉은 기준폭 상승에 대한 조정을 보이고 가는 경향이 있으므로 두 가지 가능성에 대비해야 한다.

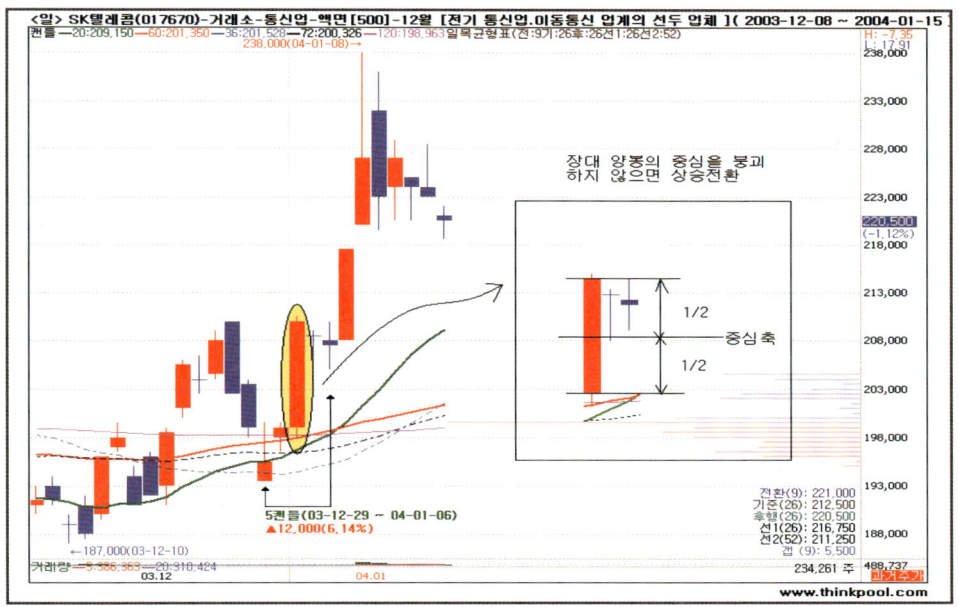

[차트 3-13] 장대양봉 2

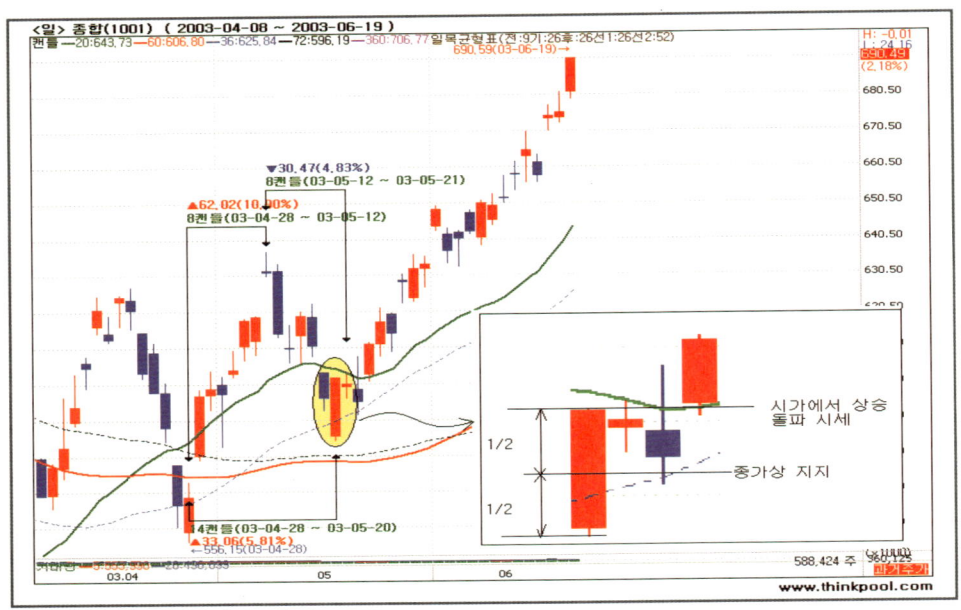

[차트 3-14] 장대양봉 3

가 5로 작용했다.

　[차트 3-14]는 바닥에서 장대양봉이 나오는 차트이다. 바닥권에서 장
대양봉이 나오더라도 바로 상승으로 이어지지 않고 2일 정도 조정을
보이는 경우가 있는데 이때 대다수 시장 참여자들은 힘이 약하다고 판
단하여 매도한다. 그러나 추세를 무너뜨리지 않는 약한 조종을 보이고
다시 장대양봉이 재현되는 경우가 많다. 바닥에서 장대양봉이 나오는
경우 진폭으로 장대양봉의 2분의 1을 지지해 주거나 2일 정도 약한 조
정파동을 보인 차트를 관찰할 필요가 있다. 수변곡을 보면 첫 상승파동
이 8수이며 다시 조종파동이 8수를 보이고 재차 상승으로 전환했음을

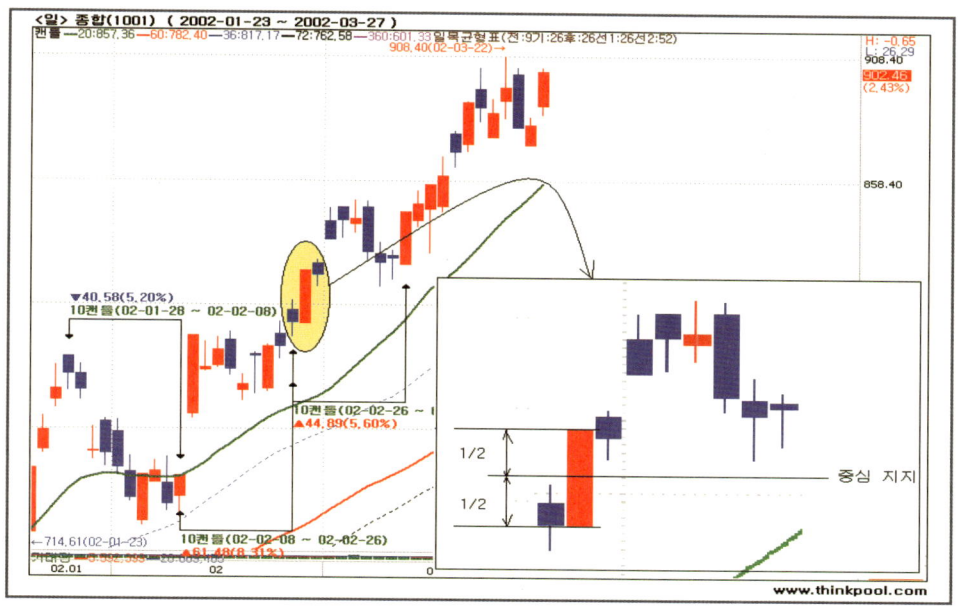

[차트 3-15] 장대양봉 4

알 수 있다. 8수 대칭의 상승과 하락의 쌍바닥 패턴을 보이고 있다.

[차트 3-15]는 상승추세에 있는 상황에서 장대양봉이 주기적으로 나타난 차트이다. 장대양봉이 출현했다는 것은 강한 힘이 작용했다는 의미이며 강한 힘이 작용한 것은 중요한 시간변곡을 암시한다. 장대양봉이 출현한 이후 바로 조정을 보이기도 하고 더 올라가 나중에 조정을 보이기도 하지만 상승추세가 이어지는 파동에서는 장대양봉의 중심축을 지킨다는 점에 유념해야 한다. 바닥에서 강력한 상승이 일어났으며 다시 10수마다 재차 강력한 상승이 일어나는 수변곡이다.

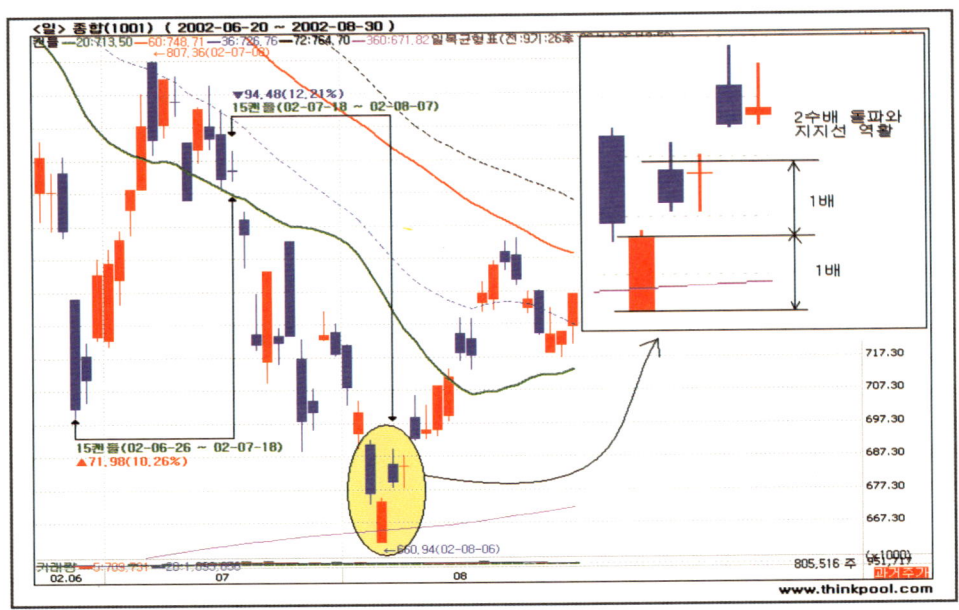

    [차트 3-16]은 장대양봉이 출현한 이후 고점에서 조정을 보이는 차트
이다. 장대양봉이 나타나면 이후 양봉의 2분의 1 지점에서 지지를 받고
가기도 하지만 장대양봉의 종가 이상에서 조정을 보이고 다시 크게 상
승하는 경우도 있다. 강한 상승이 이어지지 않고 약한 상승이 이어지고
다시 재차 강한 상승이 나타난 것을 말한다. 이런 경우에는 장대양봉의
전체폭이 기준폭이 되어 상단으로 정수배를 돌파하면 새로운 매수신호
가 발생한다. 직전 저점에서 상승한 추세는 15수이며 다시 바닥점에 이
르기까지 15수인 15수 대칭 수변곡이 발생했다.

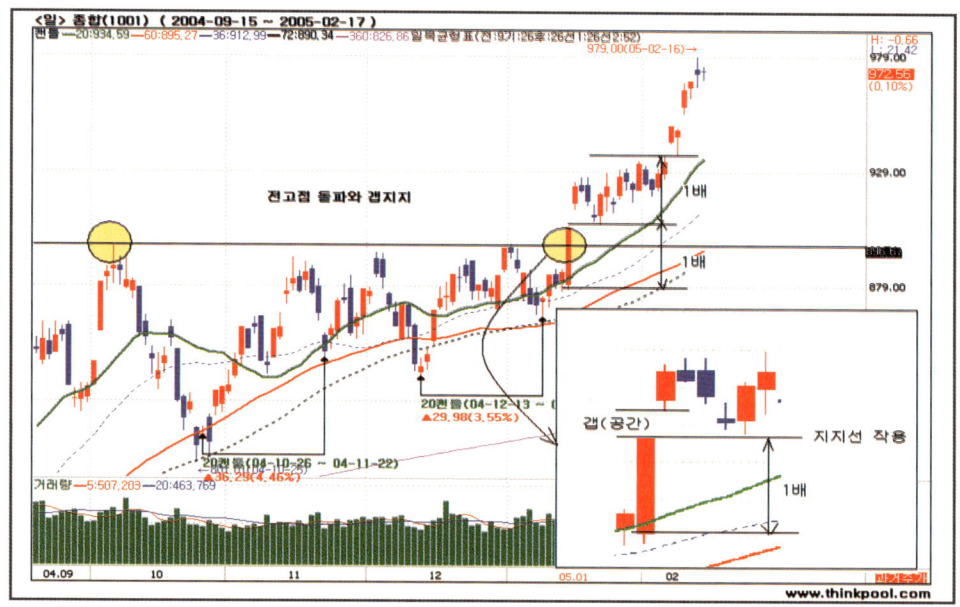

[차트 3-17] 장대양봉 6

    [차트 3-17]은 전고점을 돌파하면서 장대양봉이 출현한 차트이다. 전고점을 돌파하는 파동이 나오면 매수신호가 발생하지만 진입 시기가 늦었다면 조정을 기다렸다가 매수해야 한다. 그러나 전고점을 돌파한 파동은 전고점 아래로 내려오는 경우가 드물기 때문에 새로운 돌파시기에 매수를 해야 한다. 장대양봉이 나오는 몸통의 진폭을 기준폭으로 하고 상방으로 정수배 상승하는 구간에서 2차 매수신호가 발생한다. 정수배 돌파를 하기 전에 상승을 하기 위한 숨고르기가 진행되는 것을 알 수 있다.

장대음봉 표준 매도기법

[차트 3-18]은 장대음봉이 발생하여 추세이탈이 되는 차트이다. 중기 이동평균선 부근에서 장세의 큰 분기점이 발생하여 장대양봉이나 장대음봉이 발생하는 경우가 있다. 장대봉이 출현하는 경우에는 추격 매수나 추격 매도가 바람직하다. 반등이나 눌림목을 이용할 때도 있으나 진행방향의 파동이 긴 경우가 자주 발생하므로 주의해야 한다.

[차트 3-18] 장대음봉 1

[차트 3-19]는 되돌림 고점에서 장대음봉이 발생한 차트이다. 장대음봉이 발생하기 전 양봉의 몸통을 감싸는 음봉이 나오는 것은 힘의 전환을 의미한다. 음봉이 작지만 하락을 암시하는 캔들로 봐야 한다. 하락이 15수 동안 진행되었으며 반등은 5수 동안 진행되었다. 하락과 반등이 3 대 1의 구조이지만 전체 고점과 되돌림 고점이 20수로 한달의 시간파동과 일치하는 시간변곡이 발생했다.

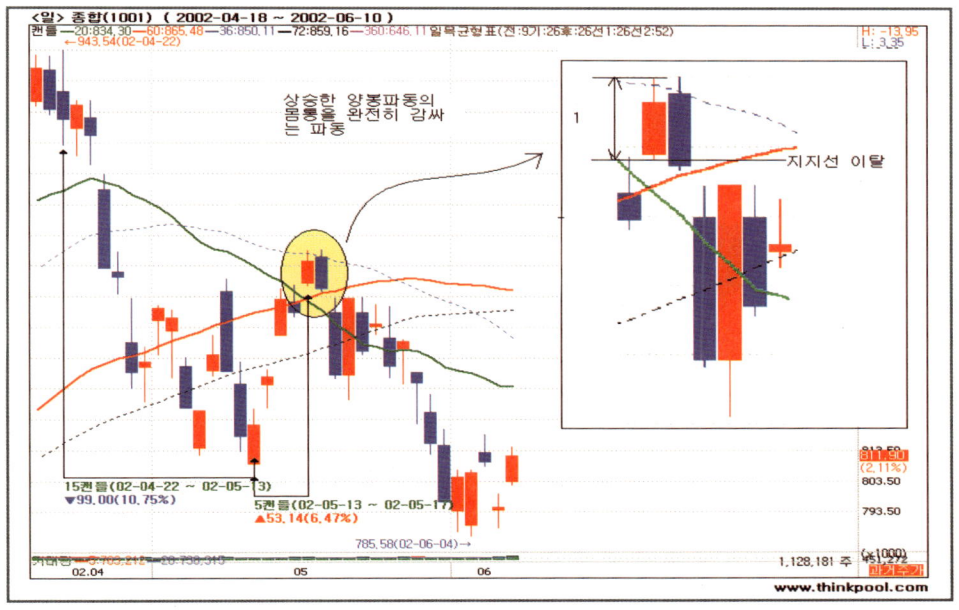

[차트 3-19] 장대음봉 2

장대음봉 표준 매수기법

[차트 3-20]은 장대음봉이 추가 하락을 형성하지 않고 바닥을 완성한 차트이다. 하락이 지속되다가 장대음봉이 되면서 대바닥을 형성하는 경우가 있는데, 하락장에서는 예측만 가지고 매수에 가담하는 것보다는 매수신호를 기다리는 것이 좋다. 장대음봉의 몸통이 기준폭이 되며 2분의 1 반전이 되는 수준에서 매수신호가 발생한다. 하락이 9수 동안 진행될 때 반전되는 파동이 나오는 경우가 많은데, 9수가 파동의 기본

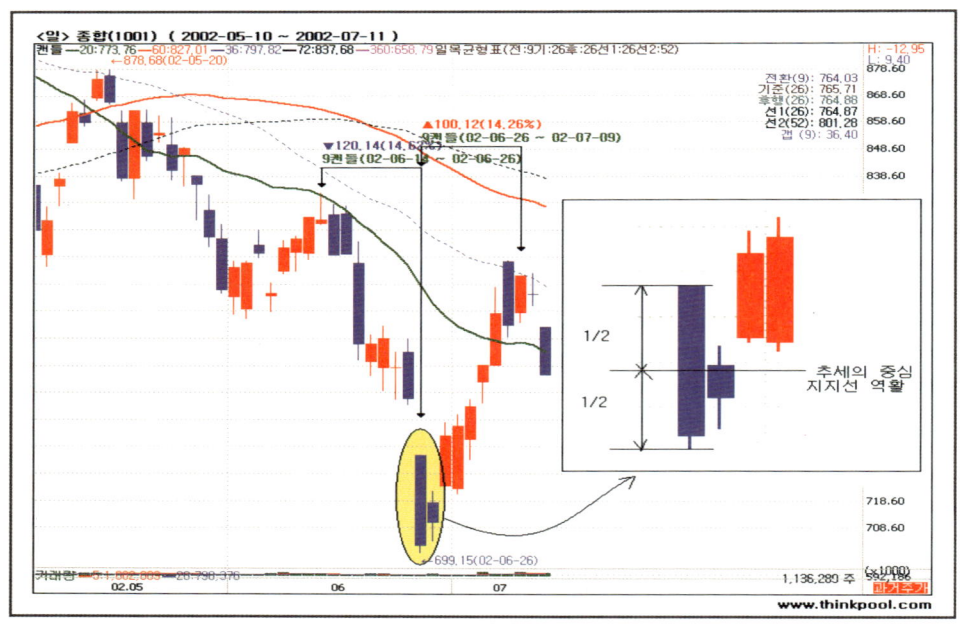

[차트 3-20] 장대음봉 3

수이기 때문이다. 반등 또한 9수로 작용하여 대칭변곡이 나타났다.

　[차트 3-21]은 위꼬리와 아래꼬리가 달린 장대음봉 차트이다. 기본적으로는 아래꼬리를 기준으로 잡아야 하지만 몸통에 비해 크지 않기 때문에 몸통을 기준으로 잡는다. 몸통의 기준폭을 지표로 하고 2분의 1이되는 선을 중심축으로 하여 지지 여부를 보고 매수를 결정한다. 갭상승이 되었지만 다시 조정을 보인 후에도 2분의 1의 중심축을 깨지 않는모습을 볼 수 있다.

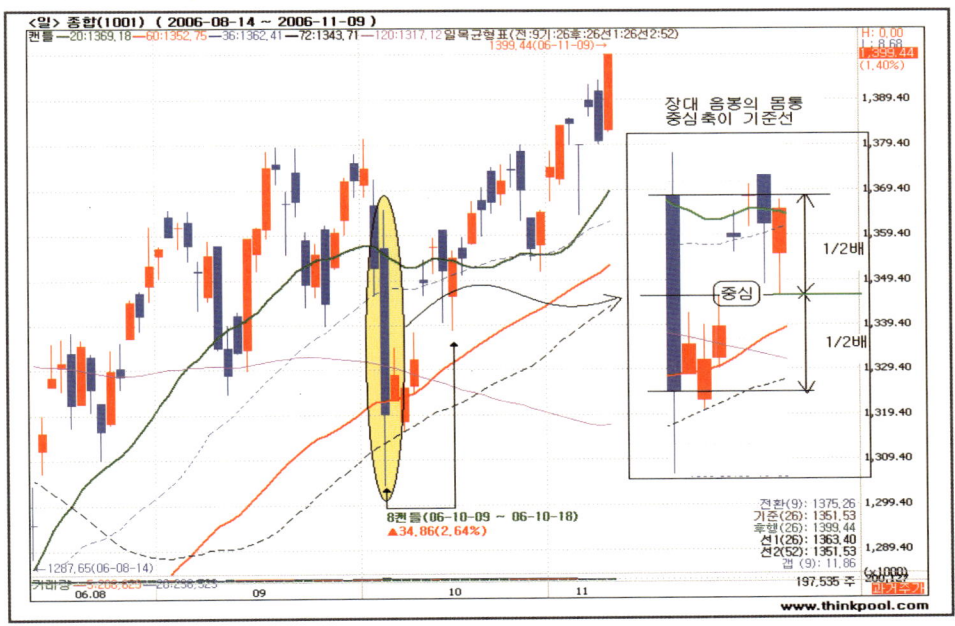

[차트 3-21] 장대음봉 4

십자도지형 표준 매매기법

[차트 3-22]는 십자도지형 캔들이 자주 출현한 차트이다. 천정이나 바닥에서 출현하는 십자도지형 캔들은 매도세와 매수세의 균형을 나타내는 것이며, 균형점 출현 이후에는 본 방향성이 나타나기 때문에 변곡을 알리는 시그널이라고 볼 수 있다. 또한 이는 상승추세가 지속되는 상황에서 상승파동의 단위를 연장시키는 연결고리 역할을 하기도 한다. 상승과 조정의 시세단위가 마무리되고 다시 새로운 상승이 시작되

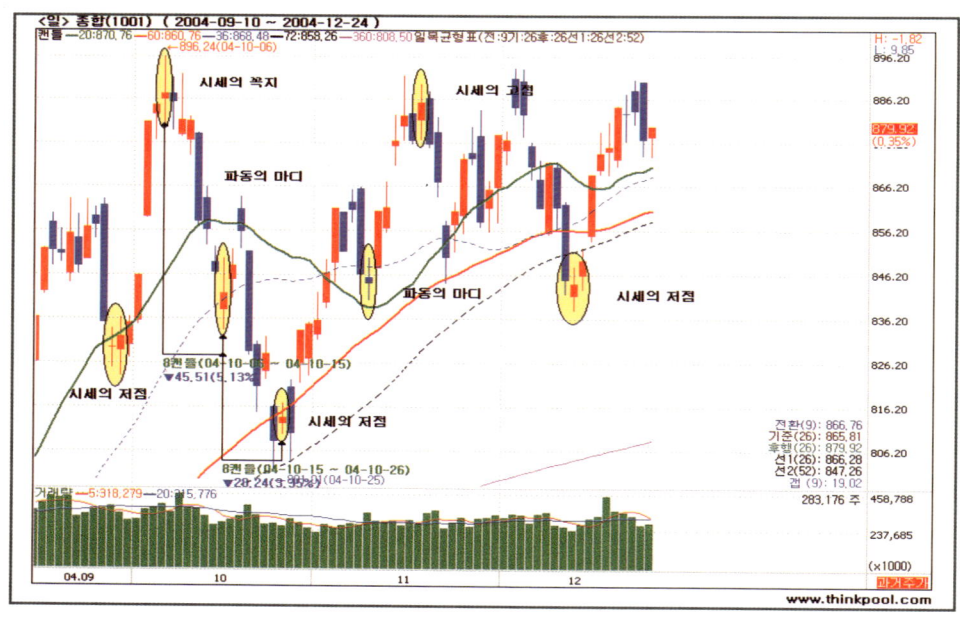

[차트 3-22] 십자도지형 캔들

는 변곡점에서 십자도지형 캔들이 나타났다.

[차트 3-23]은 고점에서 장십자형 음봉이 나타난 차트이다. 고점에서 장중에 크게 출렁이면서 매수세와 매도세가 격돌하였지만 시가보다 낮은 수준에서 종가가 끝났다는 점에서 하락을 암시하고 있다. 다음날 음봉의 몸통을 감싸지 못한 양봉이 나왔다는 것 또한 하락 시그널로 볼 수 있다. 음봉의 몸통과 양봉의 몸통을 비교해 보면 다음날 종가가 전일 시가를 넘지 못했기 때문에 저항선으로 작용했음을 알 수 있다. 3일째 되는 날 전체 파동의 2분의 1을 넘지 못하고 강하게 하락했기 때문에 매도신호가 발생했다.

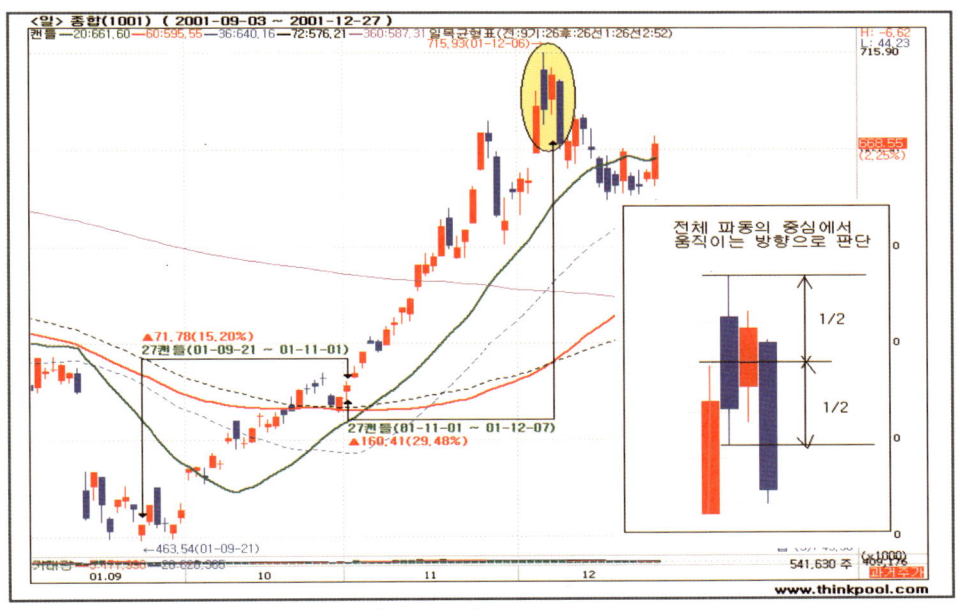

[차트 3-23] 십자형 음봉

TECHNOLOGY OF CHART

INVESTMENT

2 PART

이동평균선의
원리와 추세판단

이동평균선의 기초와 구성원리

CHAPTER 04

Check Point

이동평균선은 일정 기간 동안의 주가를 평균한 값인 이동평균값을 연결하여 선으로 나타낸 것을 말하며 과거 가격의 통계라 할 수 있다.

이동평균선은 흔히 이평선이라 불리며 MA(moving average)라는 영어 약자로도 쓰인다. 예를 들어, 5 MA라고 표시하는 것은 5일 이동평균선을 뜻한다.(5일 이평 또는 5평으로 부르기도 한다.) 이동평균은 일정기간 동안 매일의 종가를 기준으로 산출한 평균 가격이다.

이동평균선에는 여러 가지 종류가 있는데, 우선 5일 이동평균선은 기준일 이전 5일 동안 기록한 평균가격을 선으로 연결한 것이다. 5일이 중요한 지표가 되는 이유는 '5일'은 일주일인 5영업일 동안 거래된 가격이기 때문이다. 그리고 5일을 기본으로 쓰는 이유는 수원리로 보면 5가 조정수(control number)에 해당하기 때문이다. 때에 따라서 5일선만 가지고 매매를 하는 방법도 있다. 5일, 10일, 15일, 20일 단위의 이동평

単위 : 원

일	1	2	3	4	5	6
종가	4,000	4,200	4,300	4,500	4,600	4,700
합계	4,000	8,200	12,500	17,000	21,600	26,300
평균	4,000	4,100	4,166	4,250	4,320	4,380
5일 평균					4,320	4,460

[표 4-1] 이동평균

균선은 5의 정수배로 합성되어가는 중간 연결구조를 가진다.

[표 4-1]은 주가와 평균가격을 예를 들어 표시한 것이다. 어떤 주식의 가격이 1일에 4,000원으로 출발하여 조금씩 상승세를 보다가 6일째 4,700원을 기록했다. 시간이 지나면서 평균가격도 점점 올라가는 모습을 보이지만 현재 가격에는 미치지 못하고 있다. 기준일부터 매일의 평균가격을 각 날짜에 표시하고 이 값을 선으로 연결하면 이동평균선이 된다.

이동평균선으로 작성한 그래프

[차트 4-1]은 주가와 이동평균선(이하 이평선)을 함께 표시한 것이다. 주가의 모양을 캔들로 표시하고 주가의 이동평균을 아래에 표시 하였다. 각각 기간은 5일, 10일, 15일, 20일, 60일을 기준으로 표시한 것이다. 차트를 보면 주가는 올라가지만 이평선이 주가에 미치지 못하는 것을 알 수 있다. 이평선의 기간이 길수록 주가에서 멀어지는데 이러한

68

[차트 4-1] 이동평균선

양상을 '정배열'이라 하며 주가의 상승세를 나타낸다. 주가가 급등하기 전 시점에는 이평선이 수렴하는 모습이 나타나는데 이는 각각 매수한 날은 다르지만 평균을 내보면 비슷한 가격에 샀다는 뜻이다.

이동평균선과 자연시간의 비교

이평선은 기간에 따라 단기·중기·장기 이평선으로 나뉜다. 단기는 한달 이내 5~10일, 중기는 분기나 계절 이내 20~60일, 장기는 6개월

Check Point

5일, 10일, 20일, 60일, 120일 이평선 시스템은 자연시간, 기업, 경기 발표 동향 그리고 심리가 만나는 표준 사이클이다.

이나 1년 단위의 60~360일을 말한다. 구분하여 사용하는 방식에 따라 다르게 적용하기도 하므로 명확한 기준은 없다. 일반적으로 5-10-20-60-120일 이평선을 쓰지만 5-10-25-50-100-125-150일, 8-13-21-34-55-89-144일, 9-18-36-72-108-360일을 사용하는 등 다양하게 변형된 방법을 적용하기도 한다.

일반적으로 5-10-20-60-120일을 많이 쓰는 것은 주기가 영업일을 기준으로 시간적인 변화가 일어나는 단위이기 때문이다. 5일은 일주일의 변화를 의미하며 일주일 동안 변하는 시간 사이클과 주가의 관계를 나타낸다. 10일은 일주일의 정수배되는 기간이자 한달의 2분의 1인 15일이라는 시간분기, 20일은 한달, 즉 30일이라는 시간분기, 60일은 계절과 사업분기를 나타내는 90일이라는 시간분기, 120일은 1년의 2분의 1인 180일 동안의 시간분기를 나타낸다.

5-10-20-60-120일 이평선 시스템은 일정한 규칙이 있다. 5일에 2배를 하면 10일이 되며, 10일에 다시 2배를 하면 20일이 된다. 5일이라는 시간단위가 계절이 변하는 것처럼 4번 순환하면 한달이 된다.

20일에 3배를 하면 60일이 되며, 60일에 다시 2배를 하면 120일, 4배를 하면 240일이 된다. 20일이 한달이므로 60일은 3개월이 되며 이는 한 계절이 변하는 것을 의미한다. 60일은 기업이나 산업동향, 각종 지표 등이 분기별로 합산되어 발표되는 시점이기 때문에 투자심리의 중요한 분기점으로 작용하는 경우가 많다. 60일에 2배를 하면 6개월, 즉 반기 결산이 되고, 4배를 하면 연간 결산이 되기 때문에 매우 중요한 시간 분기로 작용한다.

　5-10-20-60-120일 이평선 시스템은 시간이 변하는 자연현상을 기록한 달력구조와 연동되며 기업이나 경기의 발표동향과도 정확히 일치하고 있기 때문에 매우 유용한 표준지표이다.

이동평균선의 종류와 특징

주가는 5일, 10일, 20일, 60일, 120일 등 주기가 다른 여러 가지 사이클 속에서 존재한다. 단순한 이평선의 지지와 저항을 통해서도 주가의 방향을 알 수 있지만 시간단위에서 나타난 파동의 형태와 특성을 파악하면 주가의 방향을 보다 더 정확하게 이해할 수 있다.

이평선은 시간의 마디이자 파동이 존재하는 무대 역할을 하므로 시간의 마디를 분리하면 파동의 형태를 분석하여 미래의 주가를 예측할 수 있다.

5일선과 파동 단위

[차트 5-1]은 5일선을 중심으로 주가가 변하는 특성을 보여주는 차트이다. 5일선의 지지 저항도 살펴볼 수 있지만 5일이라는 5개의 캔들을 하나의 단위로 나누어 분석해 보면 일정한 특성을 보이고 있다는 사실을 알 수 있다.

바닥에서 양봉 샅바형의 캔들이 나와 상승한 시점부터 5일 후를 보면 5일선 지지와 일치하는 모습을 보이고 있다. 같은 5일선 지지이지만 5캔들을 하나로 본다면 상승하고 횡보하는 5일 동안 움직이는 패턴이

Check Point

5일선을 통해 단순한 5일 동안의 주가 평균뿐 아니라 5일 동안 일어나는 심리 변화와 파동의 특성을 파악할 수 있다. 5수는 시세의 기본구조이다.

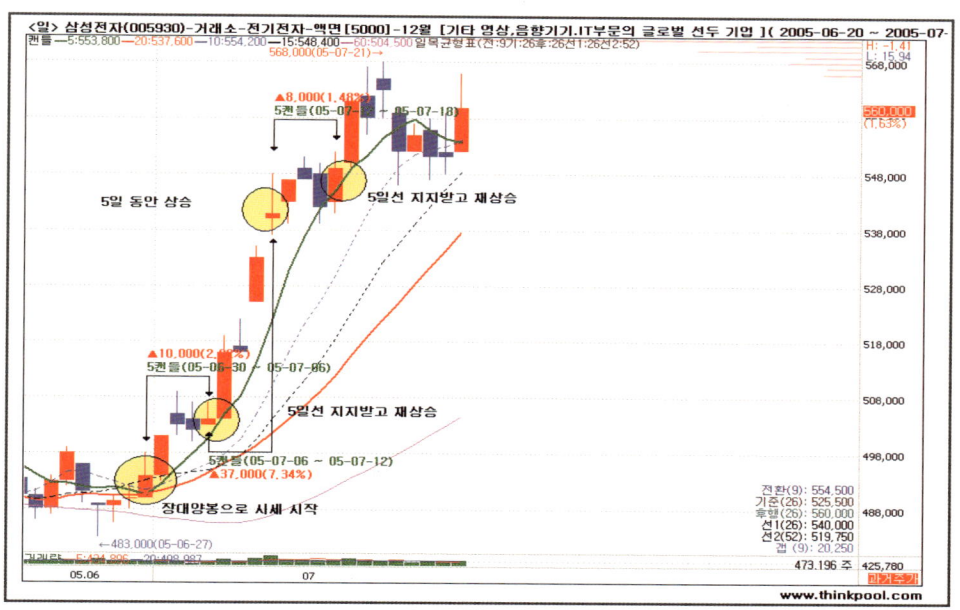

[차트 5-1] 5일선

보인다. 다시 5일 동안 강한 상승이 나타났으며 이후 5일 동안 횡보하다 5일선 지지를 받고 재상승하는 모습을 보였다.

10일선과 단기파동

[차트 5-2]는 10일선 지지를 받는 차트이다. 10일선 지지를 받는 캔들을 중심으로 10일의 의미를 파악해 보면 10일선 지지라는 단순한 사실을 넘어 새로운 파동 개념을 발견할 수 있다.

10일선 지지를 받는 장대양봉을 기준으로 하여 10일 전으로 후퇴하

[차트 5-2] 10일선

면, 크게 급등한 파동이 눌림목 조정을 마치고 다시 상승을 시작한 시기와 일치한다. 즉, 10일 동안 상승을 위해 주가가 높은 상태에 계속 머물러 있으면서 횡보를 한 것이다. 10일 이후에는 상승의 각도를 높여 시세를 분출하는 시기와 일치한다. 결국 10일 횡보와 10일선 지지 후 10일 급등이라는 단순구조가 보인다.

20일선과 추세 단위

[차트 5-3]은 20일선이 지지되는 구간과 돌파되는 구간을 나타내는

[차트 5-3] 20일선

차트이다. 20일선이 지지되는 구간을 보면, 바닥에서 20일 동안 상승하
는 모습을 볼 수 있다.

상승변곡이 출현하였으며 조정 이후 20일선 지지를 보였다. 20일 시
세와 20일선 지지가 묘한 상관관계를 보이고 있다.

20일선이 돌파되는 구간을 보면 20일선을 돌파하는 시점부터 고점
까지 20일 동안 상승했다. 20일선 돌파와 20일 시세의 연관성이 매우
강함을 알 수 있다.

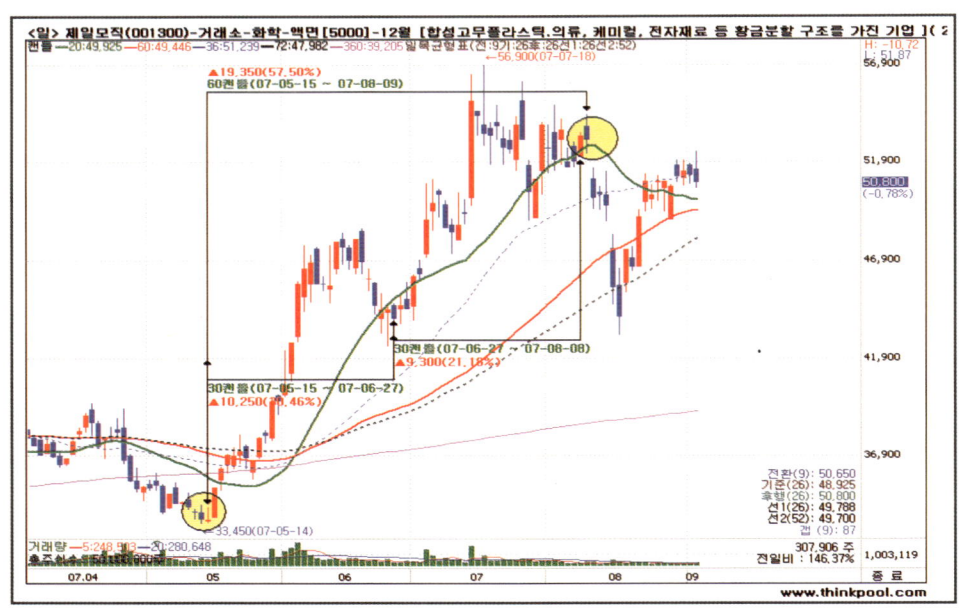

[차트 5-4] 60일선 1

60일선과 장세 주기

[차트 5-4]는 60일 동안 시세를 보인 차트이다. 20일선 지지를 받고 올라가는 파동이 생성되었고 20일선 지지를 받고 올라가는 것으로 보아 20일선 지지가 붕괴되면 추세이탈이 나타날 것이라고 예측할 수 있다.

20일선 지지가 붕괴되는 시점이 바닥에서 고점까지 상승한 60일과 일치하는 모습이다. 60일은 30수의 2배 혹은 20수의 3배로 구성되는데 차트의 파동에서는 30수의 2배가 진행된 모습을 볼 수 있다.

[차트 5-5]는 60일선 지지와 60일선 이탈 사이에 나타난 주가흐름을

Check Point

60일선의 추세와 패턴을 이해하기 위해서는 20일선 지지와 돌파를 중심으로 20일의 시간파동이 구체적으로 드러나는 구간을 살펴야 한다. 20일은 파동의 변화무대이다.

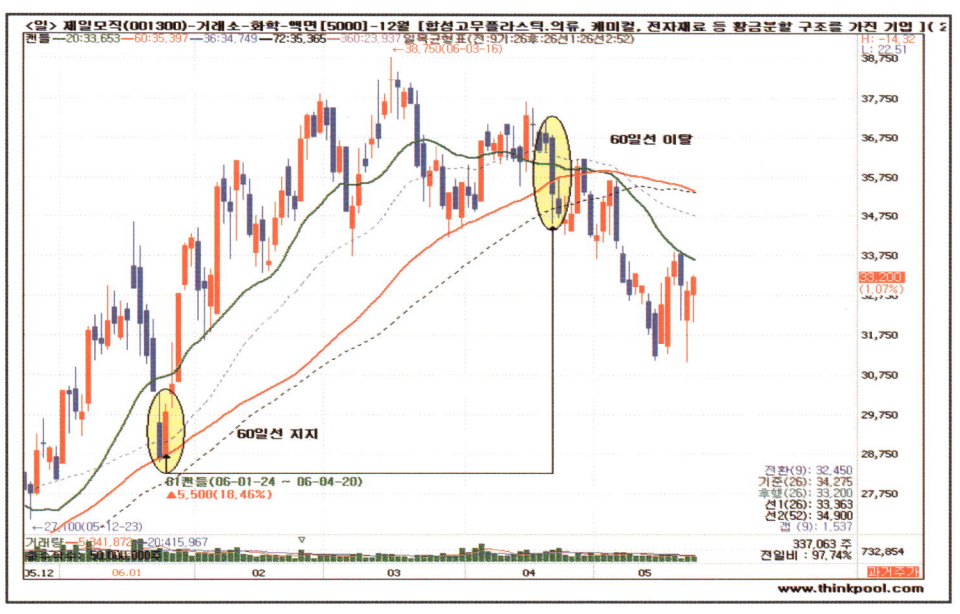

[차트 5-5] 60일선 2

보여주는 차트이다. 60일선 지지를 받고 상승한 주가는 상승추세를 이어가다 60일선이 이탈되면서 급락하여 중기 매도신호가 발생했다. 60일 이평선의 지지와 이탈 사이에는 60수가 존재하며 이것이 중기 매수와 매도신호로 작용한다는 것을 알 수 있다.

120일선과 장세 순환

[차트 5-6]은 120일선의 지지와 저항이 나타난 차트이다. 바닥에서 상승하는 주가는 장기이평선인 120일선에 저항을 보이면서 재하락했다.

그리고 강하게 재차 돌파하면서 장기 상승세로 전환하였는데, 이는 60수와 일치하고 있다. 60수는 3개월을 나타내며 계절이 바뀌는 국면이기도 하다.

저점에서 고점까지 장기 시세의 기간은 120일로 6개월 상승을 보였으며 이에 대한 조정이 있었지만, 묘하게도 120일선 지지를 보였다. 또한 시간과 이평선의 관계를 보여주는 시간변곡이 있음을 알 수 있다.

[차트 5-7]은 상승추세선과 120일선의 관계를 나타내는 차트이다.

바닥에서 강한 상승을 보인 주가는 120일의 2분의 1인 60일에서 다시 상승을 보였으나 120일에서 추세이탈이 되는 양상을 보이고 있다.

추세선을 그려 보면 추세선 이탈의 변곡과 120일 지점이 일치한다. 결국 120일은 상승추세가 살아있는 시간이라는 것을 알 수 있다.

120일 지점에서 추세이탈이 되었다는 것은 그 지점이 120일 동안 매

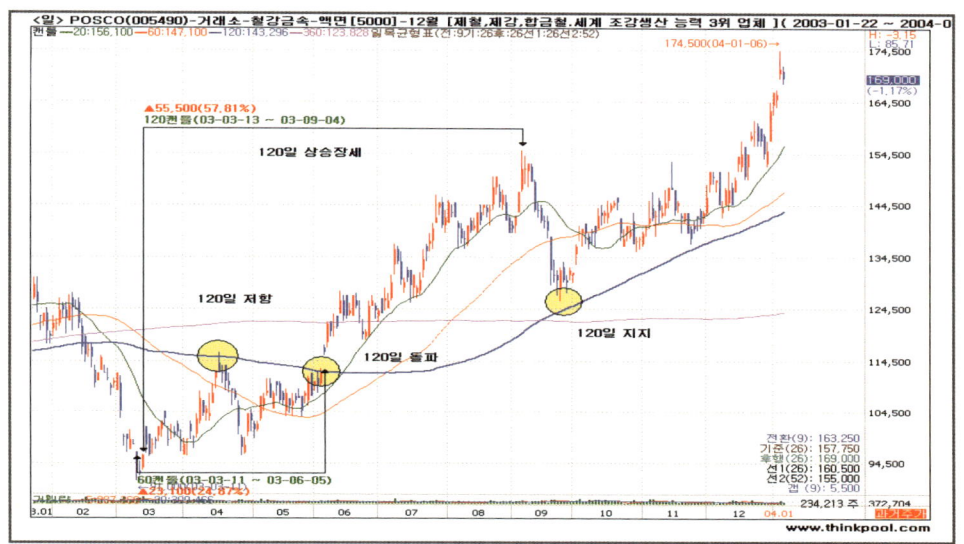

[차트 5-6] 120일선 1

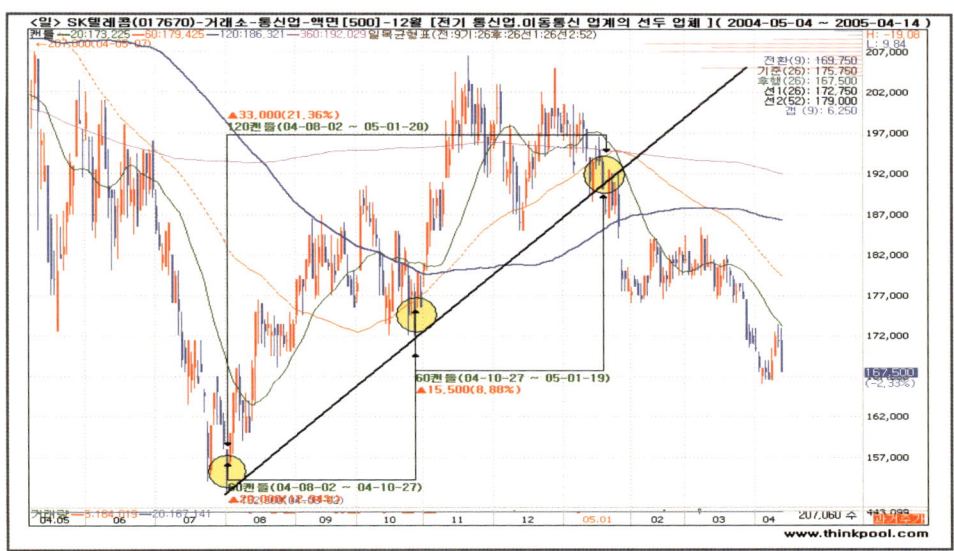

[차트 5-7] 120일선 2

수한 평균적인 투자심리가 급격히 변하는 순간이라는 뜻이다.

이동평균선의
시간합성과 분할 메커니즘

이동평균선과 시간 파동

이평선은 주가의 평균을 의미할 뿐 아니라 시간의 단위를 나타내는 지표이기도 하다. 따라서 이평선의 지지와 저항마다 일어나는 변곡을 살펴보면 주가의 현 상태를 파악할 수 있다. 이평선은 시간의 마디를 나타내기 때문에 주가가 상승에너지에서 움직이는지 하락에너지에서 움직이는지 판단이 가능하다. 이를 바탕으로 상승추세와 하락추세의 규모를 예측할 수 있다.

주가의 영업거래일을 기준으로 시간의 단위와 구성요소를 종합적으로 정리하면 [표 6-1]과 같이 분류할 수 있다. 이평선 자체가 시간단위

360					
120		120		120	
60	60	60	60	60	60

120					
60			60		
20	20	20	20	20	20

60					
20		20		20	
10	10	10	10	10	10

60																			
20					20					20					20				
10					10					10					10				
1	2	3	4	5	1	2	3	4	5	1	2	3	4	5	1	2	3	4	5

단위 : 일

[표 6-1] 시간변곡

와 일치하며 주가변곡과도 일치한다.

　[표 6-1]은 이평선의 사용 단위와 각 사용 단위의 구성수를 표시한 것이다. 늘 전체는 정분할로 나눌 수 있으며, 나누어진 단위개체는 정수배로 합산이 되어 더 큰 전체를 구성한다. 부분과 전체는 같은 메커니즘으로 돌아간다.

　전체 360일을 이평선 단위로 보면 한달 동안의 거래일은 20일이 되므로 360일은 1년 6개월에 해당된다. 360일이 2순환하면 720일이 되며 3년이 된다.

　360일 이평선은 120일 이평선이 3번 순환하는 원리이며 120일 시간파동이 3개 존재하는 것과 같다. 더 작은 이평선도 같은 원리로 구분할 수 있다. 120일 이평선은 60일 이평선이 2번 순환하는 원리, 20일 이평선은 10일 이평선이 2번 순환하는 원리, 10일 이평선은 작은 단위인 5일 이평선이 2번 순환하는 원리, 5일 이평선은 가장 작은 단위인 하루가 5번 순환하는 원리이다.

1일이 5개가 모이면 5일의 시간파동(이동평균), 5일이 4개 모이면 20일의 시간파동이며, 20일이 3개 모이면 60일의 시간파동, 60일이 2개 모이면 120일의 시간파동, 120일의 단위시간이 3개 모이면 360일의 시간파동이 된다.

360일은 60일의 시간파동이 6개 존재하며, 120일은 20일의 시간파동이 6개, 60일은 10일의 시간파동이 6개 존재한다. 여기서 6이라는 수는 매우 중요한 요소이다. 큰 장세 사이클뿐 아니라 작은 장세 사이클 속에도 상승장 꼭지에 나타나는 삼중천정과 하락장 바닥에 나타나는 삼중 바닥이 출현하는데, 이는 상승시간 3개, 하락시간 3개의 시간파동이 존재하기 때문이다.

60수 시간파동의 정수배 구조

[차트 6-1]은 60일 시간파동이 3개 존재하는 차트이다. 바닥에서 상승과 하락의 마디가 60수인 주기파동 3개가 시차를 두고 형성되었다. 크게 보면 삼산구조를 형성하고 있다. 전체 주기는 180수이며 360수의 2분의 1에 해당하는 장세 사이클의 전체 모습이다.

[차트 6-1] 시간분기 1

84

20수 시간파동의 정수배 구조

[차트 6-2]은 20수로 구성된 파동형태가 주기적으로 나타나는 차트이다. 20수로 구성된 파동을 보면 상승과 하락의 마디 구조, 상승의 마디 구조, 하락의 마디 구조, 브이(V)자 마디 구조로 일정한 형태를 지니고 있다. 이 차트에는 이러한 각기 다른 형태가 조합되어 있다. 120일의 시간파동 안에 구체적 형태를 보인 20일의 시간파동 5개와 불분명한 형태를 보인 20일 시간파동 1개가 존재한다는 것을 알 수 있다.

Check Point

120수 파동 안에는 20수 파동이 6개 존재한다. 일정한 패턴이 주기적으로 출현하는 개수를 파악하여 추세전환 여부를 판단해야 한다.

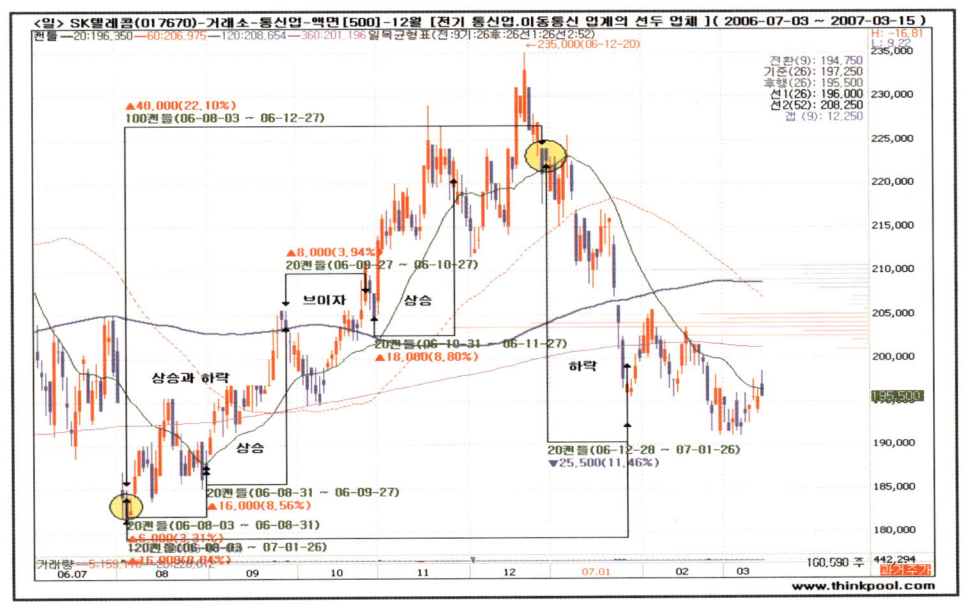

[차트 6-2] 시간분기 2

10수 시간파동의 정수배 구조

[차트 6-3]은 고점에서 저점까지 지그재그로 하락하는 과정에서 10수 파동이 여러 번 출현한 차트이다. 고점이 되기 전 크게 상승한 파동이 10수였다. 10수가 저점과 저점의 주기로 작용하거나 고점과 고점의 주기로 작용했다. 60수 안에 구체적 형태를 보이는 10수 파동이 3개 존재하며, 불분명한 형태의 파동이 약 3개 정도 있는 것으로 보인다. 전체 60수 안에는 10수 파동이 6개로 구성된 것을 알 수 있다.

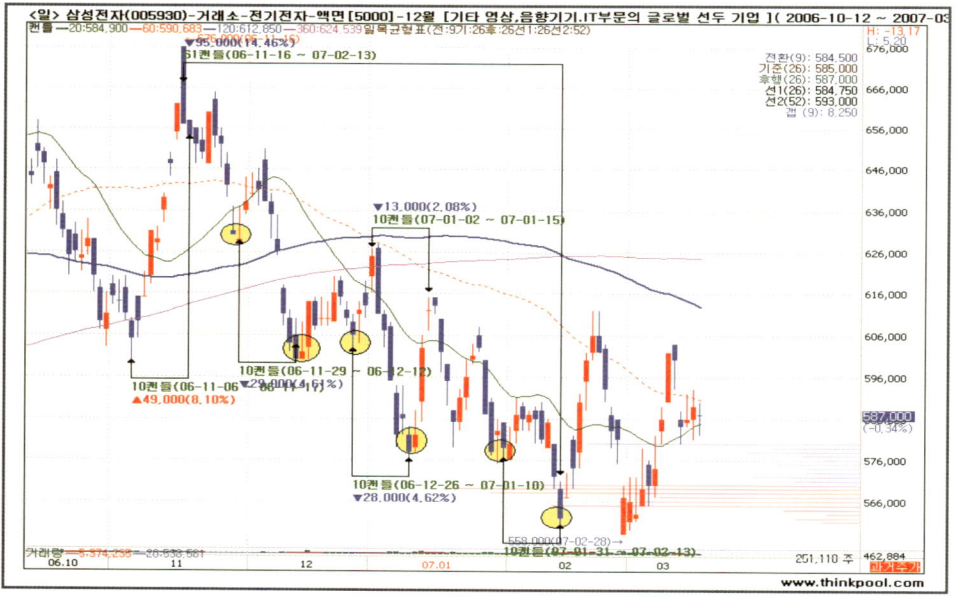

[차트 6-3] 시간분기 3

이동평균선으로 추세를 분석하는 일반적 방법론

추세 분석

추세 분석이란 주기가 다른 이평선의 방향을 바탕으로 주가의 방향 성을 분석하는 것을 말한다. 5일, 20일, 60일, 120일 이평선의 방향이 상승 중에 있느냐 하락 중에 있느냐를 두고 단기, 중기, 장기의 주가 추 세를 판단하는 것이다.

일반적으로 상승에서 하락으로 전환이 될 때는 주가가 먼저 하락하 면서 단기 이평선이 먼저 꺾이고 연이어 중기 이평선이 순차적으로 꺾 인다. 하락에서 상승으로 전환될 때도 방향만 반대이고 같은 원리로 진 행된다.

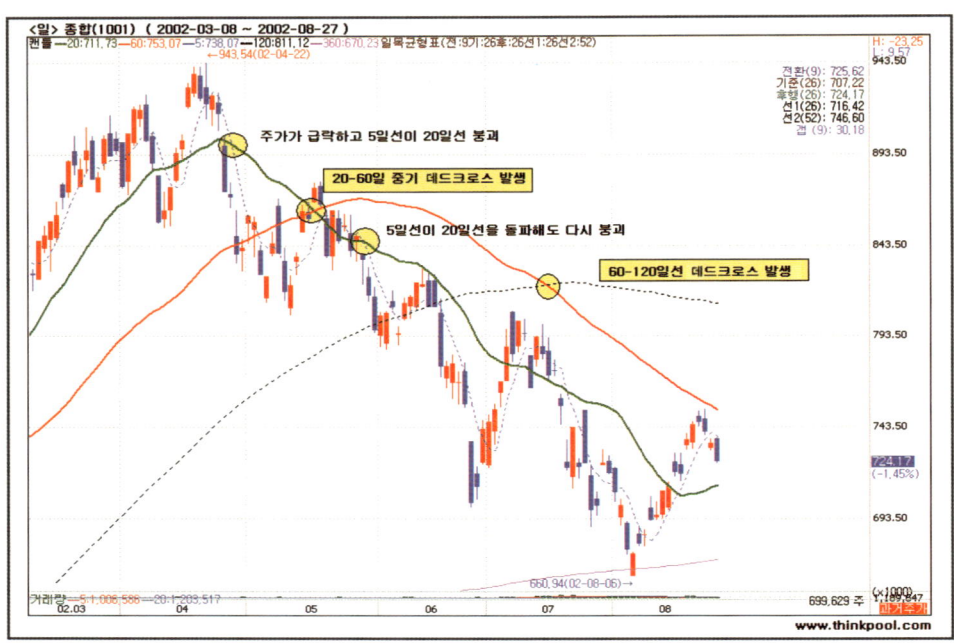

데크크로스(점선)을 그린다. 주가가 급락하고 5일선이 20일선 봉괴

20-60일 중기 데드크로스 발생

5일선이 20일선을 돌파해도 다시 봉괴

60-120일선 데드크로스 발생

[차트 7-1] 추세분석 1

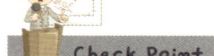

Check Point

5일선과 20일선 데드크로스 (dead cross) 발생시에는 20 일선이 저항으로, 20일선과 60일선의 데드크로스 발생시에는 60일선이 저항으로, 60 일선과 120일선의 데드크로스 발생시에는 120일선이 저항선으로 작용한다.

　　[차트 7-1]은 대세 하락이 시작되는 차트이다. 20일선을 봉괴하고 내려간 주가는 반등을 하긴 했지만 20일선이 저항선으로 작용했다. 이후 재하락하여 반등했지만 한번 형성된 20일선을 좀처럼 돌파하지 못한 추세적 하락을 보였다. 60일선이 하락하는 경우에는 5일선이 20일선을 돌파하더라도 실패하는 경우가 많다.

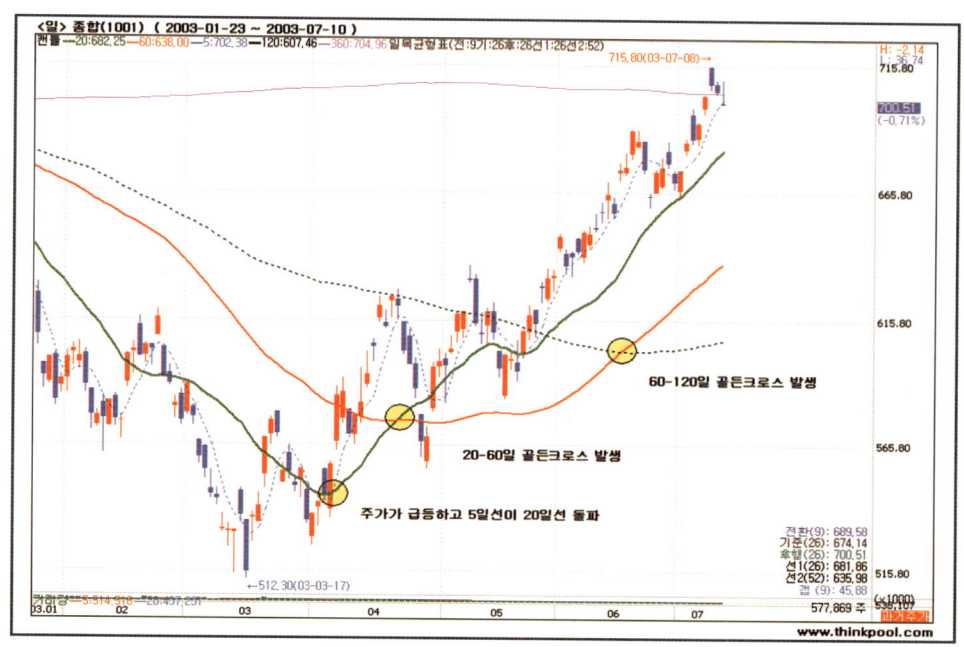

[차트 7-2] 추세분석 2

[차트 7-2]는 이평선이 정배열되는 차트이다. 5일선이 20일선을 돌파하면서 매수신호가 나타났다. 20일선을 돌파한 파동은 20일선 지지를 받고 상승하려는 속성을 가지고 있다. 20-60일선 골든크로스가 발생하고 연이어 60-120일선 골든크로스가 발생하면서 장기 상승세를 보였다. 대세 상승이 되는 구간에서는 장기 이평선이 위에 있기 때문에 저항선으로 작용할 가능성이 높다. 120-240-360일선이 있는 위치가 저항치이자 목표가가 된다.

Check Point

5일선과 20일선 골든크로스 (golden cross) 발생시에는 20일선에서 새로운 시세가 출현하며, 20일선과 60일선의 골든크로스 발생시에는 장기 상승세가 출현하며, 60일선과 120일선의 골든크로스 발생시에는 120일선이 최후 지지선으로 작용한다.

배열도 분석

Check Point

정배열이나 역배열에서 장세의 변곡을 암시하는 징후는 배열의 이격도가 높아지는 단계에서 발생한다. 조정에 대한 지지선은 중기 이평선이 될 가능성이 크므로 시세의 시간에 맞는 이평선을 골라 지지 여부를 판단해야 한다.

배열도 분석이란 정배열과 역배열 상태를 분석하는 것을 말한다. 정배열은 바른 배열이라는 뜻으로 단기 이평선은 위에 배치되고 장기 이평선은 아래에 배치되어 있는 상황을 말한다. 정배열이 되었다는 것은 주가가 높은 상태로 머물러 있으면서 지속적으로 상승할 것임을 의미한다. 역배열은 반대는 상황이 장기 이평선은 위에 배치되며 단기 이평선이 아래로 배치되어 있다. 이때 주가는 전저점을 붕괴하는 추세적 하락을 보인다.

지지-저항선 분석

Check Point

이평선이 지지와 저항의 역할을 대신하는 경우가 있다. 한번 생성된 지지선은 다시 지지되려는 성향이 강하다. 반대로 지지선이 붕괴되면 저항선으로 작용하기도 한다.

[차트 7-3]은 20일 이평선이 추세의 지지와 저항의 분기점으로 작용하는 차트이다. 20-60일 데드크로스 발생 후, 하락추세에서는 20일선이 저항선으로 작용하였으며 상승추세에서는 20일선이 지지선으로 작용하였다.

하락추세에서는 20일선 돌파에 여러 번 실패하다가 20일선을 돌파하고 60일선까지 반등하는 경우가 있는데, 다시 60일선 저항으로 재하락한다면 장기 하락세가 올 수 있다.

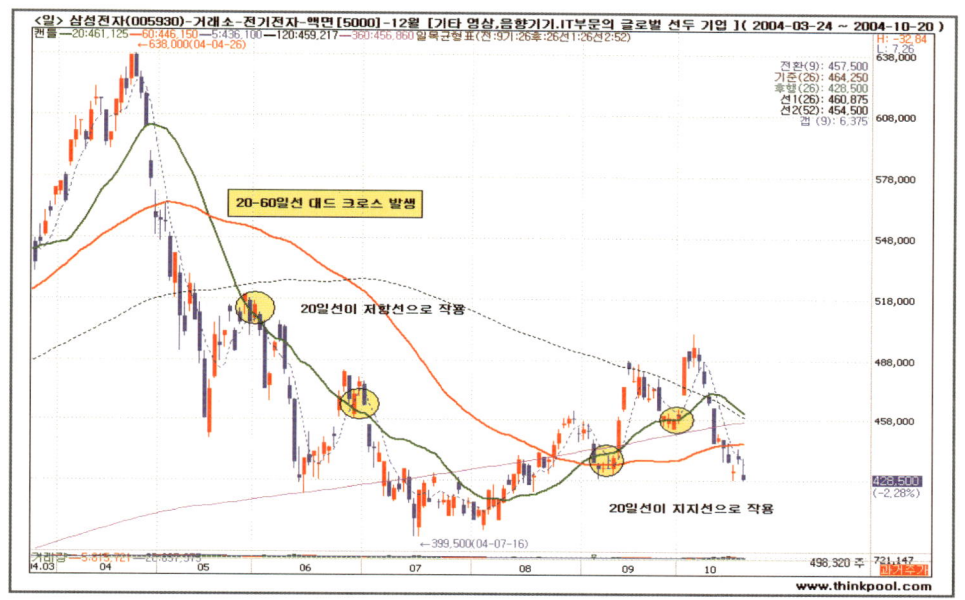

www.thinkpool.com

[차트 7-3] 지지 – 저항

크로스 분석

크로스 분석은 이평선 활용 기술 중에서 가장 대표적인 매매 기준이
자 추세분석 기술이다. 단기 이평선이 장기 이평선을 아래에서 위로 상
향 돌파하면 골든크로스라 하며 이는 매수 신호로 작용한다.

반면 단기 이평선이 장기 이평선을 위에서 아래로 하향 돌파하면 데
드크로스라 하며 매도신호로 작용한다. 골드크로스와 데드크로스는
각각 약자로 G.C와 D.C로 불리는데 이는 매수신호와 매도신호의 대표
적 약어다.

Check Point

중기 이평선 매매신호와 매
매시기는 시차를 두고 발생
하기 때문에, 주가와 매매신
호 발생점과 이격을 보고 매
수 시기를 탐색해야 한다.

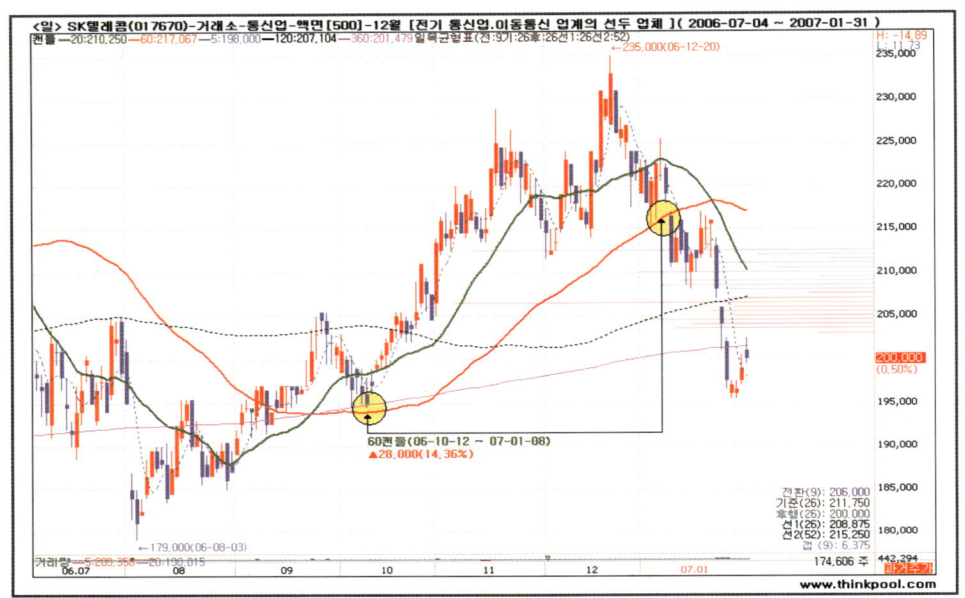

[차트 7-4] 매매신호 1

  [차트 7-4]는 20일-60일선 골든크로스가 발생하고 장기 상승을 보이
는 차트이다. 주가가바닥에서 20일선과 60일선을 돌파하는 과정에서
상승세가 진행되었으며 36일째 20-60일선 골든크로스가 발생했다. 이
후 60일선 지지를 받고 상승한 주가는 다시 60일선 지지를 이탈하는 순
간까지 상승세를 지속했다. 60일선 지지에서 다음 지지선까지 60수로
일치하는 모습을 보이고 있다.

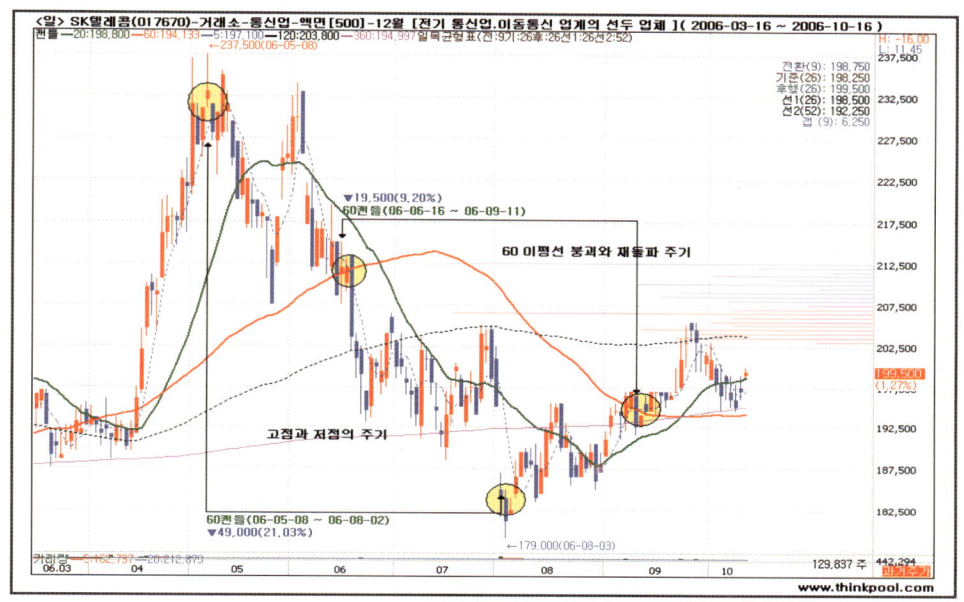

[차트 7-5] 매매신호 2

[차트 7-5]는 중기 하락을 보이면서, 20-60일 데드크로스가 발생하는 차트이다. 주가의 고점에서 저점까지 60수로 정확히 일치하고 있다. 그리고 주가가 60일선 아래로 붕괴하면서 하락세를 보이다가 다시 60일선 위로 상승하는 기간 역시 60수로 정확히 일치하고 있다.

이동평균선 분열과
수렴의 메커니즘

주가는 각기 다른 이평선이 분열과 통합운동을 하면서 순환한다. 그러나 추세가 진행되는 과정에서 이평선과 주가 사이에는 다양한 현상이 일어난다. 예를 들어, 주가는 혼란스러운 움직임을 보이는 데도 이평선은 일정한 질서를 보이기도 한다.

Check Point

이평선이 수렴한다는 것은 각기 다른 매수세의 가격대가 같기 때문에 집단행동을 하기 쉽다는 의미를 가진다.

이동평균선의 수렴과 추세전환

이평선은 하나의 중심축이나 정점을 향하여 모이는 속성이 있다. 어떤 강한 힘이 폭발하기 전까지 이평선은 수렴하는 특성을 지닌다. 수렴

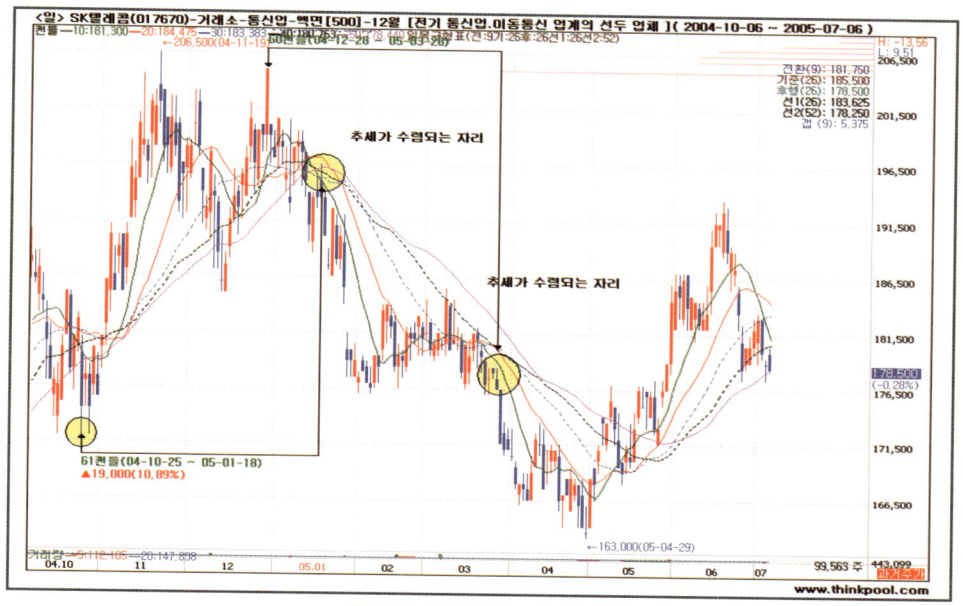

[차트 8-1] 이평선 – 추세수렴

작용이 끝나면 방향성을 보이면서 시세 분출이 시작된다.

　[차트 8-1]은 10-20-30-40-50일 이평선이 수렴하는 정점에서 방향성이 출현한 차트이다. 각 이평선이 한 곳으로 수렴한다는 것은 에너지가 모인다는 뜻이다. 이 차트에서는 에너지가 모여 방향성을 형성하고 발산하는 양상을 보이고 있는데, 시간으로 본다면 60수 전후에서 큰 변화가 일어나고 있다.

이동평균선의 분열과 추세형성

[차트 8-2]는 바닥에서 장기 이평선을 뚫고 정배열을 이루면서 상승하는 차트이다. 바닥에서 첫 번째 상승을 했지만 장기 이평선인 360일선 저항을 받고 하락하였다. 다시 재상승하여 360일선을 뚫고 안착한 이후 상승추세가 강화되었다. 360일선 저항을 보인 바닥권에서 저점과 저점 주기는 108수이며 360일선 돌파를 보인 상승파동은 108수였다. 재상승을 보인 상승파동도 108수였다.

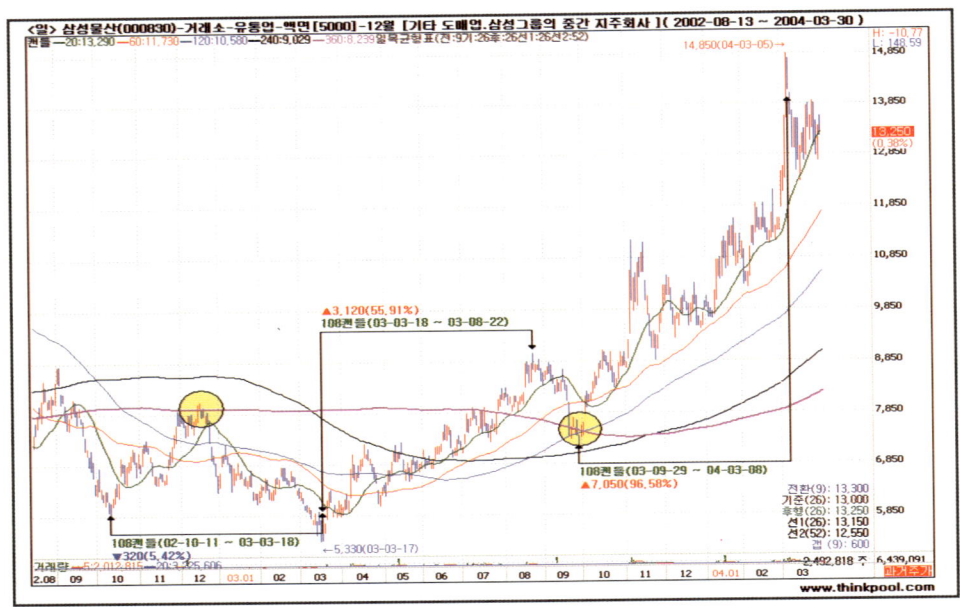

[차트 8-2] 이평선 - 360일선

이동평균선의 중심운동

일정한 추세가 형성된 상황에서 주가에 가장 강한 영향을 미치면서 지속적인 변곡점 역할을 하는 이평선이 있다. 때로는 지지나 저항선 역할을 하기도 하지만 주가가 변하는 시세 폭이나 시간의 중심점 역할을 하기도 한다.

[차트 8-3]은 고점에서 하락한 파동이 장기 이평선의 일시적인 지지를 받았으나 재하락하여 바닥을 형성한 차트이다. 고점에서 하락한 만큼 재하락하였는데 중요한 것은 최소한 시간과 진폭의 정수배 파동이

Check Point

횡보 중에 있는 차트는 파동으로 보면 박스권이며, 이평선으로 보면 중기 이평선 중 하나의 이평선을 중심으로 같은 폭만큼 등락하는 경우가 있기 때문에 어떤 수의 이평선인지 분석해야 한다.

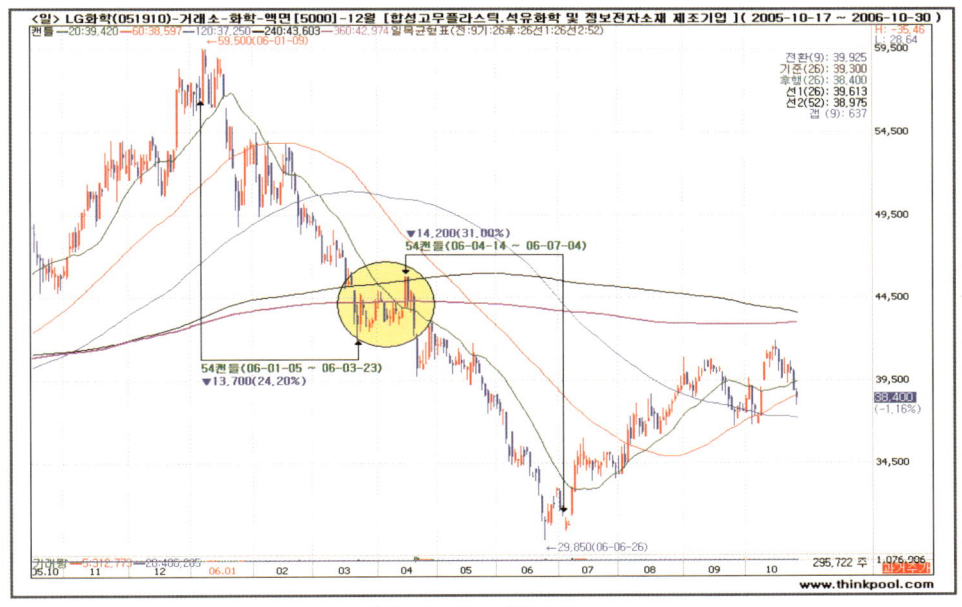

[차트 8-3] 이평선 중심 1

[차트 8-4] 이평선 – 60일 중심

나왔다는 것이다. 이는 시간파동이나 진폭파동 모두를 만족시키는 것이다. 수변곡을 살펴보면 54수 하락 후 1차 바닥을 형성하였으며 다시되돌림 이후 54수 재하락하는 양상을 보이고 있다.

[차트 8-4]는 60일선을 중심으로 주가가 요동을 치는 모습을 보이는 차트이다. 파동으로 본다면 박스권에 해당되며, 패턴으로 본다면 삼각수렴형에 해당된다. 60일선을 중심으로 하락한 만큼 위로 상승하는 진자운동을 계속하고 있다.

[차트 8-5] 이평선 중심 2

　[차트 8-5]는 직전 지지점이 240일선의 지지를 받고 상승한 파동이 최종 고점을 찍고 하락한 차트이다. 고점에서 하락한 파동은 일시적으로 240일선 지지를 받았다. 일시적 지지를 받은 이유는 지난 상승추세에서 이평선 지지를 받았기 때문이다. 일시적 지지를 받은 파동은 재하락한 후 반등했지만 다시 저항으로 작용하고 있다. 수변곡으로 보면 240일선 지지로 지지의 구간이 60수와 일치하고 있다.

이동평균선의 공간역할

주가의 저점(또는 고점)과 이평선이 만나는 시점의 진폭이 기준폭으로 작용하여 정수배 상승(또는 하락)이 이루어지는 경우가 있다. 이평선이 진폭의 중심이나 기준역할을 한다면 목표주가의 기준이 될 수 있다.

[차트 8-6]은 고점에서 하락한 파동의 중심이 60일선이라는 것을 보여준 차트이다. 고점에서 하락하여 60일선 지지를 받지 못하고 재하락하여 바닥을 형성했다. 바닥을 형성하는 시간 및 진폭이 고점에서 60일선까지 하락한 시간 및 진폭과 일치하고 있다.

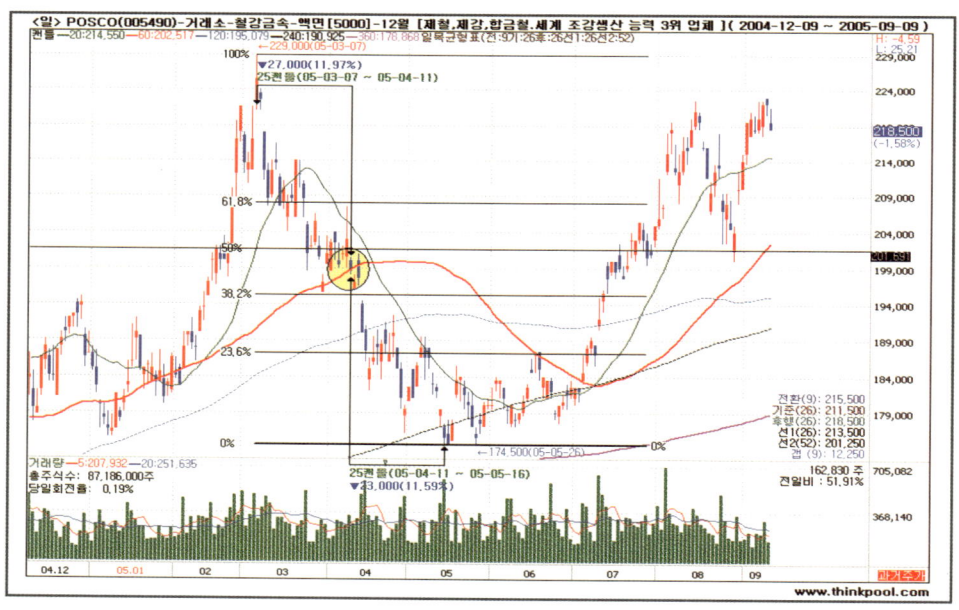

[차트 8-6] 이평선 – 진폭

이동평균선의 시간역할

주가의 저점(또는 고점)에서 이평선과 만나는 시점까지 걸리는 시간이 기준시간으로 작용하여 정수배 상승(또는 하락)이 이루어지는 경우가 있다. 이때 이평선은 시세를 형성하는 시간의 기준역할을 한다.

[차트 8-7]은 고점에서 60일선까지 하락한 시간이 기준시간이 되는 차트이다. 고점에서 60일선까지 34수였으며 재하락하여 완전 바닥을 형성하는 과정까지 34수의 시간이 걸렸다. 추후 쌍바닥을 이룬 시간마다 34수가 경과하여 34수의 정수배마다 파동의 분기점으로 작용했다.

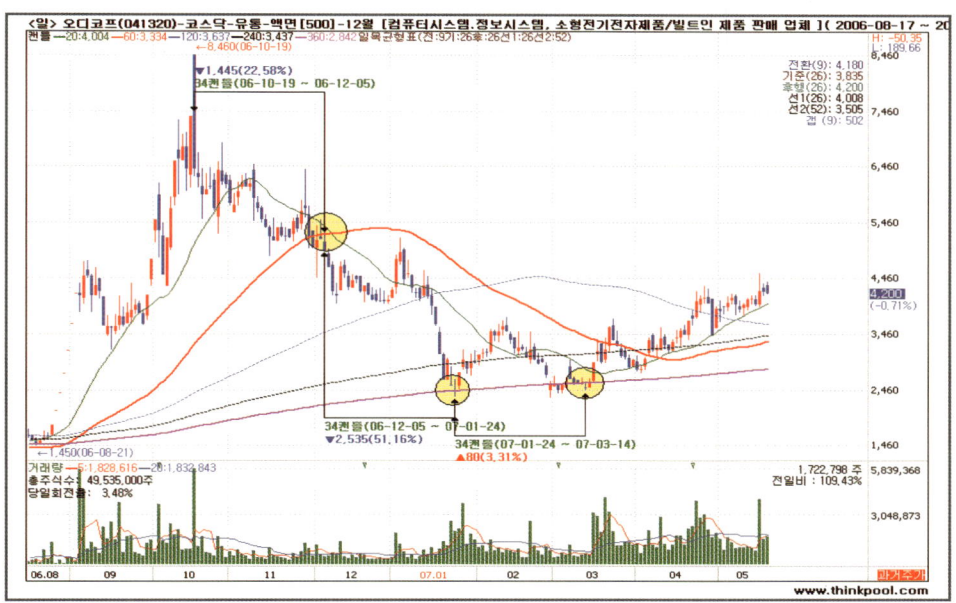

[차트 8-7] 이평선 - 시간진폭

이동평균선의 파동분할

이평선은 주요 이평선을 중심으로 일정한 파동을 분할하기도 하며 지지 여부에 따라 전혀 다른 파동을 형성하기도 한다. 또한 이평선은 주요 이평선을 중심으로 파동을 분할하거나 합성하는 역할을 한다.

[차트 8-8]은 이평선이 지지와 저항작용을 하는 차트이다. 360일선 지지하는 저점과 저점 사이의 파동주기가 40수이다. 360일선 지지가 붕괴되어 하락한 파동이 다시 되돌림을 보였지만 360일선이 저항작용을 하고 있다. 하락과 되돌림의 파동주기는 40수였다. 360일선이 파동을 분할하거나 파동의 분기점 역할을 했다.

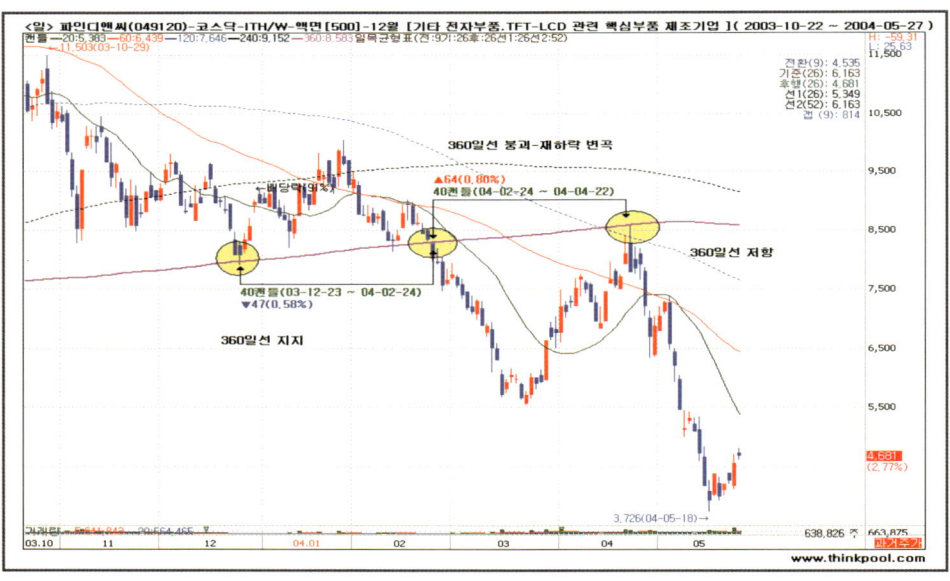

[차트 8-8] 이평선 – 지지와 저항

일반적인 이동평균선 매매기법

단일 이동평균선 매매기법

    단일 이동평균선 매매기법은 기준이 되는 이평선을 선정하여 주가가 이평선을 상향 돌파하면 매수신호로 사용하고, 주가가 이평선을 하향 돌파하면 매도신호로 사용하는 방법이다. 이렇게 단일 이평선을 이용하는 기법은 모든 장세에 적용되는 것은 아니며 일정한 추세와 패턴 안에서만 유용하다.

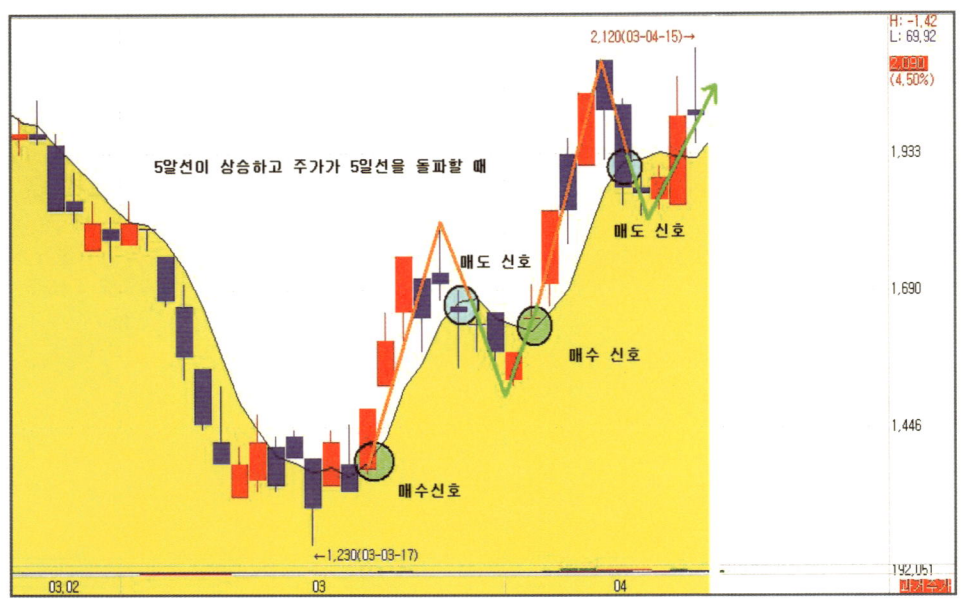

5알선이 상승하고 주가가 5일선을 돌파할 때

2,120(03-04-15)→

매도 신호

매도 신호

매수 신호

매수신호

←1,230(03-03-17)

H: -1.42
L: 69.92
2,090
(4.50%)

1,933

1,690

1,446

192,051

03.02   03   04

[차트 9-1] 5일선 – 매매신호

    [차트 9-1]은 5일 이평선을 사용한 것으로 5일선은 단기 매매에서 가장 유용한 지표이다. 주가가 5일선을 상향 돌파하면 매수신호가 되며 5일선을 하락하면 매도신호가 된다. 이러한 지표가 효율적으로 작용하려면 5일선이 상승세에 있어야 한다.

    [차트 9-2]는 20일 이평선을 사용한 것으로 20일선은 중기 매매에 유용한 지표이다. 주가가 20일 이평선을 상향 돌파하면 매수신호가 되며 20일 이평선을 하향 돌파하면 매도신호가 된다.

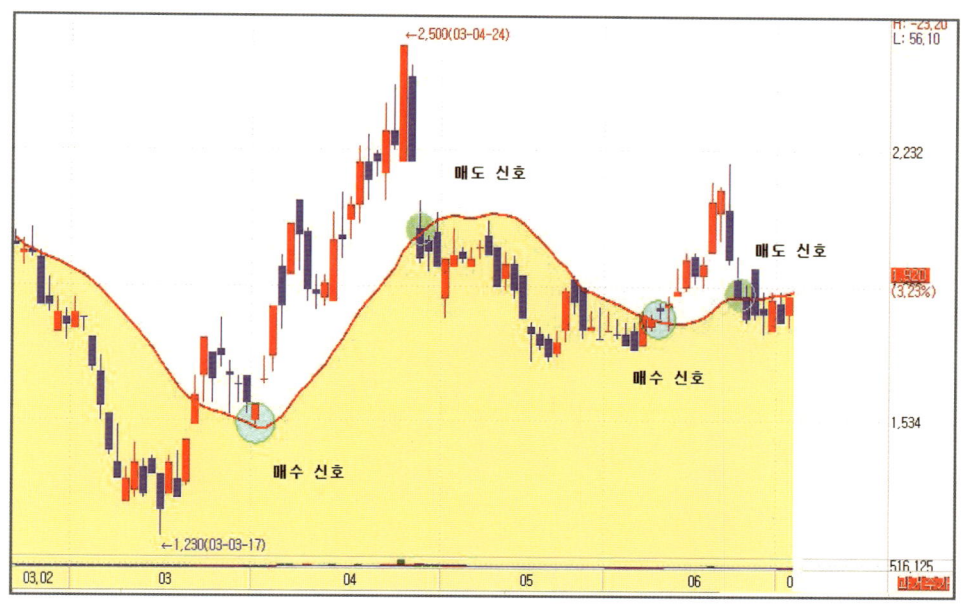

[차트 9-2] 20일선 - 매매신호

복수 이동평균선 매매기법

　복수 이동평균선 매매기법이란 기준이 되는 이평선을 두 개 이상 설
정하는 것을 말한다. 단기 이평선은 상승과 하락을 통해 추세와 패턴을
형성하면서 단기 매수신호와 단기 매도신호를 발생시킨다. 한편 단기
이평선을 지배하는 더 큰 이평선은 상승과 하락을 통해 추세와 패턴을
형성하면서 중기 매수신호와 중기 매도신호를 발생시킨다. 각각 매매
신호의 시기가 다르기 때문에 상황에 따라 적절히 활용할 수 있다.
　[차트 9-3]은 20일선과 60일선을 다같이 매매신호로 활용한 것이다.

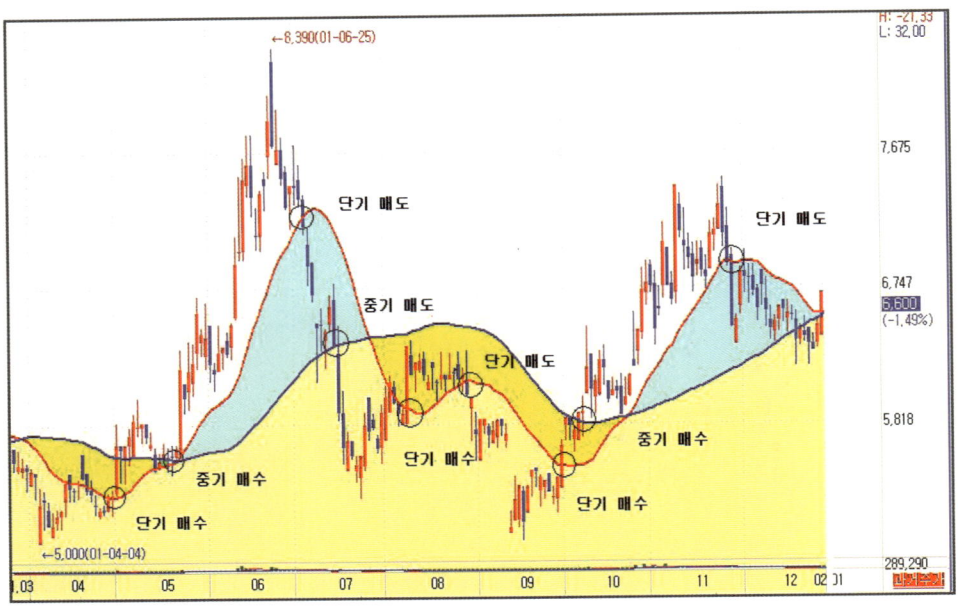

[차트 9-3] 20일선과 60일선 – 매매신호

골든크로스가 발생할 때가 아니라 20일선을 상향 돌파했을 때 1차 매수신호가 발생하고 60일선을 상향 돌파했을 때 2차 매수신호가 발생한다. 즉, 분할 매수신호가 되는 것이다. 마찬가지로 고점에서 하락을 할 때에도 20일선을 하향 돌파할 때 1차 매도신호가 발생하고 60일선을 하향 돌파했을 때 2차 매도신호가 발생한다. 이렇게 적절한 전략을 사용하면 큰 리스크 없이 매매전략을 세울 수 있다.

TECHNOLOGY OF CHART
INVESTMENT

3 PART

실전 이동평균선
분석기법

이동평균선 지지와
저항을 이용한 매매기법

이동평균선은 일정기간 동안에 거래한 가격의 평균이자 중심이다. 그렇기 때문에 일정한 상승이나 하락 추세가 계속되는 경우에는 중심이 유지되는 한 기존 추세는 유효하다고 판단하는 것이다. 다른 개념으로 본다면, 이동평균선에서 지지나 저항이 되어 진행되는 파동은 새로운 파동의 시작점으로 보아야 한다. 이동평균선이 만나서 새롭게 진행되는 점이 파동의 변곡점이기 때문에 이는 반드시 기억해야 할 가장 중요한 사안이다.

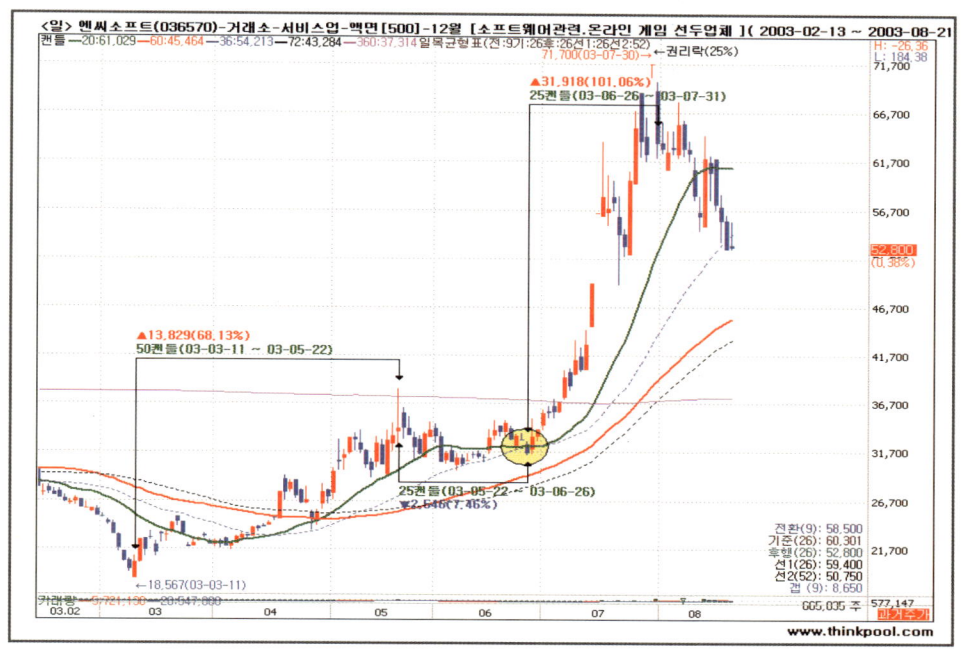

[차트 10-1] 이평선 - 360수 저항

　　[차트 10-1]은 360일선이 저항으로 작용하는 차트이다. 360일선이 저항으로 작용했다는 사실을 역으로 생각해 보면, 이 선이 뚫리면 상승추세가 크게 바뀌는 변곡점으로 작용한다는 뜻이므로 재차 돌파하는 타이밍을 노려야 한다. 바닥에서 첫 고점까지 50수인 파동이 50수의 2분의 1인 25수에서 조종을 마치고 25수 동안 급등했다. 상승 50수에서 조정 25수 그리고 재상승 25수의 모습으로 수변곡을 보였다.

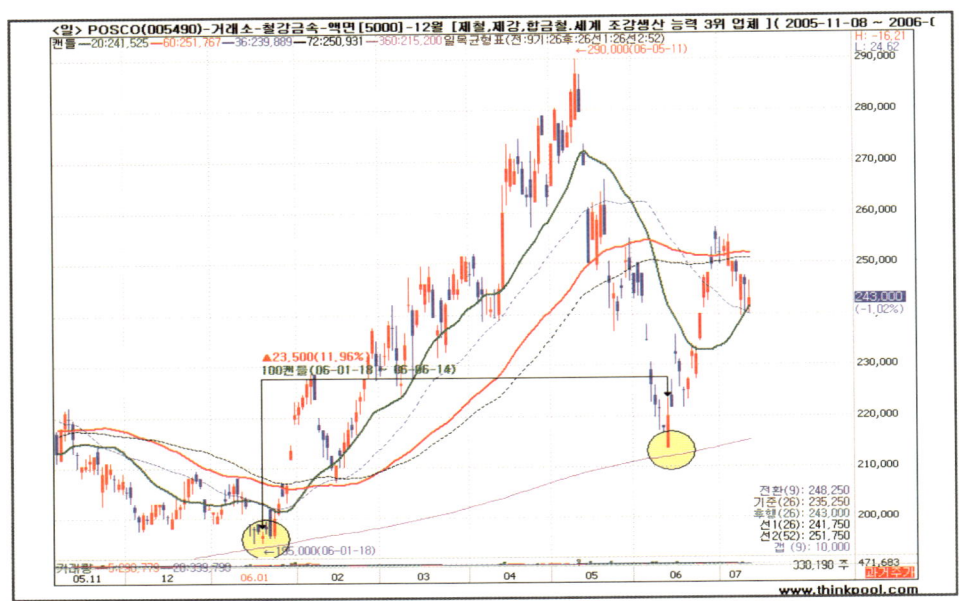

[차트 10-2] 이평선 – 360이평선

장기이평선 지지구간을 이용한 매매기법

　[차트 10-2]는 시세가 360일선에서 시작된 차트이다. 대세가 횡보할 때에는 다시 재바닥으로 회귀하는 경향이 있다. 주가가 360일선에서 상승했기 때문에 크게 시세를 낸 이후, 다시 하락하여 360일선에서 지지를 보이고 있다. 주가는 재바닥으로 회귀했지만 출발할 당시 가격이 아닌 출발할 당시 지지했던 이평선으로 회귀했다. 이는 이평선이 주가의 에너지를 대변하기 때문이다.

이동평균선
크로스로 보는 파동해법

CHAPTER
11

이동평균선의 크로스가 발생한 시점은 일정한 추세나 패턴이 변하는 파동의 분기점이다. 주가파동의 크로스가 발생하기 직전에 변화를 보이거나 크로스가 발생한 이후에 본격적인 변화를 보이기도 한다. 그렇지 않고 크로스가 발생하는 시기와 일치하는 경우도 있다. 크로스를 기준으로 주가파동이 급변하는 타이밍 상에 시차가 발생한다는 것을 유의해서 분석해야 한다. 결국 크로스 전후 구간에 나타난 파동의 특성을 파악해서 대응하는 것이 가장 중요하다.

골든크로스가 본격적인 상승파동으로 작용하는 경우

시간변곡의 시차에 의해 미리 고점을 찍고 조정이 끝나는 시점, 이미 주가가 올라 단기 고점인 시점 그리고 2차 상승이 한참 진행 중인 시점에서 골든크로스가 본격적인 상승파동으로 작용한다.

[차트 11-1]은 20-60일선 골든크로스가 발생하여 본격적으로 상승추세에 돌입하는 가장 일반적인 상황을 보여주는 차트이다. 골든크로스가 발생했을 때 보이는 대표적인 현상은 상승추세가 힘을 받으면서 강력한 상승이 일어난다는 것이다. 수변곡을 살펴보면 저점에서 고점까지 26수를 보였고 다시 조정의 저점까지 26수인 대칭변곡이 형성되었다. 상승과 하락이 1 대 1의 비율을 보이는 파동이다.

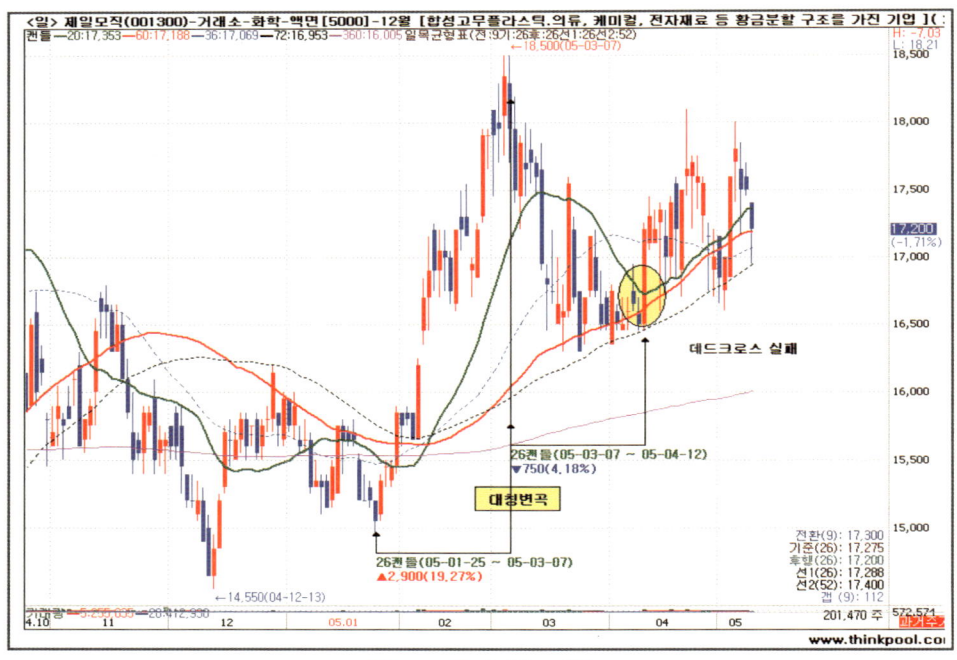

[차트 11-1] 이평선 - 대칭

114

골든크로스가 매도신호로 작용하는 경우

[차트 11-2]는 20일선이 60일선을 돌파하여 매수신호가 발생하였지만 실제 주가는 골든크로스가 발행하자마자 급락하는 양상을 보이고 있는 차트이다. 단순히 20-60일 이평선에서 매매신호가 발생했다는 것보다 다음 사실에 더 주목해야 한다. 20일선과 60일선이 만났다는 것은 서로 다른 시간 에너지가 결집했다는 것을 보여주므로 더 중요한 의미를 지닌다는 것이다. 이는 크로스 신호가 실패하는 경우에 해당한다.

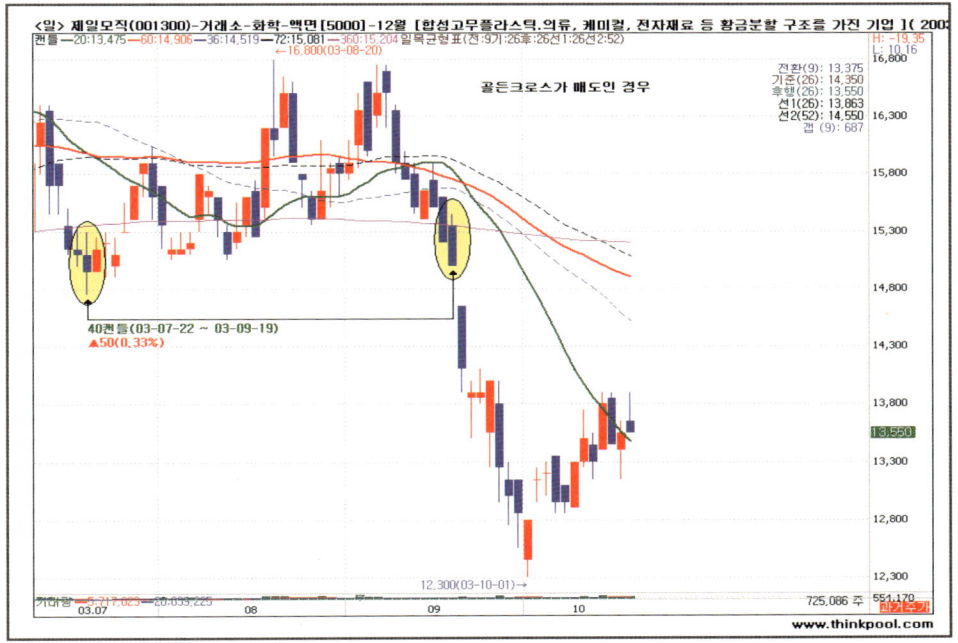

[차트 11-2] 이평선 – 골든크로스 매도

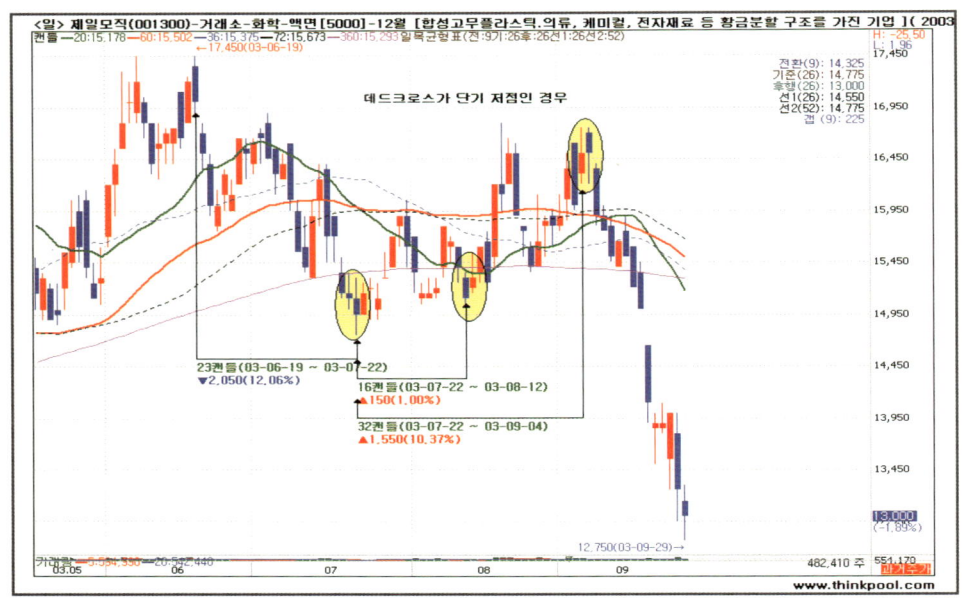

[차트 11-3] 이평선 – 데드크로스 단기 저점

[차트 11-3]은 20-60일선 골든크로스가 매도신호를 보이고 있는 차트
이다. 일반적으로 '골든크로스 실패' 라고 하는데 정확한 시간개념으로
본다면 서로 다른 시간파동이 만나는 자리라고 해석해야 한다. 즉, 서
로 다른 시간주기가 만나는 자리이기 때문에 변곡으로 작용할 가능성
이 높다는 것이다. 수변곡으로 보면 바닥에서 상승하여 하락한 마디가
16수이며 재상승의 마디가 16수인 파동이 형성되었다.

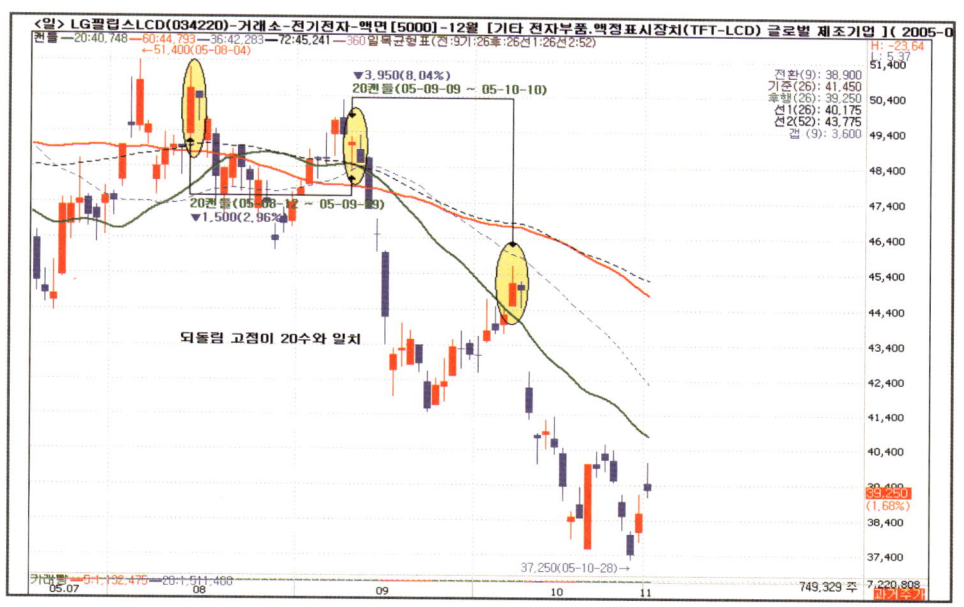

[차트 11-4] 되돌림 20수 1

[차트 11-4]는 60일선이 하락하는 상황에서 20일선이 60일선을 돌파하려는 변곡을 보이고 있는 차트이다. 20-60일선에서 골든크로스가 발생하긴 했으나 일시적으로 나타났다가 다시 데드크로스가 발생했다. 크로스가 발생한 후 추세가 전환된다는 개념보다는 이평선의 결집 이후 새로운 방향성이 나온 것이라고 판단해야 한다. 고점과 되돌림까지 20수를 보이고 되돌림과 추가 저점 후 반등한 되돌림이 20수인 주기파동이 형성되었다.

Check Point

60일선이 하향하는 상황에서 20일선이 60일선을 돌파하려는 시도는 실패로 나타날 가능성이 크다.

크로스 신호가 파동분기로 작용하는 경우

[차트 11-5]는 20-60일 이평선이 골든크로스가 발생하는 시기를 보여주는 차트이다. 크로스 시점과 파동분기가 정확히 일치하는 모습이다. 1차 상승과 눌림목 조정의 저점과 20일선이 일치하는 현상을 보이고 있다. 저점에서 25수가 파동의 마디 역할을 했으며 크로스를 기점으로 재상승하여 파동의 마디가 25수를 보이고 있다.

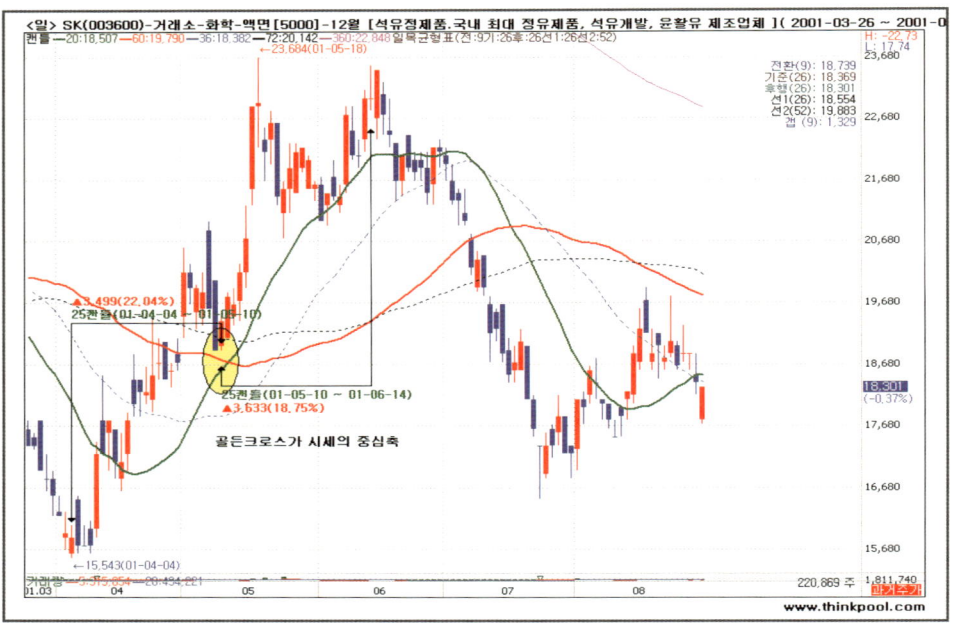

[차트 11-5] 이평선 – 골든크로스 역할

[차트 11-6]은 주가가 급락하고 되돌림이 발생하는 시점에서 매도신호가 발생하는 차트이다. 20-60일선 데드크로스가 되려는 시점에서 주가가 급등하여 20일선을 돌파하려 시도하거나 일시적으로 돌파한 후, 추세가 다시 전환되는 움직임을 보이면서 매수신호가 발생할 조짐을 보이는 경우가 있는데 이를 '되돌림 파동'이라 한다. 하락 주 파동 이후 되돌림 반등파동이 완성되는 주기가 20수로 한달 주기와 일치하고 있다.

Check Point

데드크로스가 발생하는 시점에서 20일선을 돌파하려는 움직임이 감지되는 경우 이는 되돌림일 가능성이 매우 크다.

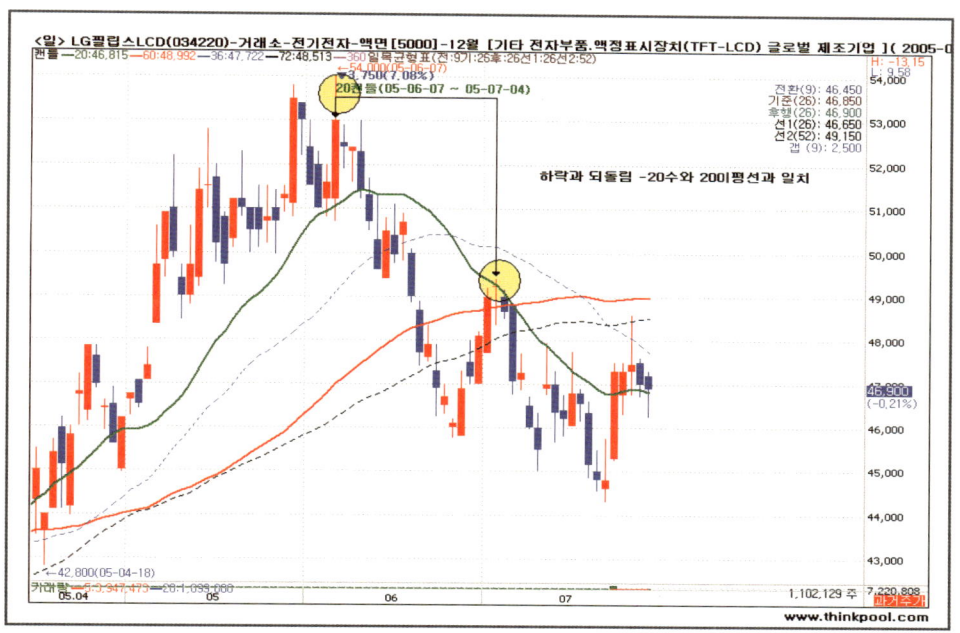

[차트 11-6] 이평선 - 되돌림 20수 2

크로스 신호가 상승파동의 중심으로 작용하는 경우

Check Point

크로스 직전 상승과 눌림목 조정을 형성한 1차 파동이 있었다면 크로스가 발생하는 시점에서 2차 파동이 시세 분출하는 중심으로 작용한다.

[차트 11-7]은 20-60일선이 골든크로스가 발생하기 전에 시세 분출을 이루는 모습을 보여주고 있다. 1차 상승이 60일선 저항으로 작용하여 하락하다가 20일선 지지를 받고 재상승하는 흐름을 보이고 있다.

2차 상승의 중심이 20-60일선의 결집과 일치하는 모습이다. 수변곡으로 보면 1차 상승과 조정이 16수이고 2차 상승의 고점이 16수인 수변곡을 보였다.

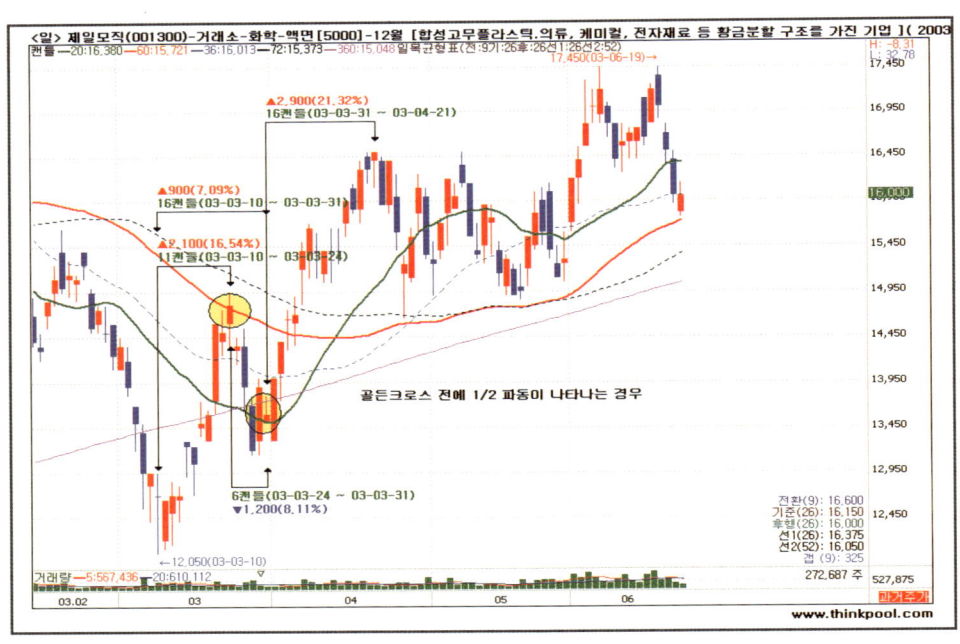

[차트 11-7] 이평선 – 골든크로스 전 절반법칙

골든크로스가 파동의 고점으로 작용하는 경우

Check Point

이평선 크로스는 시간파동이
만나는 자리이기 때문에 경
우에 따라서 파동의 최종 고
점으로 작용하기도 한다.

[차트 11-8]은 20-60일선에서 골든크로스가 발생했으나 최종 고점을
보인 차트이다. 기술적 분석이 어렵다는 점을 보여주는 파동의 대표적
인 예이다. 이평선 크로스 신호를 단순하게 매매신호로 인식하기보다
는 시간파동이 만나는 자리이므로 파동의 변곡으로 파악해야 한다. 실
제 첫 상승과 조정파동의 마디가 28수였으며, N자형으로 상승하면서
고점을 만들었다. 고점이 19수를 기록하고 하락한 시점이 이평선 크로
스 결집과 일치했다.

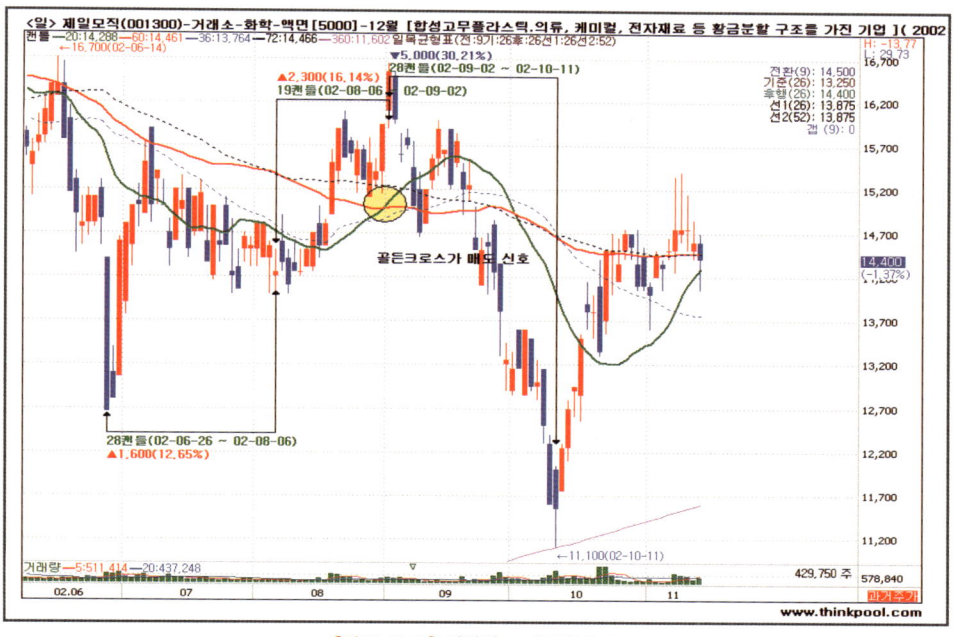

[차트 11-8] 이평선 – 매도신호 1

데드크로스가 매수신호로 작용하는 경우

[차트 11-9]는 데드크로스 발생 후 다시 골든크로스가 발생하여 20-60일선이 재상승한 모습을 보여주고 있다. 이때 데드크로스가 발생하는 시점에서 반등한 것을 저점으로 볼 것인지 추세전환으로 볼 것인지를 결정해야 한다. 크로스가 발생한 시점의 가격이 20일선을 돌파하면 매수를 노려야 한다. 수변 곡으로 보면 24수 대칭파동이 정확히 일치한다. 단 마지막 24수가 60일선 돌파 이전 박스권 탈피이거나 24수 파동 고점에서 연결한 추세선 상방향 이탈의 변곡점이다.

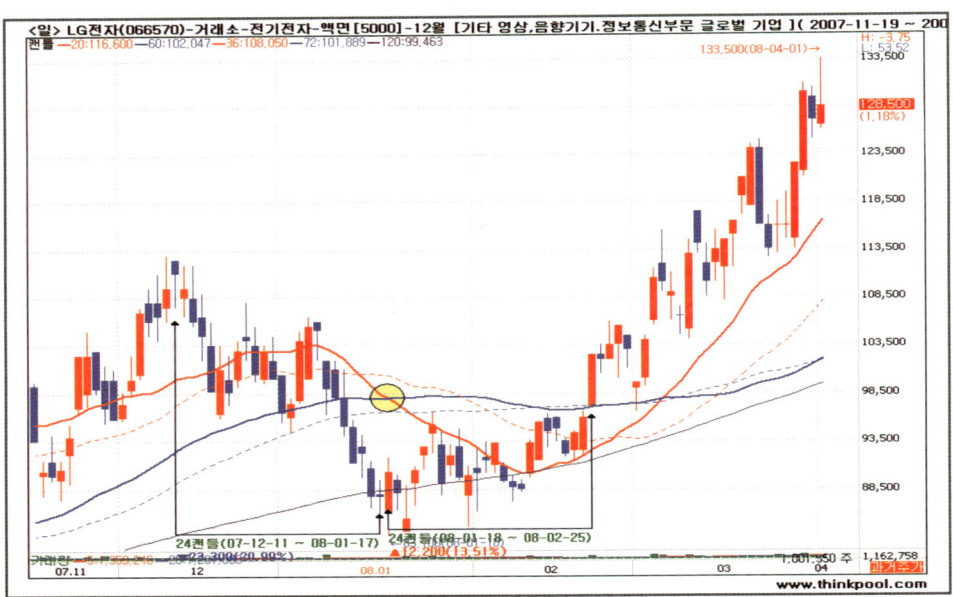

[차트 11-9] 이평선 데드크로스 바닥

데드크로스가 본격적인 하락으로 작용하는 경우

[차트 11-10]은 데드크로스 발생시점과 본격적인 하락이 일치하는 차트이다. 이평선 결집이 되는 시점이 변곡과 일치하기 때문에 방향성 추종을 하면 된다. 이 차트에서는 예상된 하락이 실제로 일어날 수 있는 완벽한 조건을 가지고 있다. 고점에서 하락한 파동이 11수이며 되돌림이 11수인 대칭형 파동구조이기 때문이다. 하락이 시작하는 주 파동이 20수인데 이는 11수 파동의 합성된 수파동과도 일치한다.

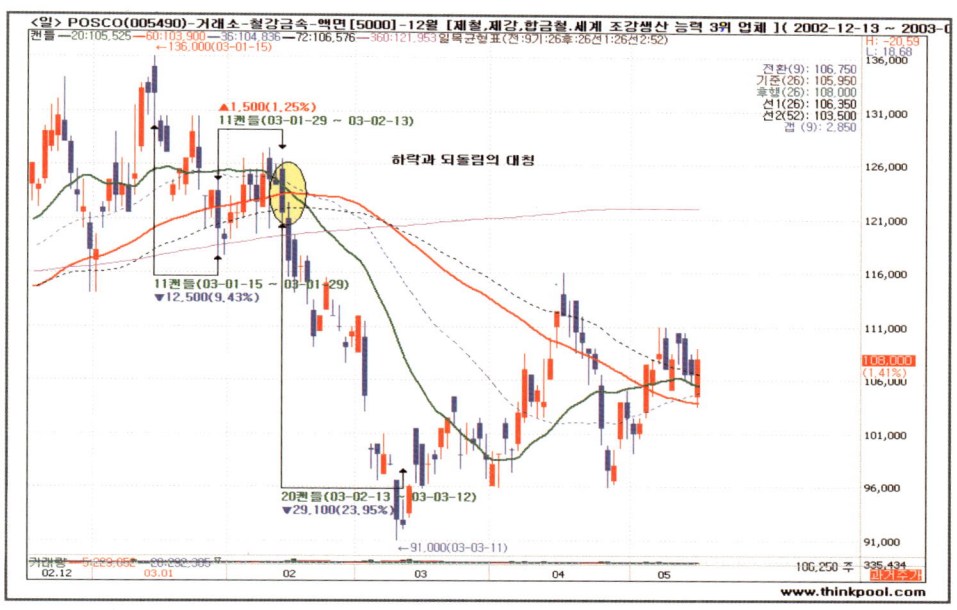

[차트 11-10] 이평선 – 매도신호 2

이동평균선과
시간변곡을 합성한 기법

이동평균선과 시간변곡을 합성한다는 것은 매우 복잡해 보이지만 기본 지식을 이해하고 나면 어렵지 않다. 일정기간 동안에 일어난 가격의 평균만 보는 것이 아니라 파동의 형태도 판단하는 것이다. 주요 저점이나 고점 또는 이평선의 돌파와 붕괴시점에서 한달 후 기준이 되는 종점까지 나타난 형상을 분석한다. 예를 들어, 새로운 가격대로 진입하는 지지나 저항이거나 이평선 돌파와 붕괴이거나 하는 변곡 여부를 판단하는 것이다.

20일 이평선과 20수 변곡을 이용한 경우

[차트 12-1]은 저점에서 상승한 파동이 20수 전후에서 어떠한 변화를 보이는지 나타내는 차트이다. 일단 20수 전후에서 20-60일선 골든크로스 신호가 발생했다. 그리고 20수 전에 60일선을 돌파하고 조정을 보이다가 다시 60일선을 돌파한 전고점을 재돌파하는 흐름을 보이고 있다. 이는 상승세가 연결된다는 것을 암시하기 때문에 매수가 유효하다고 판단해야 한다.

Check Point

저점에서 약한 상승을 보이다 강력한 20수 전후에서 중요 저항선이나 이평선을 돌파하는 변곡이 발생하면 매수신호가 발생한다.

[차트 12-1] 이평선 – 쌍바닥

[차트 12-2]는 저점에서 바닥을 다지다가 20일선과 60일선을 연달아 돌파하면서 상승한 차트이다. 바닥에서 횡보하는 흐름을 보이다가 20수에서 상승으로 전환되었으므로 한달의 시간파동은 횡보이고 다음 시간파동은 상승세로 연결된다는 개념을 이해하고 매수에 진입해야 한다. 시간이 바뀌는 구간이 변곡이기 때문에 20-60일선 골든크로스가 발생하기 전에 나타난 20수 변곡이 매수신호로 작용했다.

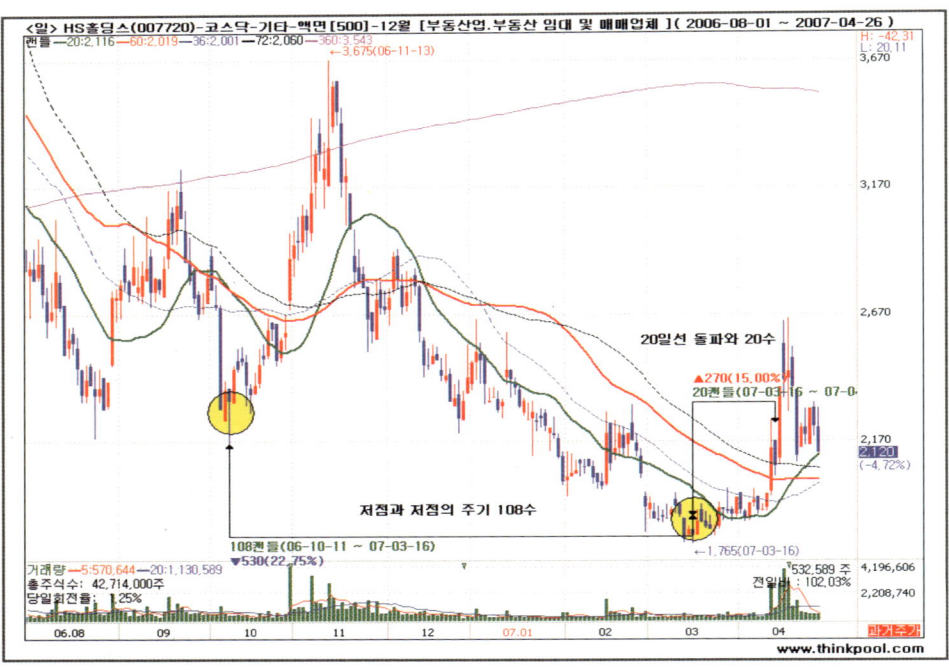

[차트 12-2] 20일선 돌파

60일 이평선과 60수 변곡을 이용한 경우

Check Point

❶ 바닥에서 횡보하는 시간대는 20일의 정수배로 확장되는 경우가 많으며 저점이나 기준점에서 20-60-120수의 시간이 끝나는 파동의 흐름을 통해 추세를 판단해야한다.

❷ 저점에서 60수에 위치한지점이 골든크로스와 일치한흐름이라면 주가의 변곡점과관계없이 상승추세로 전환되는 매수신호가 발생한다.

[차트 12-3]은 저점에서 60수 전후에 추세가 변하는 양상을 보여주는 차트이다. 바닥에서 60수 동안 횡보하다가 급격한 변화를 보이는 경우 3개월이라는 한 분기가 끝나는 시점이기 때문에 추세변곡으로 작용할 가능성이 크다.

저점에서 저점까지 60수가 정확히 일치하지 않는 상태에서 급상승을 하더라도 변곡으로 받아들여야 한다. 상승추세 중에 20일선 지지를 받거나 20수 저점주기 변곡이 발생하는 모습도 보이고 있다.

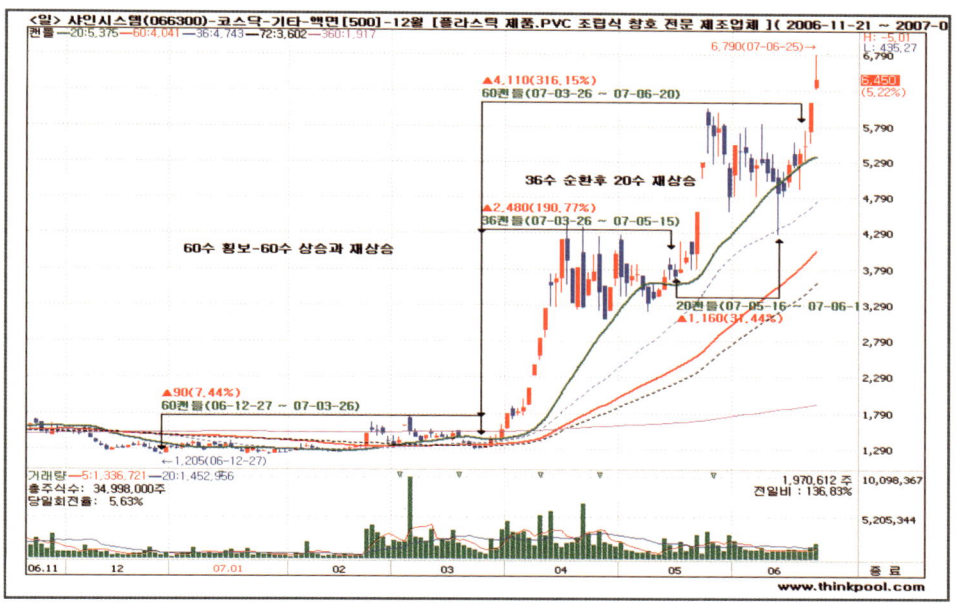

[차트 12-3] 60수 마디

[차트 12-4]는 전체 장세의 흐름에서 60수 전체의 파동이 의미하는 바를 잘 보여주고 있다. 첫 번째 60수에서는 바닥에서 60수까지 진행한 파동의 패턴이 담겨 있으며 크게 상승한 파동이 수렴되는 삼각수렴형 패턴을 그대로 표현하고 있다. 60수 끝자리에서 상승으로 진행했기 때문에 매수신호로 볼 수 있다. 또한 장세 고점에서 저점까지 60수를 형성했으므로 매수신호가 발생했다.

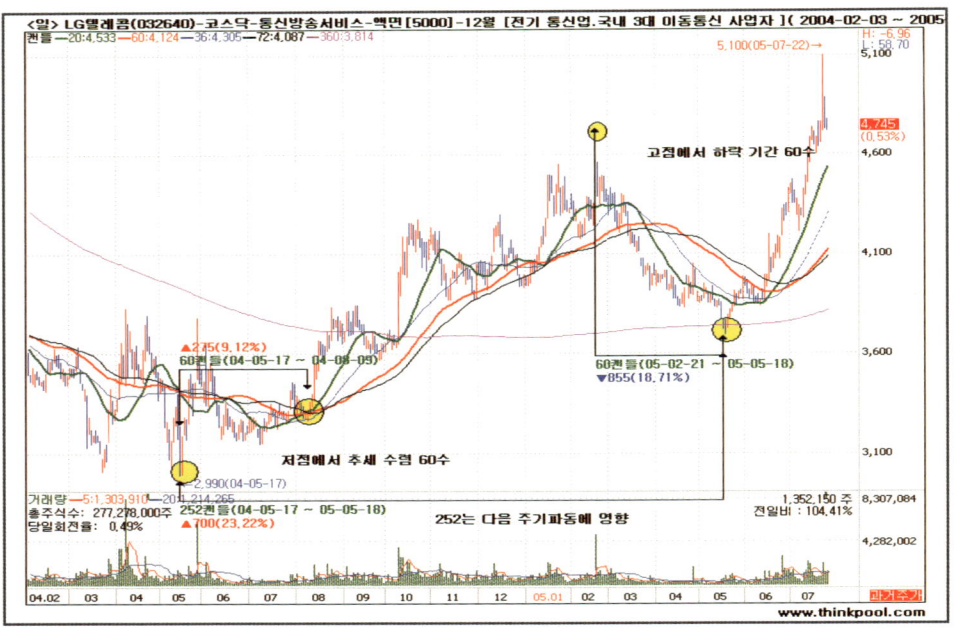

[차트 12-4] 60수 복합

상승장과 하락장의 비율분석

[차트 12-5]는 고점에서 하락하여 횡보를 하다가 반등하는 수변곡과 이평선 크로스의 관계를 나타내는 차트이다. 고점에서 120수 동안 하락했으며 이 구간에서 20-60일선 골든크로스가 발생했다. 장세의 저점이나 눌림목과 일치하지는 않지만 하락추세의 완전한 탈피를 보이고 있는 파동이다. 또한 60수의 상승추세와 120수의 하락추세가 나타났다. 1 대 2의 정수배 변곡을 보였기 때문에 매수신호가 발생했다.

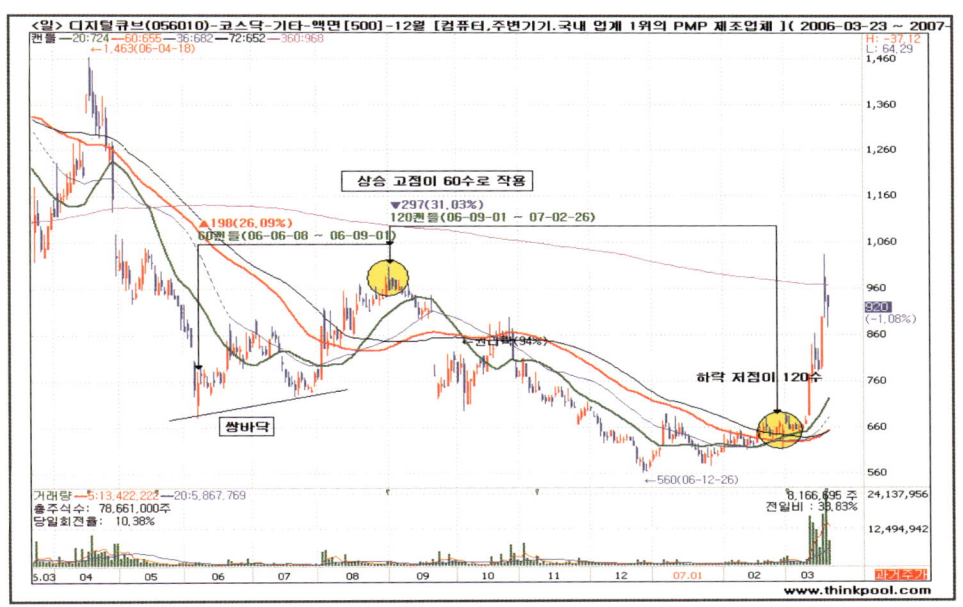

[차트 12-5] 60수와 매도

이동평균선 결집을
응용한 매매기법

　　이동평균선 결집을 응용한 매매기법이란 이동평균선 크로스 개념을 적용하여 이동평균선이 만나는 시기를 변곡의 기준점으로 적용하여 직전의 파동 형태를 구분하는 것이다. 또는 향후 새로운 추세가 형성되어 진행되는 과정에서 예상 변곡의 시기에 주가가 어떤 변화를 보이는지 관찰하는 것을 말한다. 이동평균선이 결집된다는 의미는 서로 다른 시간이 만나서 새로운 추세를 형성한다는 개념으로 받아들여야 한다.

이동평균선 결집이 시세의 중심으로 작용하는 경우

Check Point

이평선이 결집하는 시기는
어떤 경우라도 파동을 분석
하는 기준이 되기 때문에 전
고점이나 전고점과의 관계를
분석해야 한다.

[차트 13-1]은 이평선 골든크로스와 파동의 상관관계를 나타내는 차트이다. 골든크로스 시점과 저점의 파동은 25수 동안 상승추세를 이어왔기 때문에 골든크로스 당시의 주가나 골든크로스 지지점을 깨지 않으면 정수배 단위로 상승한다고 보아야 한다. 25수 파동의 정수배 주기 파동으로 작용하고 있다.

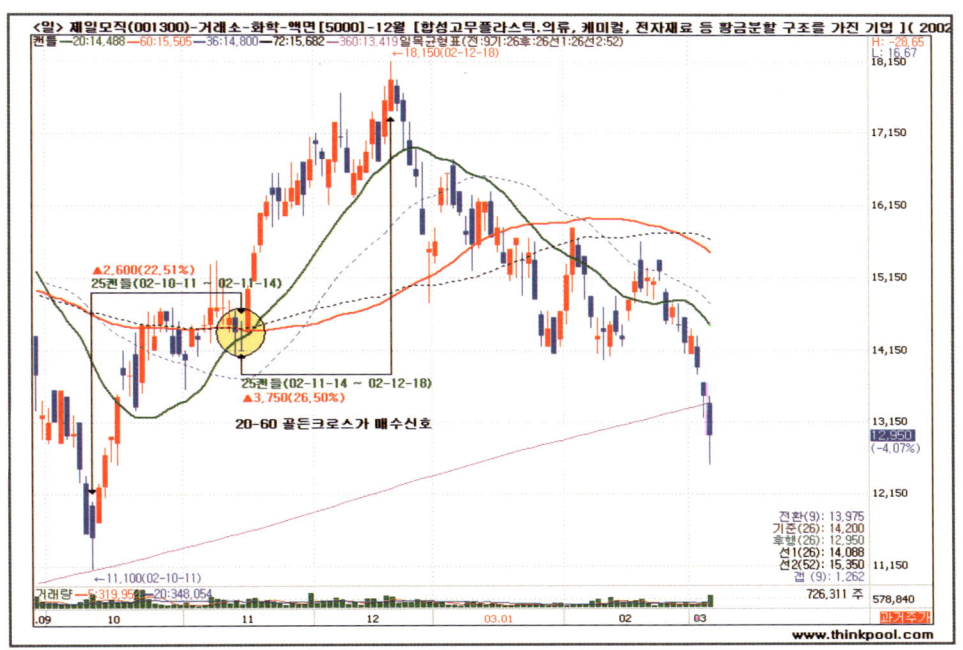

[차트 13-1] 이평선 매수신호

이동평균선 결집의 이격을 이용한 경우

횡보장에서는 60일선을 중심으로 20일선이 하락붕괴와 상승돌파를 반복하는 경향이 있으며 상승장에서는 60일선을 지지로 하여 20일선이 지지를 받는 양상을 보인다. 그러나 상승추세가 강화되면 20일선과 60일선 사이에는 이격이 벌어지는 현상이 나타난다. 장세의 저점과 저점사이에서 발생하는 이격을 살펴보면 상승의 가속 추세를 예측할수 있다.

[차트 13-2]는 저점과 저점의 주기에서 20-60일선의 관계를 보여주는

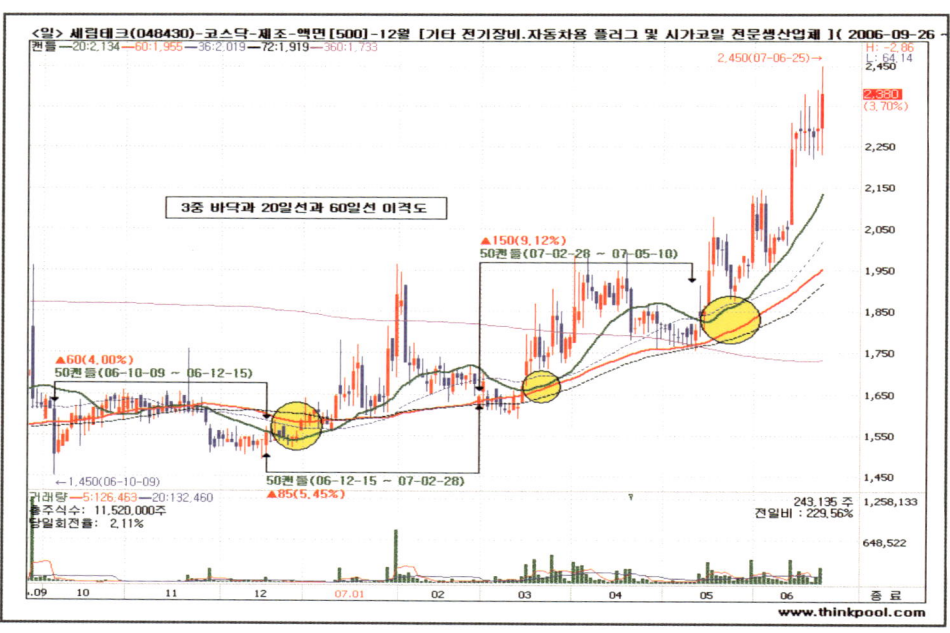

[차트 13-2] 3중 바닥형성

차트이다. 횡보하는 구간에서는 20일선이 60일선을 중심으로 상승과 하락을 반복하지만, 상승하는 구간에서는 20일선이 60일선을 하향 돌파하지 않고 결집하는 모습만 보인다. 그러나 상승이 가속되는 구간에서는 20일선과 60일선의 결집도가 벌어지는 것을 볼 수 있다. 첫 저점 주기의 파동 마디가 50수이며, 정수배 주기로 움직이고 있는 모습을 보이고 있다.

이동평균선 변곡과
시간파동의 적용기법

주가의 변곡이 성립되는 중요한 핵심 요소는 다음과 같다. 이평선이 결집되는 부분, 저항이나 지지로 작용하는 부분, 이평선에서 새로운 방향성을 시작하는 부분, 추세선을 돌파하거나 붕괴하는 부분 등이 중요한 파동의 기준이 된다. 기준점에서 일정한 시간이 되는 시기가 주가의 변곡으로 작용하기 때문에 매매기법으로 적용될 수 있다.

이동평균선 결집이 시세의 마디로 작용하는 경우

[차트 14-1]은 저점에서 횡보를 하다 이평선이 결집하는 순간부터 강한 시세를 형성하는 모습을 보여주고 있다. 이평선 결집은 서로 다른 시간파동이 만나는 자리이기 때문에 어떤식으로든 변곡으로 작용한다. 횡보하다가 상승하는 시점과 이평선 결집이 일치하는 경우에는 파동의 마디로 작용할 가능성이 크다. 바닥에서 결집까지 56수가 작용하였으며, 다시 새로운 상승이 시작되는 변곡이 56수로 작용하였다.

Check Point

저점에서 이평선이 결집하는 구간이 시세의 마디로 작용할 때가 있다.

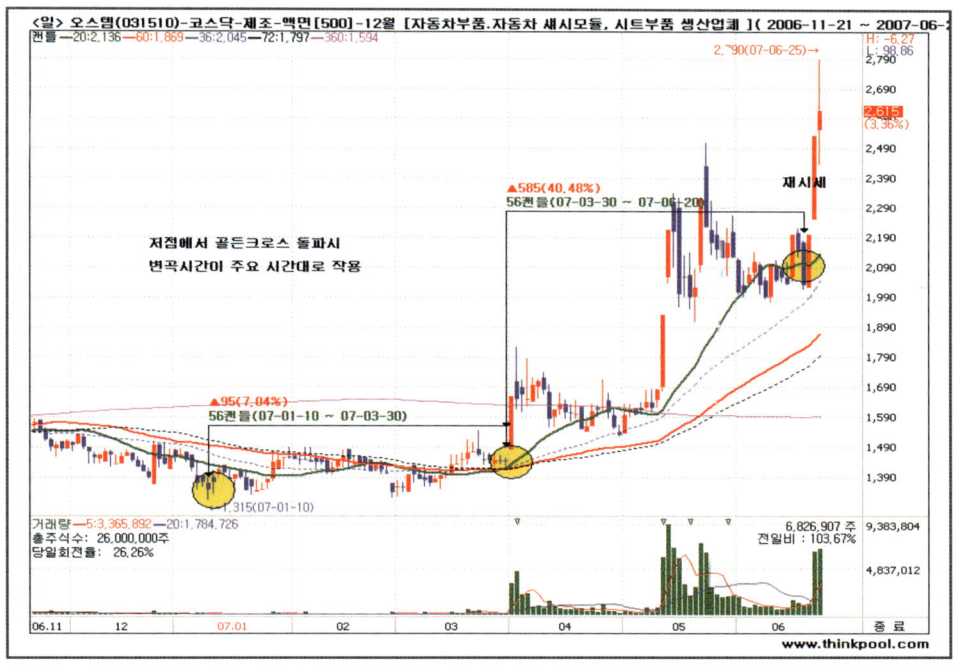

[차트 14-1] 골든크로스

이동평균선 저항작용과 시간주기

[차트 14-2]는 장기이평선과 주가 고점 변곡이 일치하는 것을 보여주는 차트이다. 1차 고점과 360일선이 일치하는 모습을 보이고 있다. 저점에서 고점까지 49수가 작용했는데 49수를 기준주기로하여 다시 고점을 돌파하는 주기가 49수로 작용했다. 이평선과 주가는 늘 시간주기 성격을 가지면서 만난다.

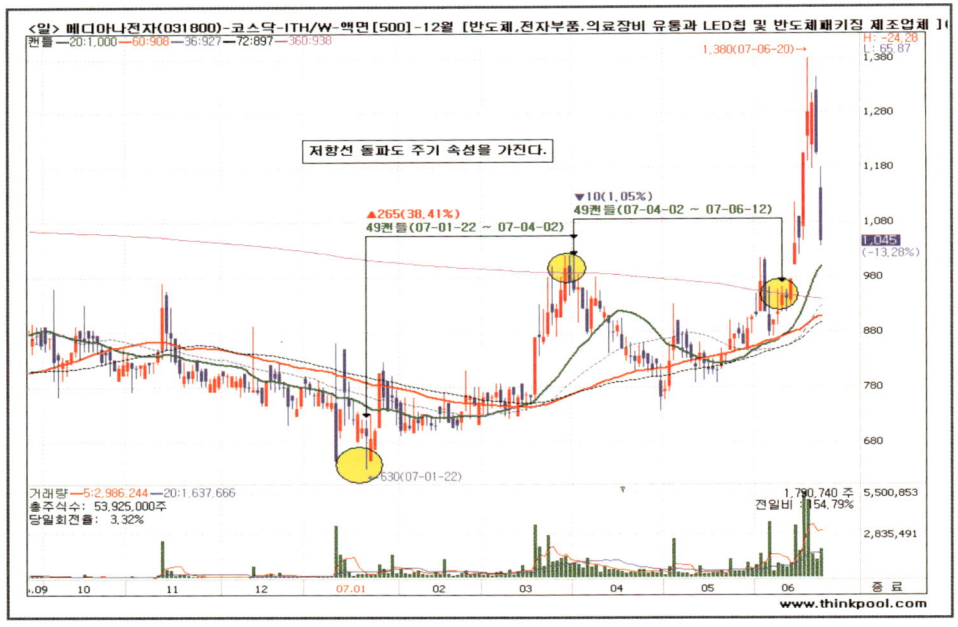

[차트 14-2] 주기 속성

추세선 저항작용과 시간주기

[차트 14-3]은 저항추세선에 저항을 받고 재돌파하는 차트이다. 바닥에서 추세선 저항까지 상승파동이 19수로 일치했으며, 재하락한 다음 추세 수렴 후 재돌파까지 형성된 파동이 19수의 2배수이다. 추세선으로 본다면 19수 파동이 기준이 되어 정수배로 변곡이 성립되었으며 주가의 변곡은 시간의 마디라는 것을 나타내고 있다.

Check Point

저항추세선을 돌파하는 구간에서는 시간주기 변곡이 발생한다.

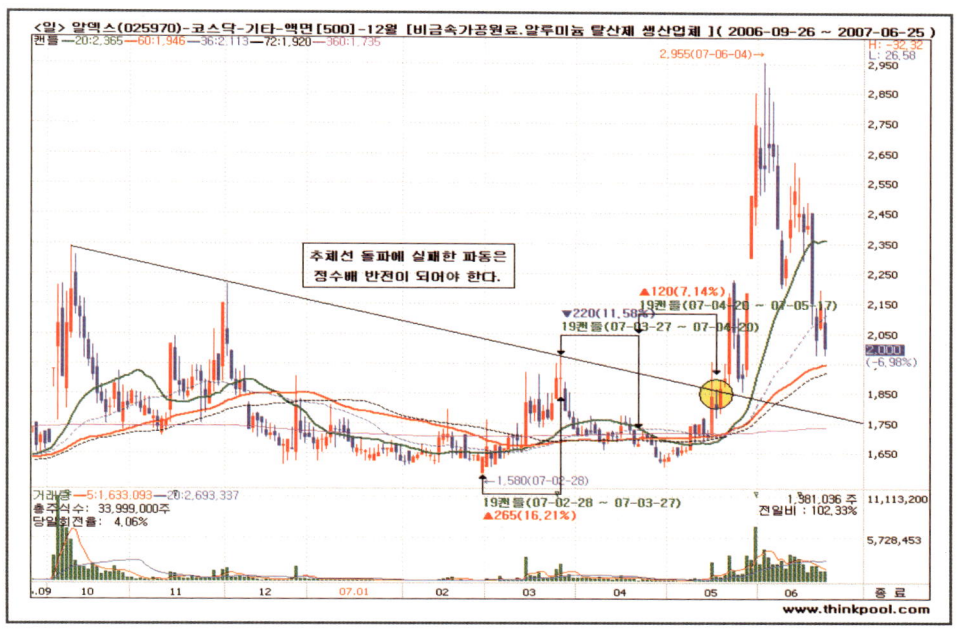

[차트 14-3] 추세선 주기

이동평균선 지지작용과 시간주기

[차트 14-4]는 20-60일선이 결집되면서 다시 시세가 분출되는 차트이다. 여기서 다시 강력한 상승을 보이는 변곡이 발생하는 것은 장세주기가 정수배로 진행되었기 때문이다. 첫 저점에서 재바닥까지 파동의 마디가 84수인 주기를 보이고 있다. 재상승과 횡보 조정의 마디가 84수로 반복되었는데 이평선이 결집되는 구간은 파동의 마디가 만나는 것을 의미한다.

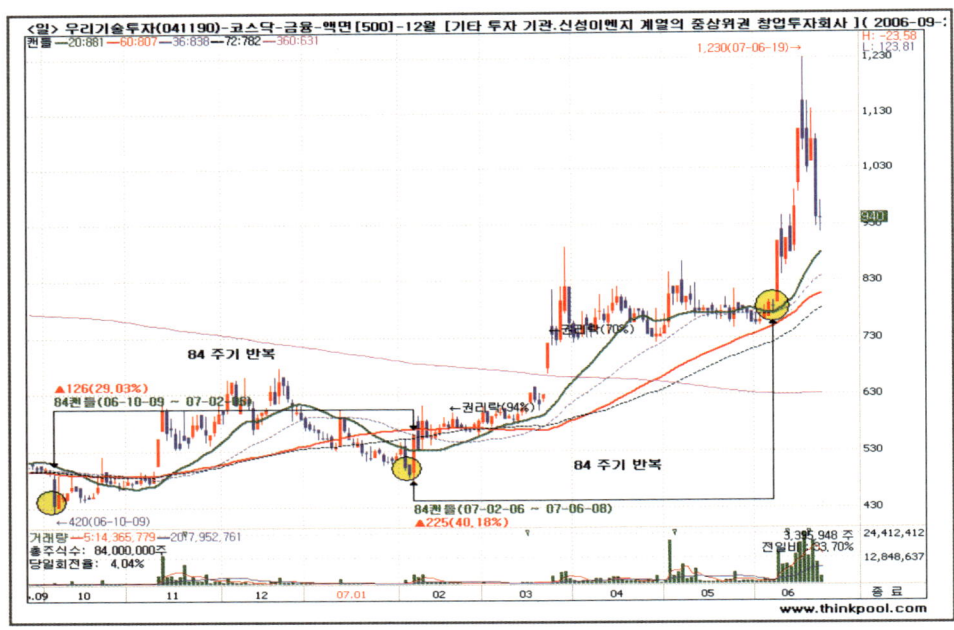

[차트 14-4] 주기 반복

이동평균선 매도신호와 일반적인 파동형태

Check Point

[차트 14-5]는 20-60일선 데드크로스 발생 전후의 시세를 보여주는 차트이다. 주가가 20일선을 붕괴하고 되돌림을 주는 과정에서 데드크로스 신호가 발생했지만 주가는 60일선까지 반등했다. 그러나 결국 60일선이 저항선으로 작용하여 재차 하락하는 양상을 보였다. 고점에서 21수 동안 하락했다는 것은 약 한달 동안 하락했다는 뜻이다. 반등 양상을 보면 하락한 기간만큼인 21수 동안 반등한 것을 알 수 있다.

하락하는 파동은 되돌림을 형성하는 과정에서 이평선이 저항으로 작용한다.

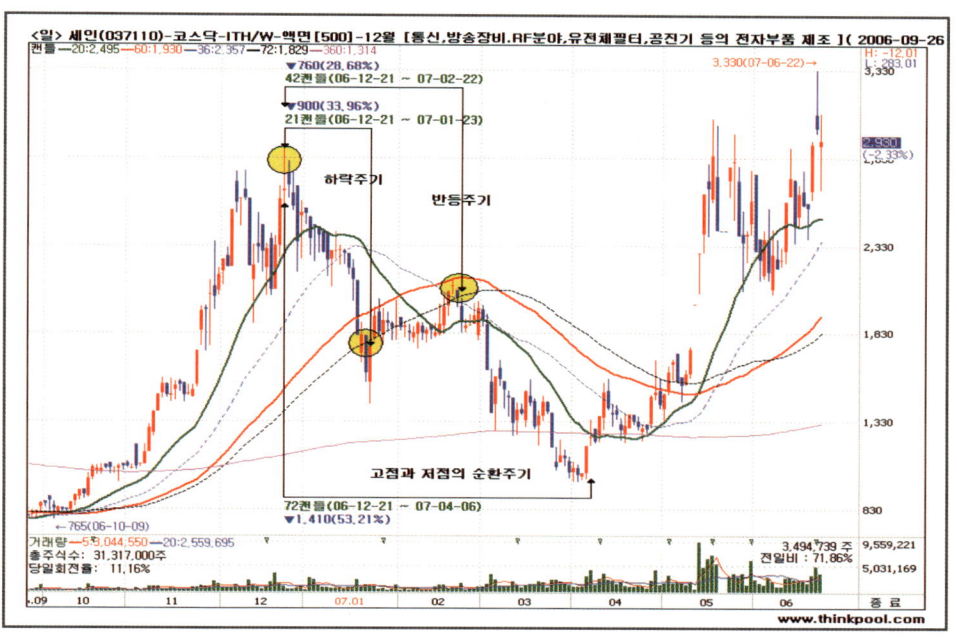

[차트 14-5] 하락과 반등주기

이동평균선 매수신호와 시간주기

Check Point

이평선 매매신호가 발생하기
전에 시간변곡을 살펴보면
매수신호가 언제 발생할지
예측할 수 있다.

　　[차트 14-6]은 저점에서 바닥을 다지다가 급등하여 이평선 매수신호
가 발생하는 차트이다. 이평선 매수신호가 발생하는 것을 확인한 다음
매수하려 할 때에는 이미 주가가 급등한 경우가 많기 때문에 미리 예측
하는 방법론이 필요하다. 차트를 보면 고점에서 첫 바닥까지 36수의 시
간파동이 파동의 마디가 되어 정수배되는 시기에 급등한 것을 알 수 있
다. 첫 번째 36수 파동은 하락파동이며 두 번째 36수 파동은 횡보파동
이고 세 번째 파동은 상승파동이다.

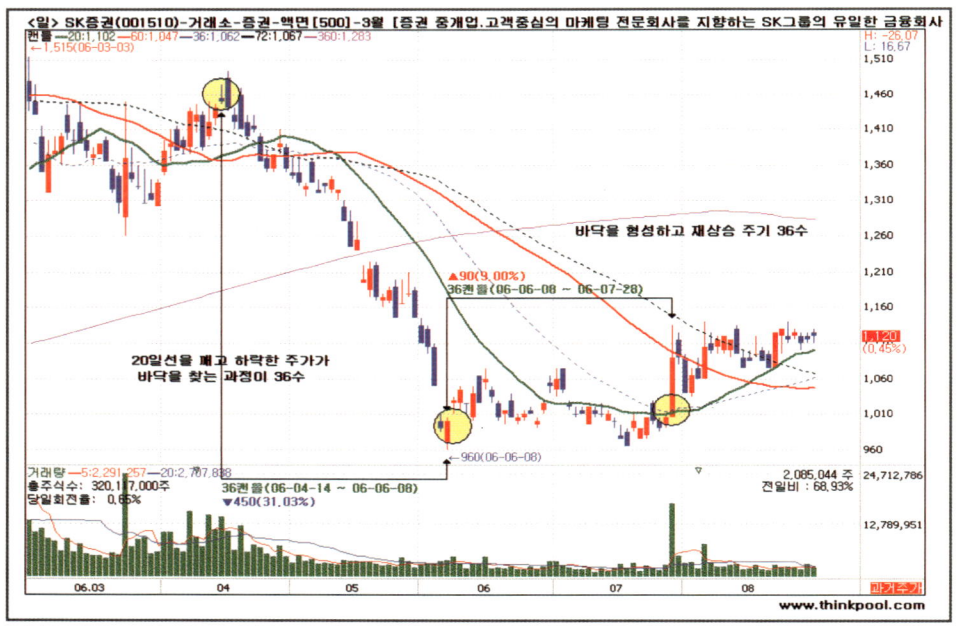

[차트 14-6] 36수 쌍바닥

20일선 바닥과 장세주기

[차트 14-7]은 장세의 한 사이클을 나타내는 차트이다. 주가가 20일
선을 돌파해야 매수신호가 발생하는데 미리 저점주기를 분석하면 매수
신호가 나올 것을 확신할 수 있다. 저점주기가 120수로 60수라는 시간
파동이 2배수 반복하는 형태이기 때문에 60수의 2배수인 120수가 장세
의 저점주기라는 것을 알 수 있다.

Check Point

주가가 20일선을 돌파해야
매수신호가 발생하지만 미리
저점주기를 관찰하면 매수신
호가 나오기 전에 저점에 대
해 확신할 수 있다.

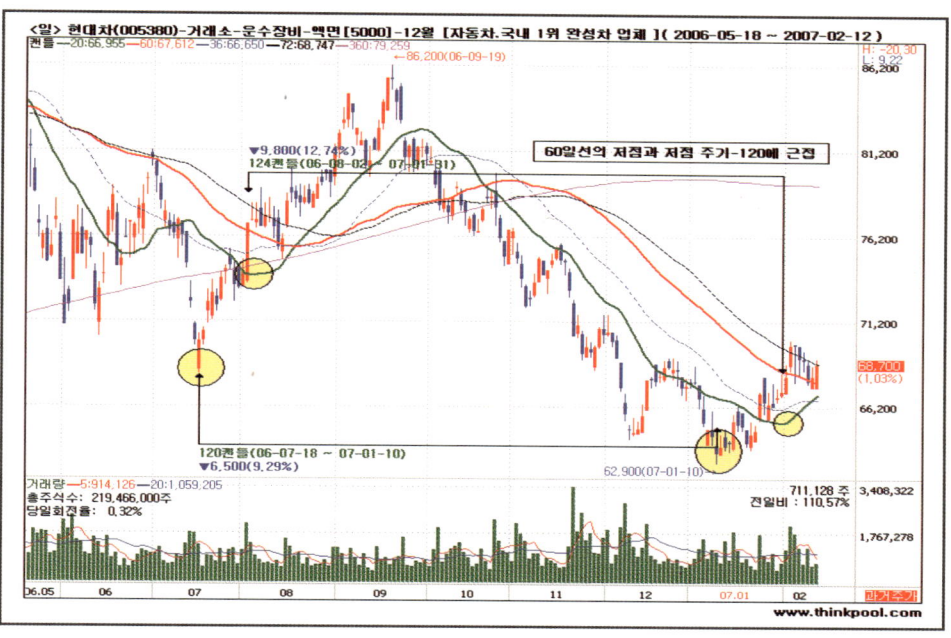

[차트 14-7] 120수의 비밀

이동평균수렴과 대칭파동

Check Point

첫 상승이 나오고 다시 상승이 나오기 위해서는 이평선 수렴과정이 있어야 한다.

[차트 14-8]은 크게 상승한 파동이 조정을 보이면서 재상승을 하기 위해 이평선이 수렴되는 모습을 보여주는 차트이다. 일반적으로 파동은 음양의 대칭구조를 보이면서 지그재그로 상승과 하락을 반복하는 성향이 있다. 상승추세의 시간이 60수로 작용했으며 조정을 보이는 추세수렴 구간도 60수로 작용했다. 조정구간에서 60수가 저점을 보이지 않았지만 상승과 하락의 힘이 균형을 보이는 지점이 60수로 작용했다.

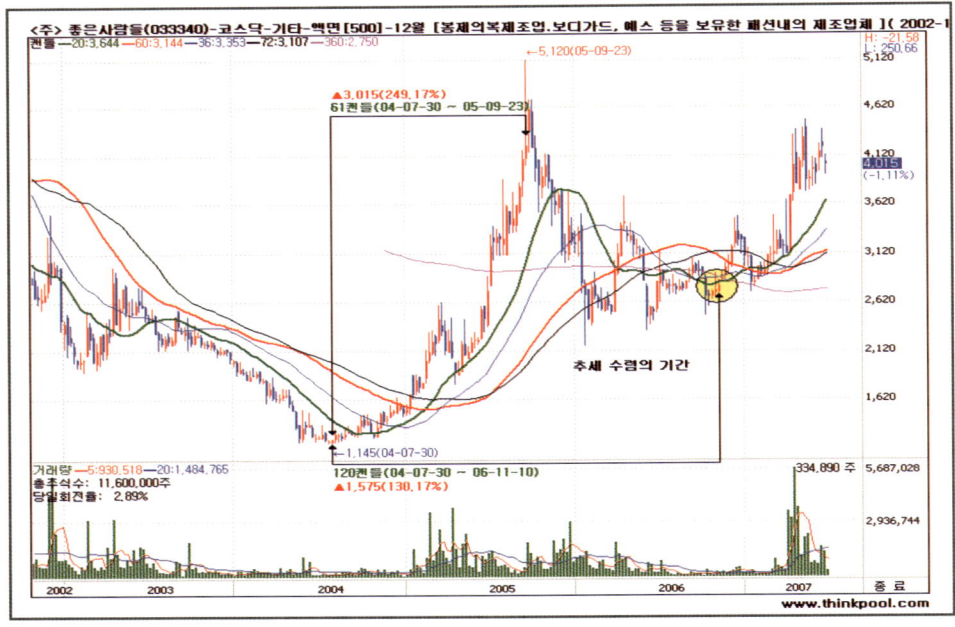

[차트 14-8] 추세수렴의 기간

시세 분출과 시간주기

[차트 14-9]은 이평선이 정배열되면서 시세가 분출하는 차트이다. 정배열이 진행되는 파동에서 주가의 고점을 시간으로 알 수 있는 방법은 파동 마디의 정수배 변곡을 이용하는 방법이다. 저점에서 횡보하는 구간을 하나의 파동으로 보면 상승이 진행되는 구간 중 정수배되는 시점에서 고점이 성립된다. 결국 바닥에서 36수 파동이 진행되었으며 상승구간에서 36수 파동이 2번 반복된다는 것을 알 수 있다.

Check Point

상승에너지와 바닥에너지의 발생에는 일정한 정수배 법칙이 존재한다.

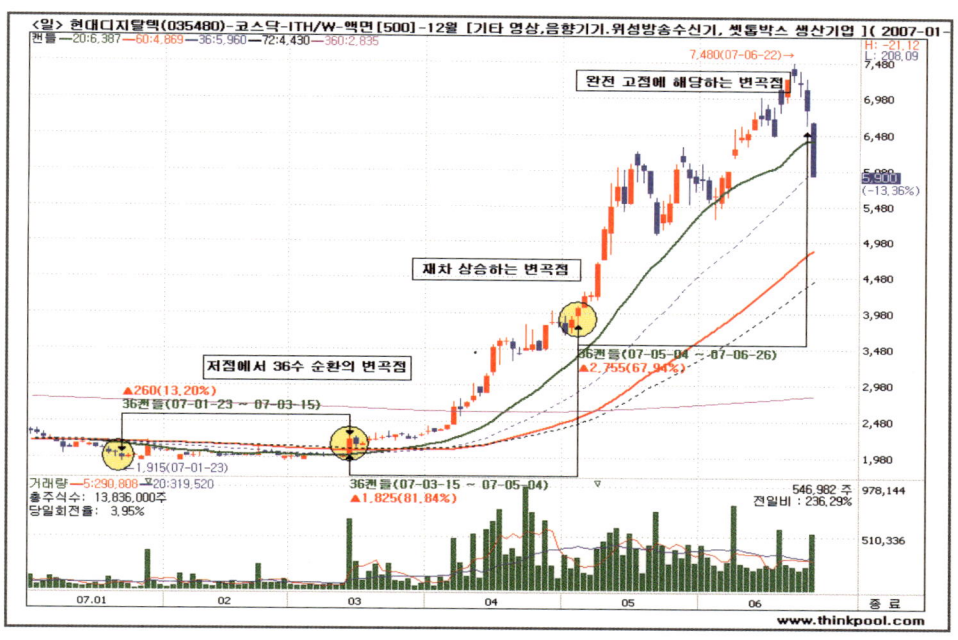

[차트 14-9] 3순환

골든크로스 발생에도 일시적인 하락을 보이는 경우

[차트 14-10]은 20-60일선 골든크로스가 발생했는데도 20일선 아래로 하락하는 모습을 보여주는 차트이다. 일반적으로 20일선을 돌파한 주가는 다시 20일선 지지를 받고 재상승한다. 그러나 20일선과 60일선이 골든크로스가 발생할 때에도 이평선 지지를 받지 못하고 추가 하락한 후 조정이 완료되는 경우가 있다. 이 때에는 이평선 개념보다는 파동개념으로 접근해야 한다. 상승파동이 12수였기 때문에 대칭변곡으로 12수 파동이 진행되다 보니 20일선을 밑도는 흐름이 나타난 것이다.

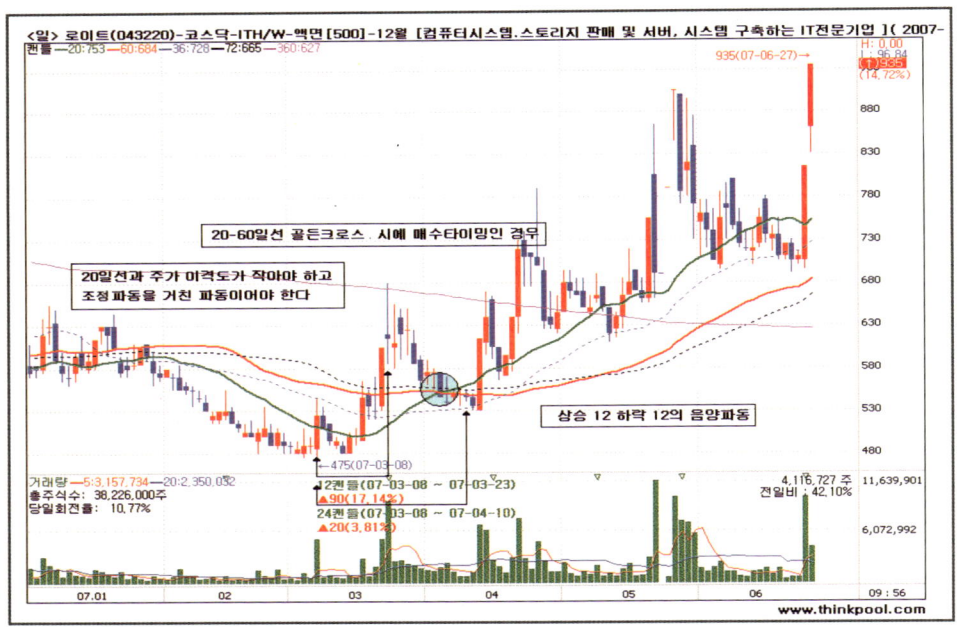

[차트 14-10] 골든크로스

이동평균선 수렴과 시간파동의 합성

[차트 14-11]는 고점에서 조정을 보이는 과정에서 복수의 시간변곡이 나타난 차트이다. 파동으로 본다면 저점에서 고점까지 21수 파동을 기준파동으로 하여 2배수되는 구간에서 수렴이 완성되는 모습이다. 그리고 저점에서 저점까지 30수 파동을 기준파동으로 하여 2배수되는 구간에서 수렴이 완성되는 모습이다. 하나의 시간파동으로 적용하는 것보다는 복수의 시간파동을 적용할 때 더 정확하게 변곡을 예측할 수 있다.

Check Point

이평선이 수렴되는 구간에서 여러 시간변곡을 동시에 합성하는 것은 매우 효율적인 분석 방법 중 하나다.

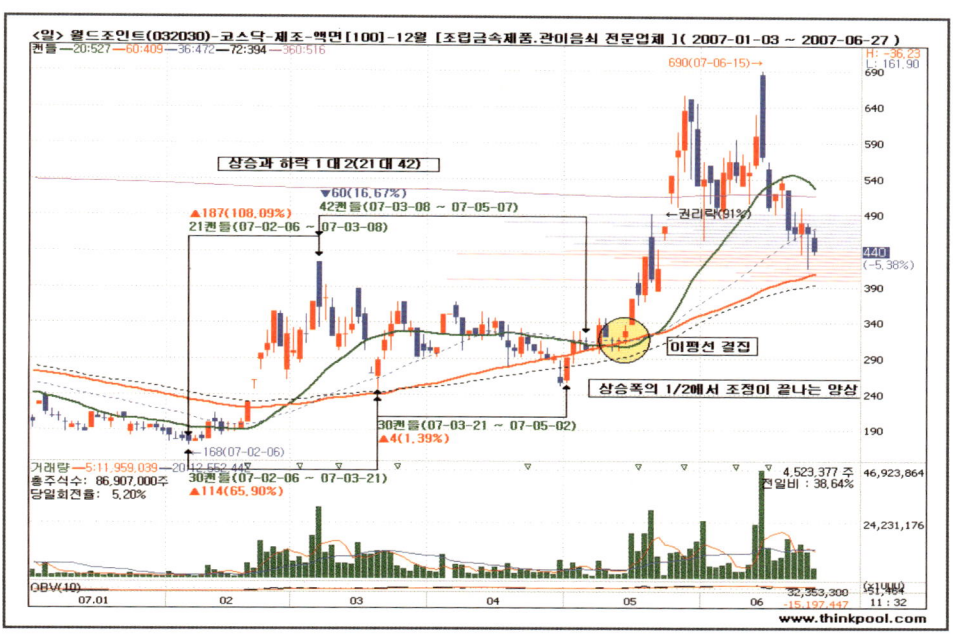

[차트 14-11] 이평선 매매신호

이동평균선 수렴과 조정파동

[차트 14-12]는 고점에서 박스권 등락을 보이면서 추세수렴되는 차트이다. 상승 압력이 강한 파동은 크게 조정을 보이지 않고 횡보하는 구간을 보이면서 전고점 돌파를 준비한다. 이런 경우에 주기가 같은 파동이 연달아 출현한다. 15수 주기를 가진 파동이 합성되어 반복적으로 나타났다.

[차트 14-12] 추세수렴

이동평균선 시간과 주가 시간의 상관관계

[차트 14-13]은 이평선 크로스가 발생한 후 저점까지 60수를 보인 차트이다. 일반적으로 고점에서 바닥까지 60수 변곡이 나타나지만 경우에 따라서 이평선 크로스부터 시작하여 바닥까지 60수 변곡이 나타나기도 한다. 이 경우에는 고점과 크로스 변곡이 동시에 나타난 파동이다. 60수는 다양하게 응용될 수 있기 때문에 이평선과 시간파동을 동시에 파악하고 있어야 한다.

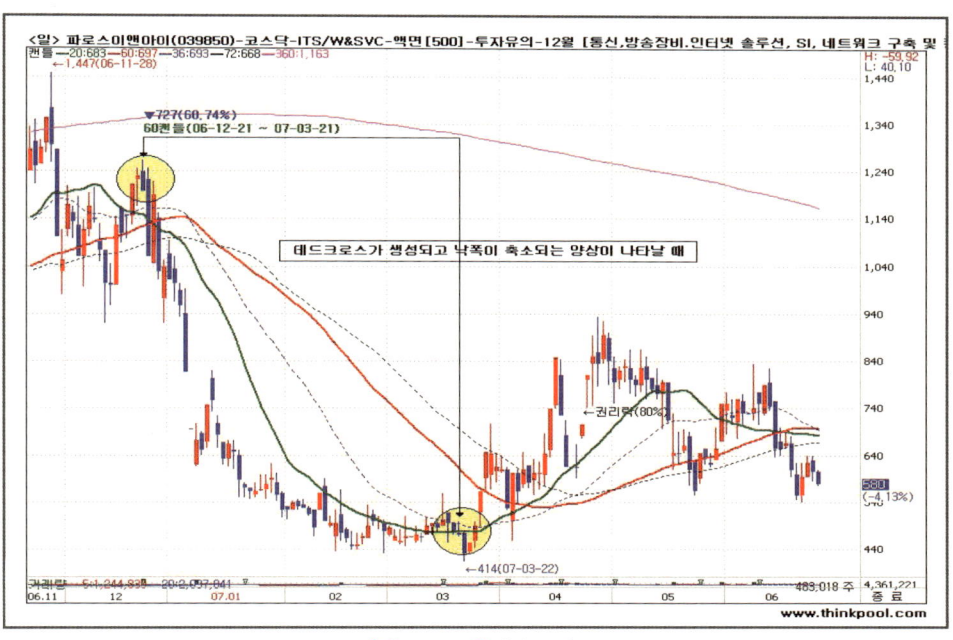

[차트 14-13] 하락 60수

상승과 하락의 일반적인 시간비율

[차트 14-14]는 상승과 하락의 일주기를 형성하는 차트이다. 일반적으로 상승추세에 있는 첫 파동의 주기는 상승과 하락의 비율이 2 대 1이다. 표준파동 비율인 2 대 1의 규칙을 지키고 상승할 때 가장 확률이 높은 매수신호가 발생한다.

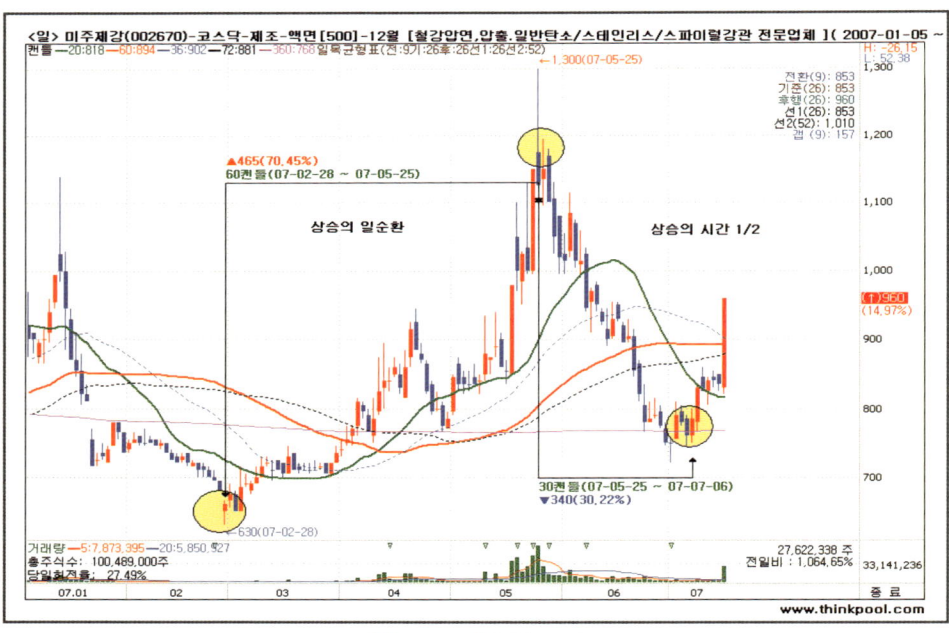

[차트 14-14] 2배수 조정

[차트 14-15]는 상승과 조정파동의 비율이 같은 차트이다. 일반적으로 상승파동은 상승추세의 시간과 진폭의 2분의 1이 조종파동인 경우가 대부분이지만 여러 가지 외부적인 조건으로 인하여 비율이 변할 수 있다. 예를 들어, 주가가 크게 상승하는 바람에 이격 조정의 시간이 충분하지 못할 때가 있는데 이 차트가 이에 해당한다. 20일선 지지를 받고 재상승했지만 고점에서 20수에 가까운 시간 동안 횡보조정을 보였다는 것을 알 수 있다.

Check Point

상승과 조정파동은 2 대 1의 비율을 이루는 것이 표준이지만 조정파동이 연장되어 2 대 2의 비율을 이루는 경우도 많다.

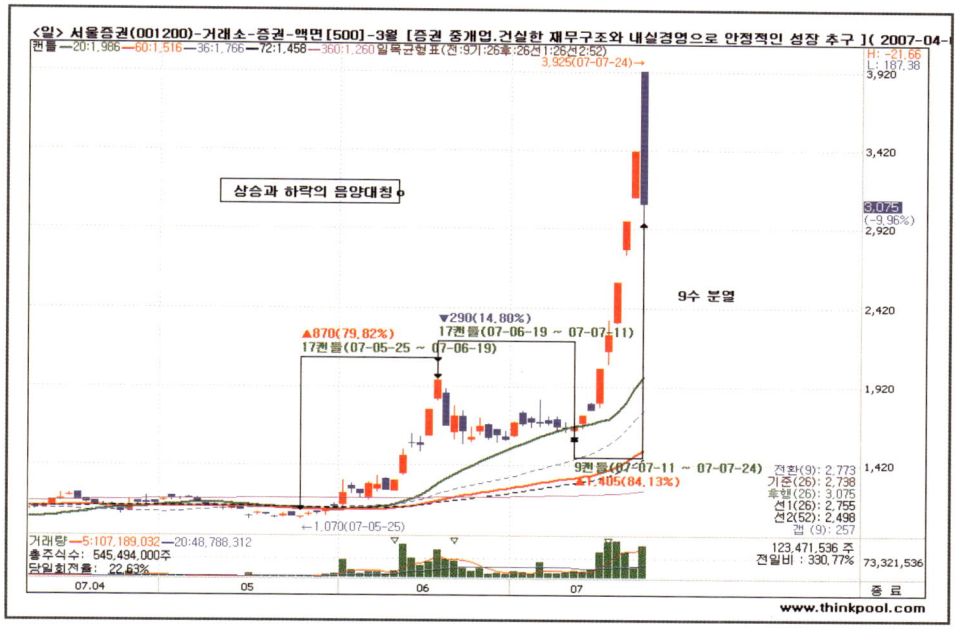

[차트 14-15] 상승과 조정비율

TECHNOLOGY OF CHART
I N V E S T M E N T

4 PART

시간론과
변곡점 실전투자

파동의 원론과 태극파동

원이 평면에 투영되어 360수 사이클 형성

원은 모든 사물의 출발이 되는 지점이므로 원이 모든 것의 알파요 오메가라 할 수 있다. 또한 원의 성질에는 주가의 비밀과 원리가 담겨 있으며 그에 따라 주가를 예측할 수 있다. 원의 성질을 파악하면 주식을 매매하는 방법론을 찾을 수도 있다. 주가파동의 핵심을 이해하면 성공 투자와 성공적인 인생의 길이 보장된다.

주가파동이든 자연파동이든 파동의 모양은 원의 시간순환을 직선의 시간순환으로 나타낸 것뿐이다. 수학에서는 사인함수(sine function)의 모양에 해당하며 삼각함수 중 사인곡선이 파동을 가장 잘 나타낸다.

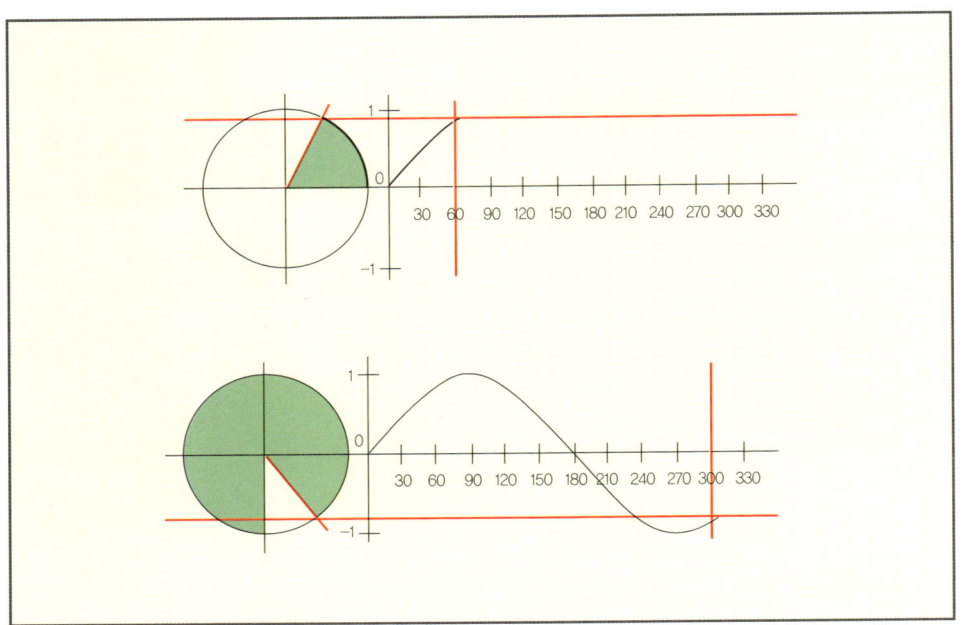

[그림 15-1] 삼각함수

　[그림 15-1]은 원과 각도에 대한 원리를 나타낸 그림이다. 3시 방향에서 시작한 원의 각도가 0이 되는 삼각함수 그래프이다. 12시에 해당하는 90도가 되면 주가는 고점을 이루고 다시 9시에 해당하는 180도가 되면 주가는 중심에 위치하며 6시에 해당하는 270도가 되면 주가는 저점을 이룬다. 3시 방향인 360도가 되면 다시 시작점으로 돌아와 일순환이 된다.

사이클이 파동의 변곡으로 바뀌는 원리

　모든 변화는 시간을 타고 일어나므로 시간의 파도가 깨어나고 잠들어 가는 원리를 통해 주가의 흐름을 파악할 수 있다. 시간파동은 일정한 규칙 속에서 변화와 변곡을 보이면서 변한다. 원형파동의 변화와 변곡은 삼각형의 모양인 각으로 표현된다. 시간변화에 수를 대입하여 주가파동의 변곡점과 방향을 관찰해야 한다.

　[차트 15-2]를 보면 파동이 3단계로 나타나 있는데 아래로 갈수록 파동의 곡선에 복잡한 주름이 형성되는 것을 볼 수 있다. 컴퓨터 시뮬레이션 실험을 해보면 노이즈(자극) 강도를 점점 세게 할수록 파동 곡선

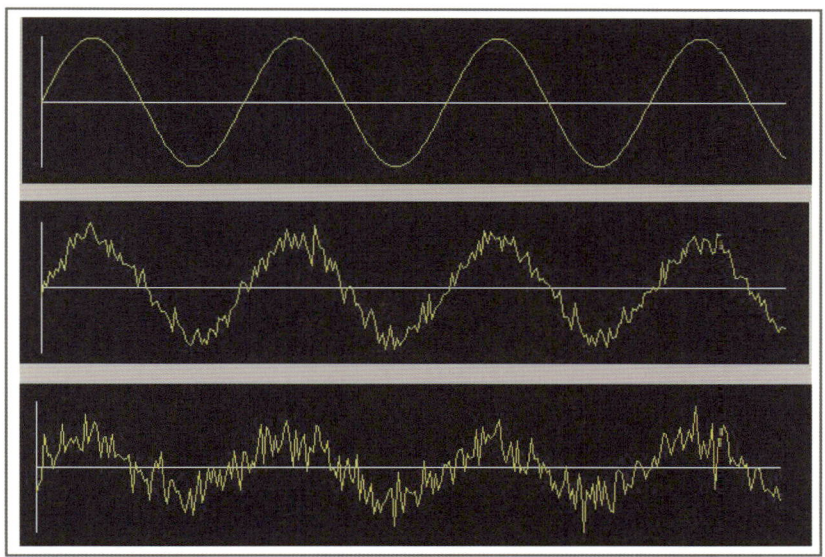

[그림 15-2] 파동주가 만들기

에 주름이 잡히고 주가파동과 비슷해지는 양상이 진행됨을 알 수 있다. 변곡이라는 것은 노이즈를 의미한다.

36수와 72수로 움직이는 증권시장

1년은 12개월이므로 당연히 3년은 36개월로 구성된다. 6년이면 36개월의 2배인 72개월에 해당하는 시간이다. 월봉으로 된 거래소 차트를 보면 3년-6년을 주기로 시세 국면이 바뀌는 모습을 확인할 수 있다.

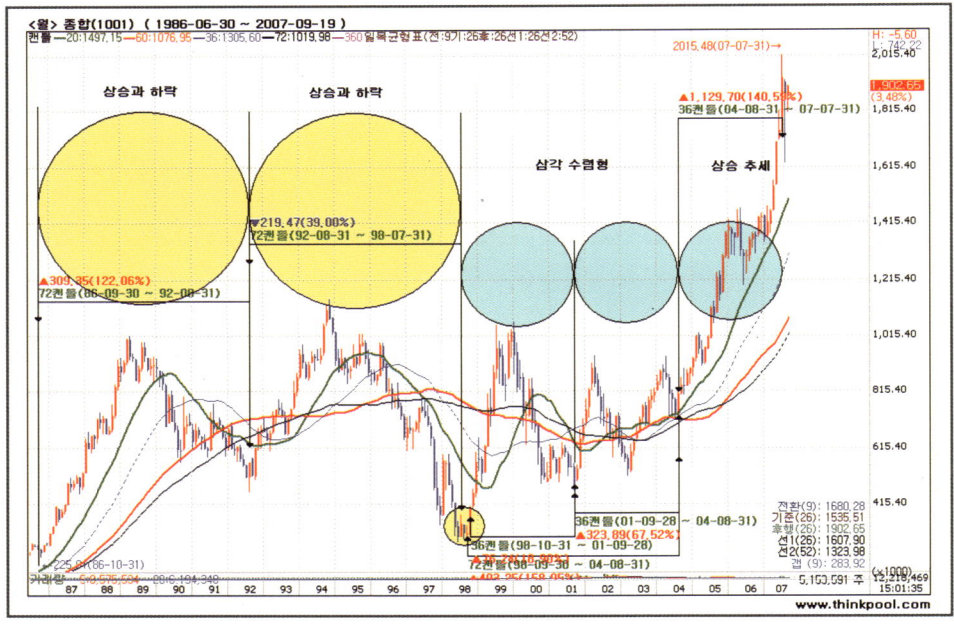

[차트 15-1] 360수

[차트 15-1]은 98년 당시 저점에서 횡보하는 구간을 중심으로 36개월과 72개월의 시간주기로 분할한 차트이다. 지난 89년과 94년 고점 장세는 6년, 즉 72개월이라는 주기로 움직였다. 상승과 하락국면이 대략 36개월로 일치하고 있다.

또한 98년 저점 이후에 6년 동안 삼각수렴형 파동이 형성되고 있다. 첫 36개월은 상승과 하락이 대칭을 보인 오른쪽 바닥이 높은 쌍바닥 장세였다. 다시 36개월은 저점을 높여가는 3중바닥 장세였다. 6년 동안 삼각수렴형 파동을 형성하여 3년, 즉 36개월 동안 시세를 분출하는 구간이 나타났다.

Check Point

우리나라의 증시는 3년(36개월)과 6년(72개월) 주기의 시간파동이 형성되면서 장세의 국면을 만들어 나간다.

주가파동의 탄생을 나타내는 태극파동

주가차트의 구성을 보면 가로축은 시간의 흐름, 세로축은 가격의 진폭을 나타낸다. 가로는 시간의 움직임을 도식화한 것이며 세로는 가격의 진폭인 공간을 표시한 것이다. 즉, 주가차트는 시간과 공간을 나타내는 상징체계이다. 시공 속에서 사물이 움직이는 원리가 곧 주가파동이므로 본질적인 원리로 만물의 변화원리를 파악해야 한다.

시간은 파동의 보이지 않는 원형을 평면 상에서 병풍처럼 펼쳐 놓은 것이다. 파동이라는 삼각형이 변곡을 보인다는 것은 원형이 극을 받았다는 의미다. 진폭이나 시간의 변곡은 원이라는 360수의 분할과 합성에서 발생한다.

Check Point

태극은 주가파동이 처음으로 탄생하는 탄생파이자 태극파동의 모형이다. 변곡이 실현되면 태극파동을 향후 모든 매매의 기준파동으로 판단해야 한다.

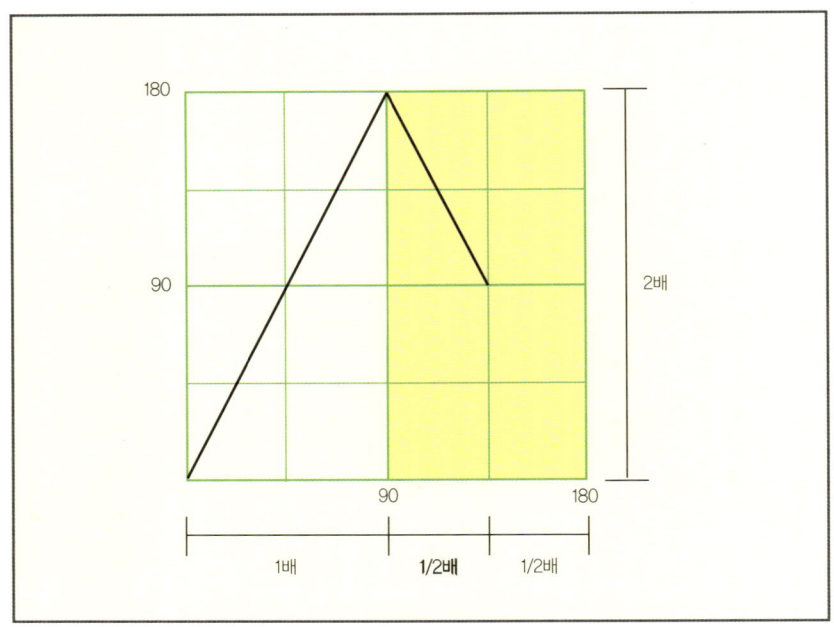

[그림 15-3] 파동의 기본

[그림 15-3]은 상승파동과 하락파동이 대칭을 보이는 파동의 모형을 보여주고 있다. 하락파동이 진행되는 중간 지점은 새로운 변곡점이 출현하는 원리를 나타내고 있다. 상승파동의 고점이 형성되는 진폭이나 시간은 순환수의 90수나 180수에서 변곡이 발생한다는 의미다.

상승파동의 기준진폭을 2배로 가정한다면 조정폭의 변곡점은 기준진폭에서 절반 조정을 보인 시점에서 발생한다. 상승파동의 기준시간을 1배로 가정한다면 조정시간의 변곡점은 2분의 1배에서 발생한다. 따라서 상승파동 시간이나 진폭 중에서 2분의 1이 되는 시점에서는 변곡점이 나타난다고 볼 수 있다.

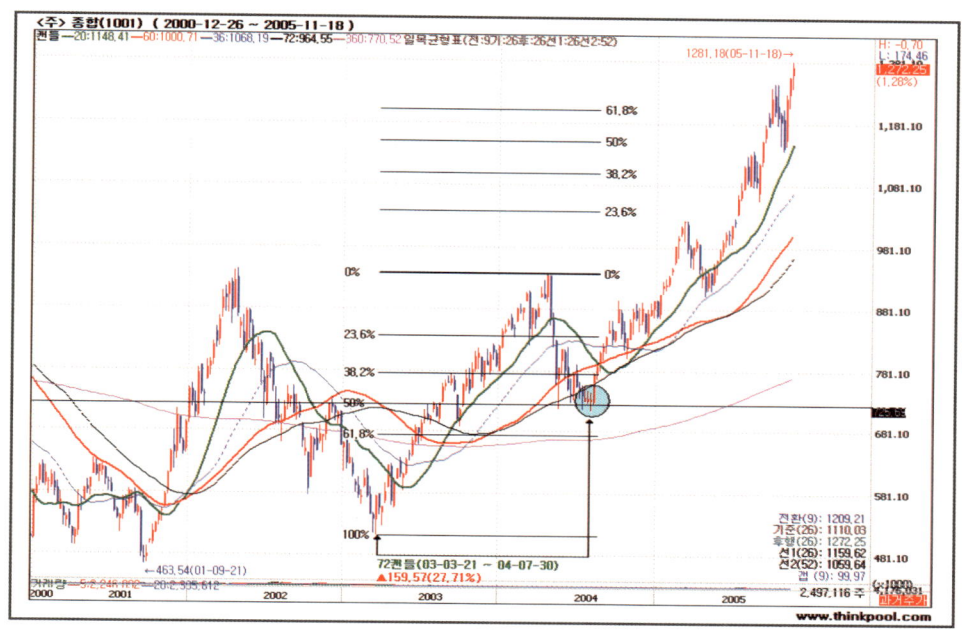

[차트 15-2] 탄생파동

　[차트 15-2]는 우리나라의 증시가 상승국면으로 접어드는 과정에서 나타난 탄생파동의 구간을 분석한 차트이다. 지난 98년 저점에서 6년 주기가 완성되는 시기에 형성된 탄생파이다.

　모든 파동은 탄생파를 형성하고난 후 본격적으로 상승하는데, 탄생파는 기준이 되는 상승파동의 기간이나 시간이 2분의 1 조정을 받는 것이 원칙이다.

　차트를 2003년 3월부터 2004년 4월까지 상승한 파동의 2분의 1이 조정을 보였음을 알 수 있다. 본격적인 상승을 보인 시기는 2004년 8월 4

일 713.99포인트였으며 이는 720포인트에 근접한 순환수 변곡을 의미
한다. 또한 탄생파의 저점주기는 72수를 보였다.

대칭변곡과 장세 사이클

　파동은 상승이라는 양과 하락이라는 음이 하나의 짝을 이루면서 존
재한다. 상승파동의 시간과 하락파동의 시간이 1 대 1 대칭을 이루는
것이 대표적인 파동의 원형이다. 상승과 하락의 일주기가 마무리되면
파동의 한 사이클이 완전하게 끝났다고 말하며 이는 일반적으로 장세
의 일순환을 의미한다.

대칭변곡 표준형

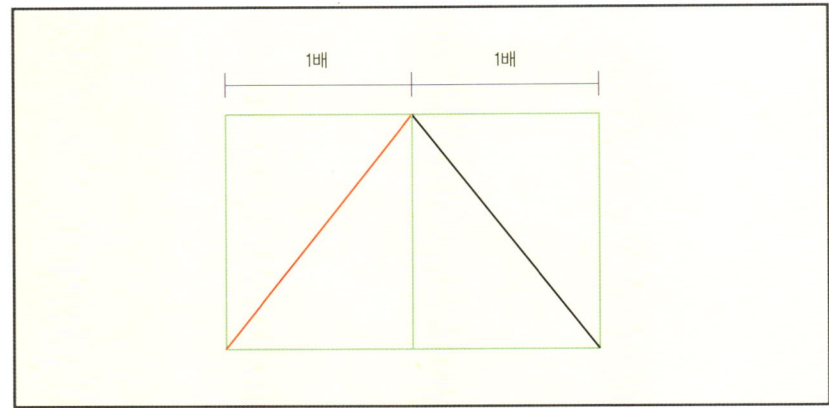

[그림 16-1] 대칭변곡 - 완전

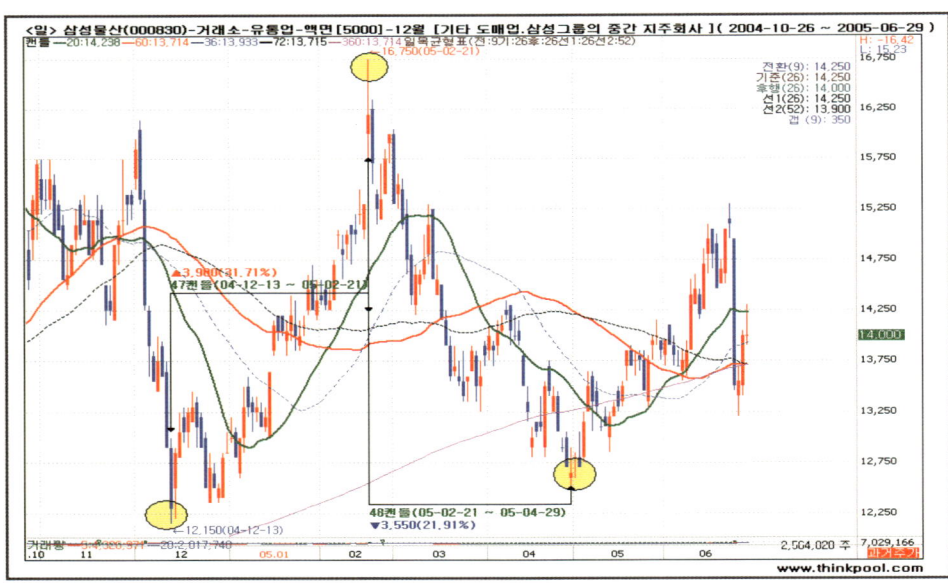

[차트 16-1] 파동 - 대칭

162

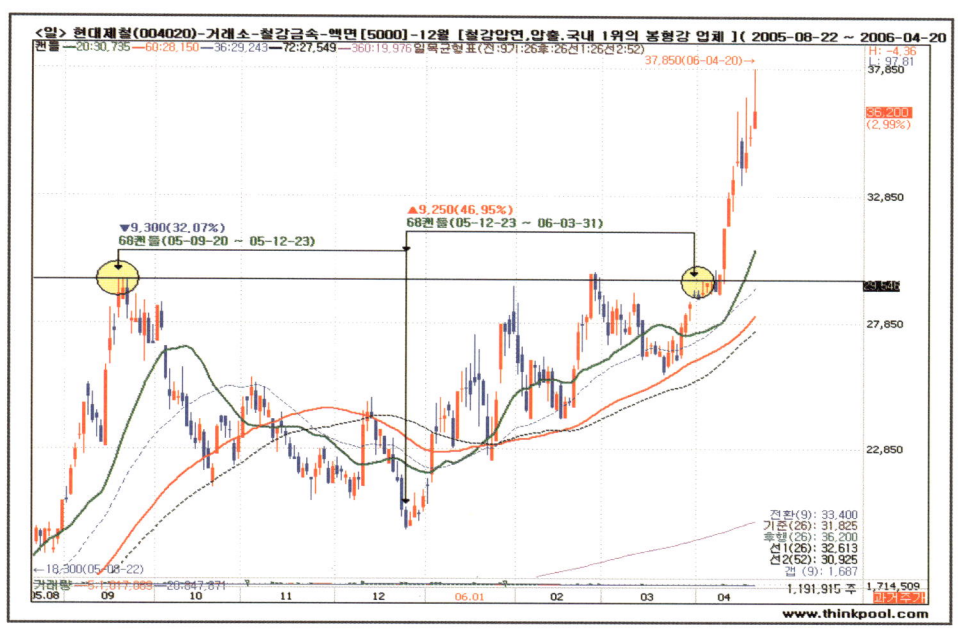

[차트 16-2] 파동 – 전고점 돌파

　[차트 16-1]은 상승파동과 하락파동이 대칭을 보이고 있는 차트이다. 48수의 상승파동과 48수의 하락파동으로 구성되었으며 횡보 국면에서 주가가 상승했지만 결국 다시 원점으로 돌아오는 순환파동의 양상을 보이고 있다. 60일선이나 장기 이평선이 횡보하는 국면에서 추세수렴이나 박스권 흐름을 전개하고 있다.

　[차트 16-2]는 하락과 되돌림이 대칭구조를 가진 모습을 보여주는 차트이다. 하락파동의 주기가 68수였으며 되돌림이 나온 변곡이 68수였다. 68수가 나오기 전 쌍봉의 고점을 뚫고 재상승하는 양상을 보였다.

대칭변곡 쌍봉형

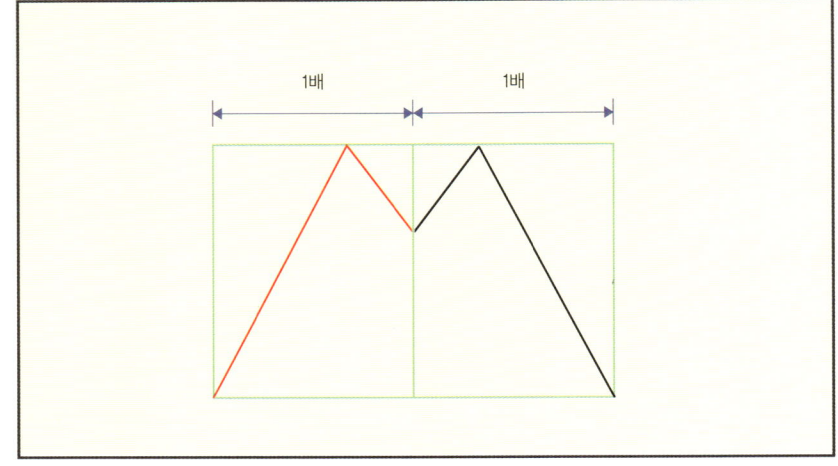

[그림 16-2] 대칭변곡 – 완전

대칭변곡과 이중출현

[차트 16-3]은 상승과 하락의 시간이 대칭을 보이고 있는 차트이다. 첫 번째 파동구간의 주기는 10수 상승과 10수 하락을 보였다. 고점변곡을 제외하면 10+10 -1=19수로 한달 20일 거래일에서 1일이 빠진 시간파동이다. 두 번째 파동구간의 주기는 11수 상승과 11수 하락을 보였다. 전체주기는 11+11-1=21수로 20일에서 하루가 더 진행된 시간파동이다. 결국 두 달 동안 3중바닥을 보인 파동이라는 뜻이다.

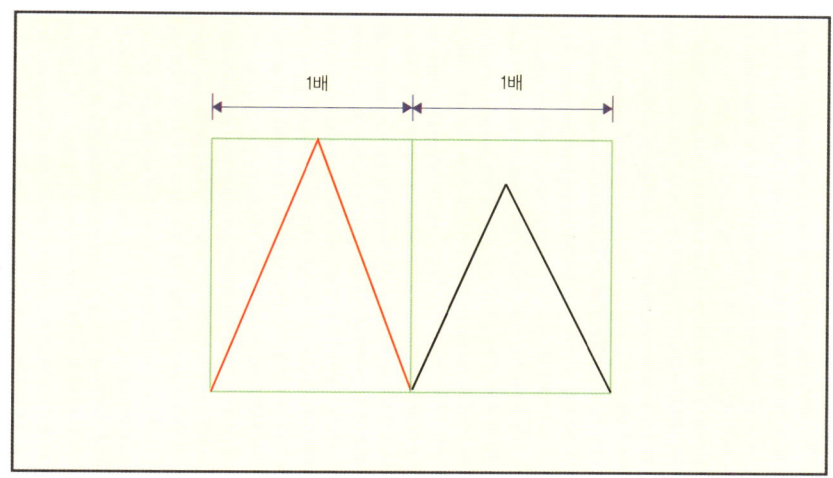

[그림 16-3] 대칭변곡 – 주기 변곡

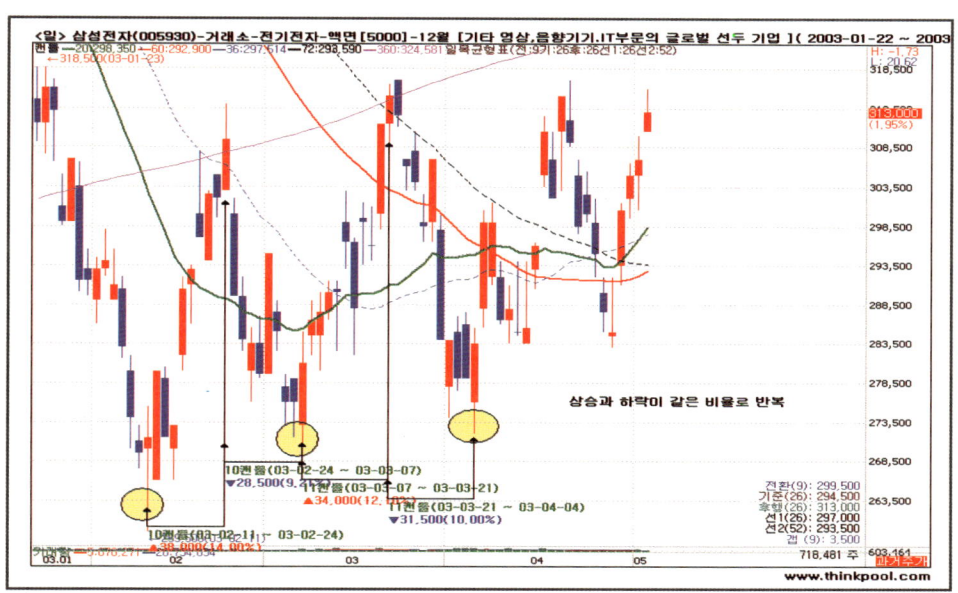

[차트 16-3] 상승과 하락 – 대칭

대칭변곡과 탄생파동

파동의 순환은 상승과 하락의 시간과 진폭이 1 대 1 대칭이 되는 것이 일반적이다. 탄생파동은 조정이 진행되는 중간에 새로운 변곡이 출현하는 파동을 말한다. 새로운 상승이 시작되는 모든 파동에서 필연적으로 일어나는 파동의 특성을 지니고 있다.

탄생파동의 기본형

바닥권에서 2분의 1 법칙을 지키는 탄생파동이 나타난다면 상승장세를 예고하는 기준파동이 된다. 또한 2차 상승을 예고하는 N자형 파동

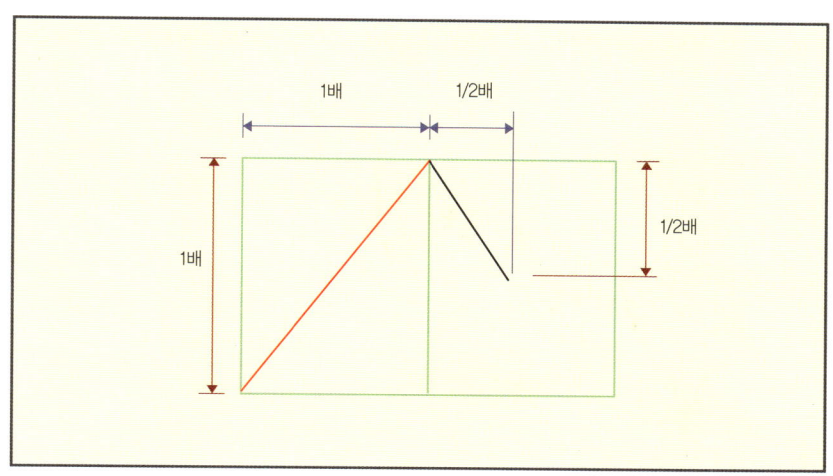

[그림 17-1] 태극파동

의 초기에 탄생파동이 나타난다면 새로운 장세의 기준파동이 된다. 고점에서는 위 아래로 뒤집는 양상이 나타날 때 하락장세를 예고하는 기준파동이 된다.

[차트 17-1]은 탄생파동 이후 연속적으로 발생한 시세를 잘 나타낸 차트이다. 바닥에서 13수 상승하고 13수의 2분의 1인 7수 동안 조정을 보였다. 진폭도 전체 상승의 2분의 1을 보였다. 탄생파동이 형성되는 과정에서 20-60일선 골든크로스가 발생했으며 전체 저점주기인 19수 주기마다 상승이 연결되는 파동구조를 보였다.

Check Point

조정파동의 시간이나 진폭이 2분의 1에서 다시 쌍바닥으로 가느냐 전고점을 돌파하느냐가 기로점을 형성하는 중요한 파동이다.

상승시간과 하락시간 비율- 2 대 1

3순환 저점주기후 재상승

[차트 17-1] 포스코 - 태극파동

대칭파동과 탄생파 형성과정

　　바닥에서 정수배 주기로 다중바닥을 형성하는 과정을 보이다가 주기
파동의 역할이 바뀌는 구간이 되면 상승추세의 탄생이 시작된다. 일정
한 저점주기의 파동이 어느 시간변곡을 지나면서 저점과 고점의 주기
로 변한다. 이 구간에서 비로소 탄생파의 1파가 출현한다.

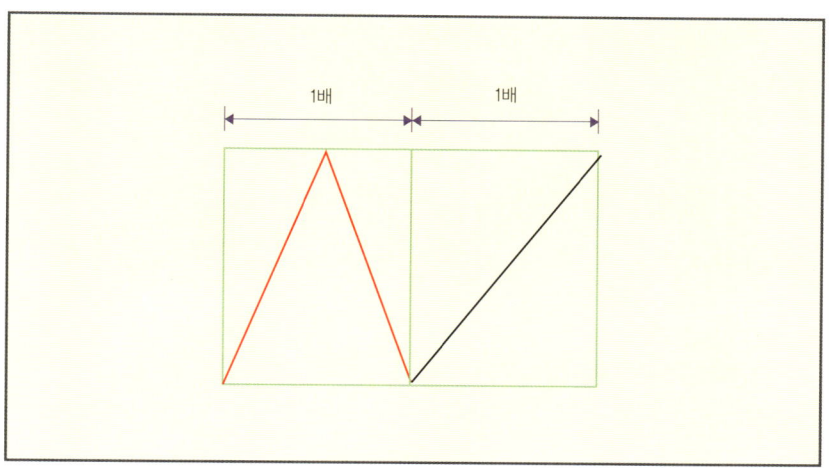

[그림 17-2] 탄생파 1

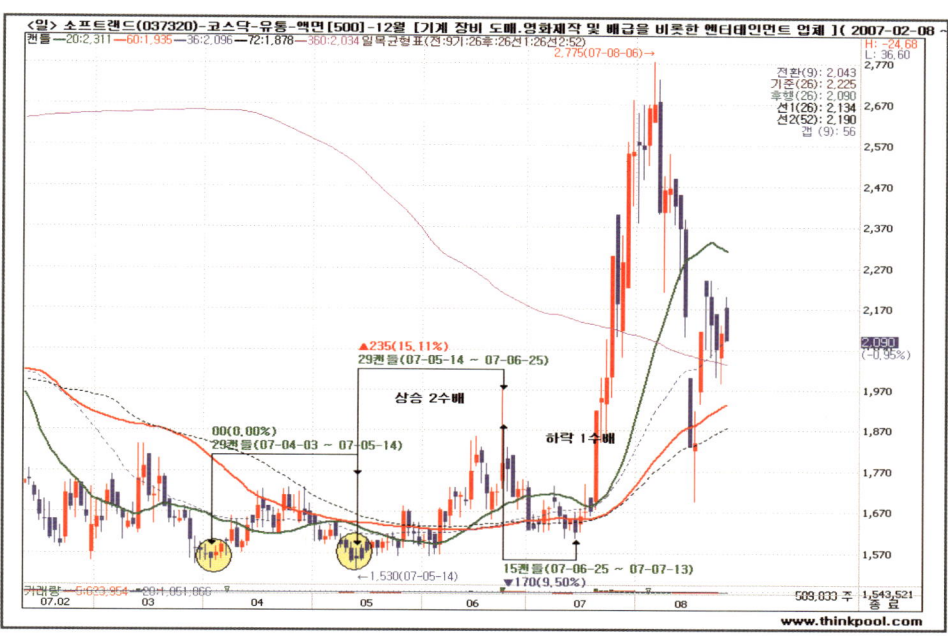

[차트 17-2] 타이밍 – 쌍바닥과 절반

[차트 17-2]는 쌍바닥을 형성하고 상승추세로 전환되는 양상을 나타내는 차트이다. 쌍바닥을 형성한 첫 파동주기는 29수이며 전고점을 돌파한 상승파동 또한 29수였다. 파동이 대칭되는 형태에서 상승으로 전환되는 구간이다. 상승파동에서 29수의 조정은 2분의 1인 15수였다. 탄생파동의 공식인 2분의 1의 법칙을 지키고 있음을 알 수 있다.

시간대칭과 조정진폭

상승파동 대비 조정파동이 2분의 1일 때와 1일 때의 차이점은 시간이 절반으로 줄어들었다는 점이다. 그러나 다른 각도에서 본다면 조정파동이 2분의 1일 때에는 기존 추세에서 전체파동이 진행되며 1일 때에는 상승파동과 조정파동이 하나의 순환주기를 형성한다는 차이가 있다.

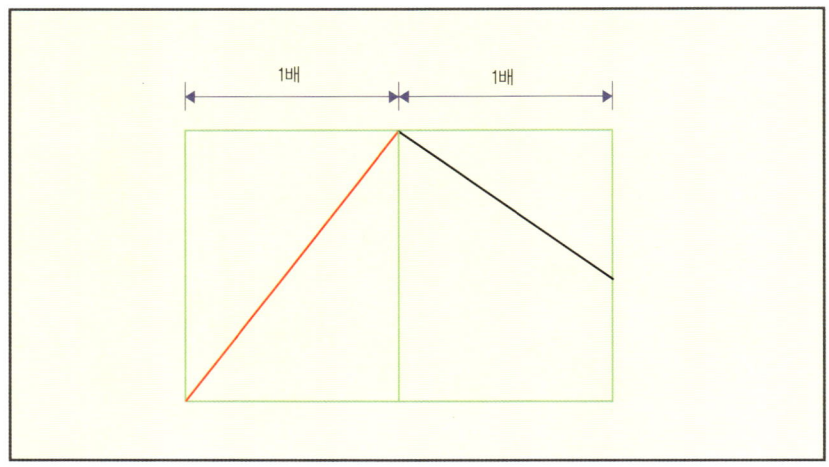

[그림 17-3] 대칭변곡 – 조정변곡

[차트 17-3] 타이밍 – 1 대 1

　　[차트 17-3]은 상승과 하락의 주기가 대칭의 모습을 보이고 있는 차트이다. 75수 주기의 상승파동과 대칭이 되어 75수의 하락파동이 형성되었다. 결국 장세의 저점은 원점으로 오지 않고 전체 상승의 2분의 1에서 멈춘 모습이다. 상승과 하락이 대칭된 모습을 보였다는 점에서 시간분기가 완성되었기 때문에 상승 3파가 아닌 새로운 장세의 시작으로 보아야 한다.

[차트 17-4] 탄생파 - 실패

　　[차트 17-4]는 상승과 하락이 대칭인 구조를 지닌 탄생파동이 상승추
세를 만들지 못한 양상을 보여주고 있다. 상승과 하락이 12수를 보인
대칭형태의 탄생파동이 나왔으며 진폭 조정도 2분의 1을 보인 파동이
출현했으나 재상승에 실패한 모습이다. 2분의 1 지지를 보인 지지선을
붕괴하여 12수 변곡을 보이면서 이단으로 하락했다.

시간으로 본 탄생파의 변곡점

크게 상승한 파동이 가격조정을 보이거나 진폭조정을 보인 후에는 재상승 여부가 분명하게 드러나는 파동의 생사변곡이 결정된다. 가격은 상승한 기준 진폭파동의 2분의 1 조정을 보인 끝자락에서 결정되며, 시간은 기준 시간파동의 2분의 1 조정을 보인 끝자락에서 결정된다.

[차트 17-5]는 13수 상승을 보인 파동이 조정구간에 들어가는 모습을 나타내고 있다. 진폭 조정이 2분의 1이 아니지만, 13수 시간파동이 횡보하면서 13수 조정의 끝에서 추세가 결정되는 하락변곡을 보였다.

[차트 17-5] 파동 – 2배수 상승추세

시간대칭과 이중바닥

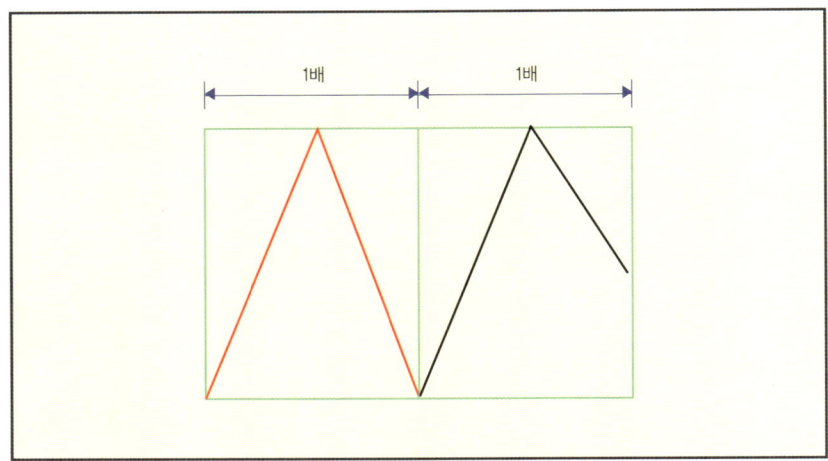

[그림 17-4] 대칭변곡 - 이중바닥

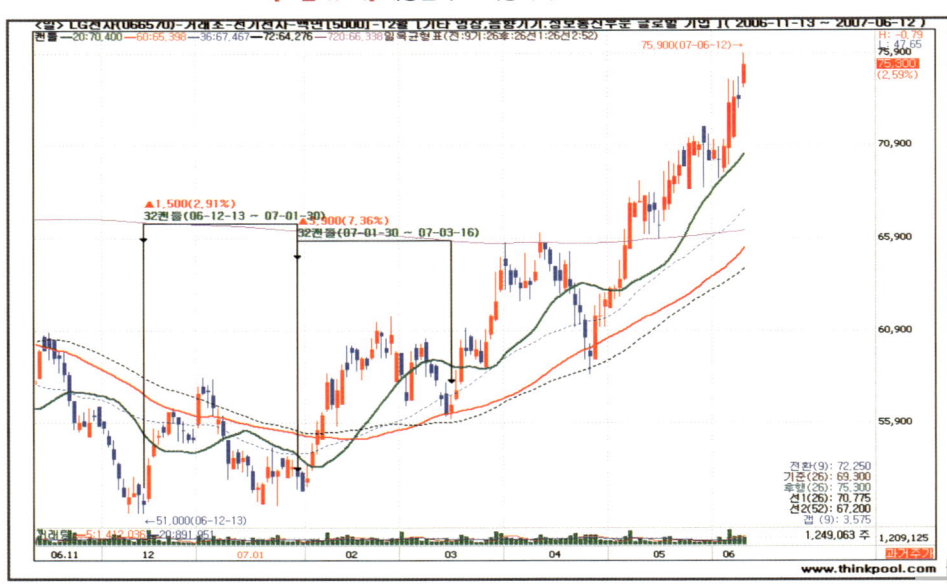

[차트 17-6] 대칭과 탄생

[차트 17-6]은 32수 주기파동이 대칭을 이루고 있는 차트이다. 첫 주기파동은 쌍바닥 형태를 보였으며, 두 번째 주기파동은 상승과 하락이 2분의 1 비율인 탄생파의 형태를 보였다. 대칭변곡이 완성된 이후 상승 추세선을 만들기 시작하면서 시세 분출을 하였다.

Check Point

시간대칭이란 시간이 대칭이고 가격은 2분의 1 조정을 보인 상태를 말한다. 쌍바닥의 파동 마디와 가격조정을 보인 파동의 마디가 대칭 주기가 되었을 때는 상승변곡의 가능성이 증폭된다.

대칭파동과 층변곡

대칭파동과 층변곡은 상승파동의 저점인 시점과 고점인 종점을 기준 파동으로 보고 기준파동의 정수배가 되는 시점의 변곡을 파악하는 경우에 나타난다. 기준파동이 하나의 층이라고 판단하고 기준파동에서 조정을 보이다가 전고점을 넘는 경우와 전저점을 붕괴하는 경우가 발생할 수 있는 데 변곡이 발생하는 시점이 기준 시간의 정수배에서 발생한다면 새로운 추세의 시작으로 보아야 한다.

시간대칭과 돌파변곡

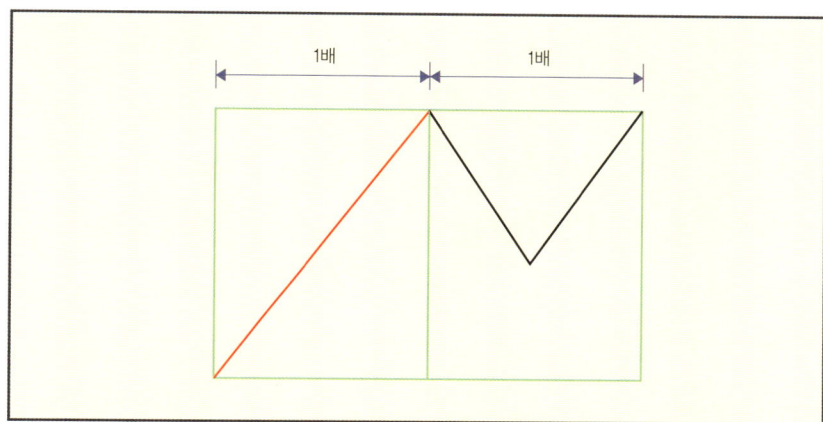

[그림 18-1] 대칭변곡 – 돌파변곡

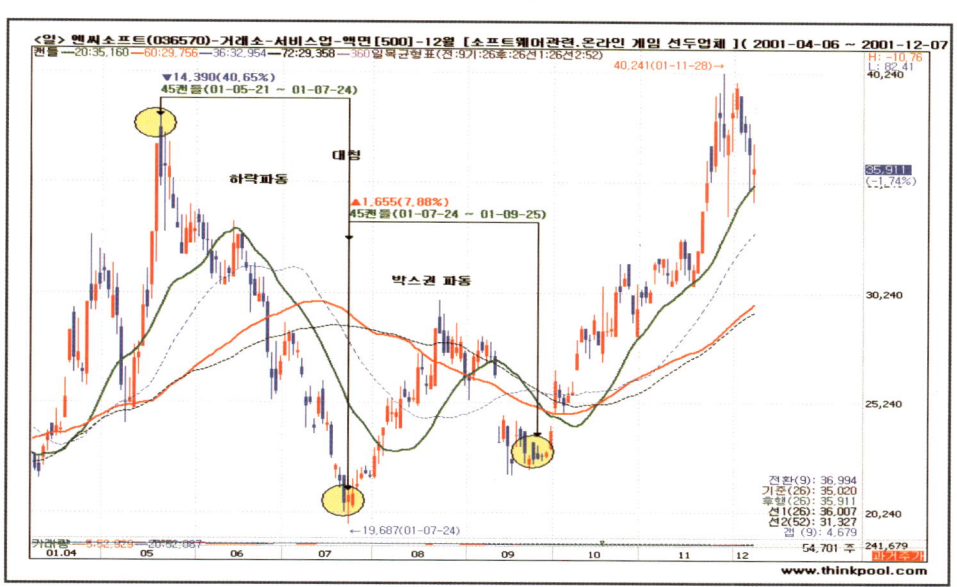

[차트 18-1] 파동 – 대칭파동

[차트 18-1]은 하락파동과 쌍바닥 패턴이 대칭된 형태를 보이는 차트이다. 첫 고점에서 하락한 파동이 45수 파동이었으며 45수 파동이 변형되어 저점과 저점의 주기가 45수인 쌍바닥 패턴으로 바뀌었다. 45수 파동이 대칭되어 하락국면이 마무리되는 모습을 보였다.

시간대칭과 돌파변곡의 변형

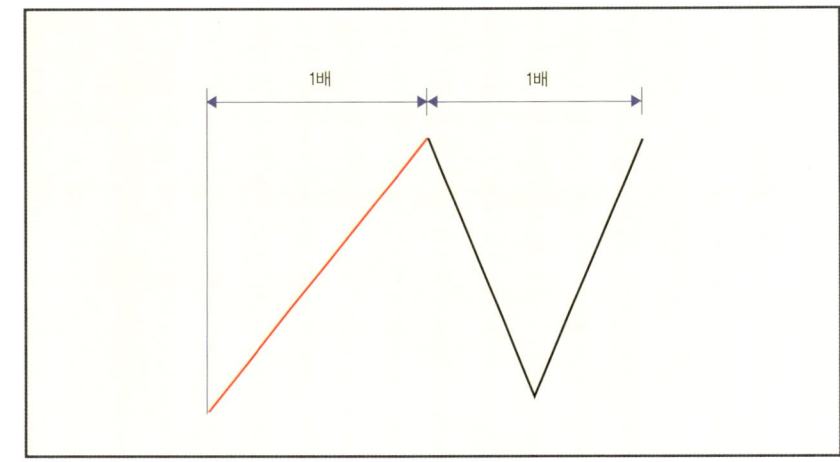

[그림 18-2] 대칭변곡

[차트 18-2]는 37수의 시간파동이 대칭된 형태로 존재하는 차트이다. 비록 대칭된 파동의 형식이 각각 다르더라도 작용하는 변곡 메커니즘은 같다. 고점과 고점 주기가 37수였으며 재하락 후 바닥을 형성하는

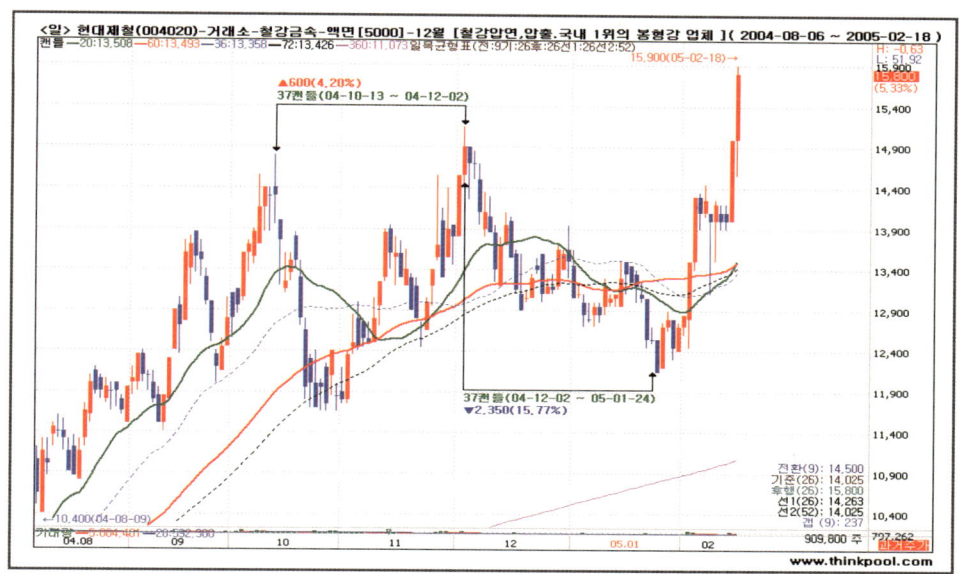

[차트 18-2] 파동 – 대칭변곡

주기가 37수인 차트의 모형이다. 37수의 시간파동이 대칭되어 큰 박스
권을 형성했음을 알 수 있다.

대칭파동과 되돌림 변곡

상승파동을 기준으로 정수배되는 시간 동안 상승파동의 전고점을 돌
파하지 못하면 재하락하는 경우가 많다. 이는 변곡 이후 하락세를 보이
지 않더라도 기준파동의 시간이 대칭되는 변곡점의 진폭을 보고 알 수
있다. 또는 상승과 조정을 보인 파동의 마디를 기준으로 0.5배의 시간
동안 전고점을 돌파하지 못하면 하락으로 접어들어 재하락 변곡이 성
립된다.

대칭변곡과 되돌림 저항

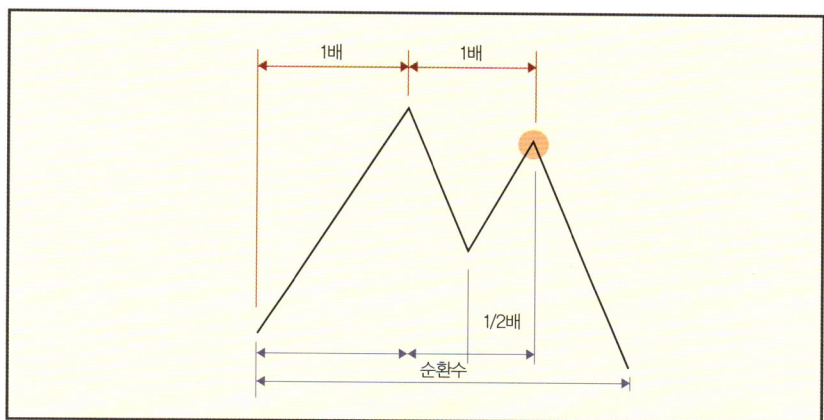

[그림 19-1] 되돌림인 경우

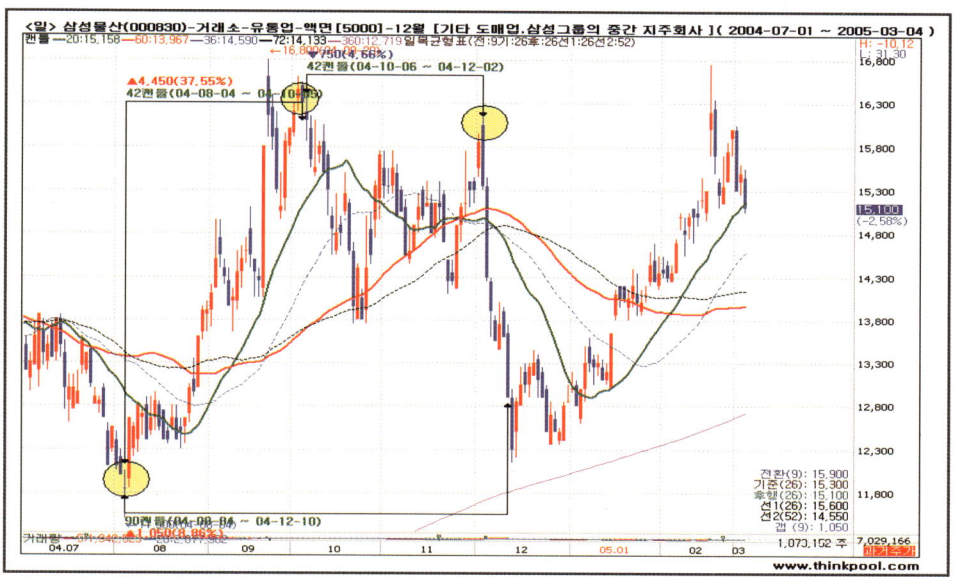

[차트 19-1] 파동 – 되돌림인 경우

[차트 19-1]은 고점과 되돌림 파동이 나타난 차트이다. 42수 상승파동이 나타났으며 다시 되돌림 42수 파동이 나타났다. 상승파동의 주기와 되돌림 주기가 일치하는 변곡점을 보이고 있다.

CHAPTER

20

대칭파동과 돌파변곡

대칭변곡과 박스권 돌파

    첫 고점을 형성한 후 이 고점을 넘지 못하는 흐름이 지속되었을 때 고점과 고점의 주기에서 돌파가 일어나는 것은 일반적인 현상이다. 첫 상승과 조정의 파동 마디를 기준파동으로 본다면 정수배 흐름이 나올 때 전고점 돌파를 할 가능성이 높다. 쌍봉이 나온다면 조정의 바닥에서 쌍바닥이 나타날 가능성이 크고 쌍봉과 쌍바닥 사이에는 같은 비율의 시간이 나타날 가능성이 크다. 이는 조정파동이 진행되는 경우에 나타나는 규칙성이다.

Check Point

상승과 조정파동의 파동 마디의 정수배 구간이나 고점과 고점의 정수배 구간에서 전고점 돌파변곡이 출현한다.

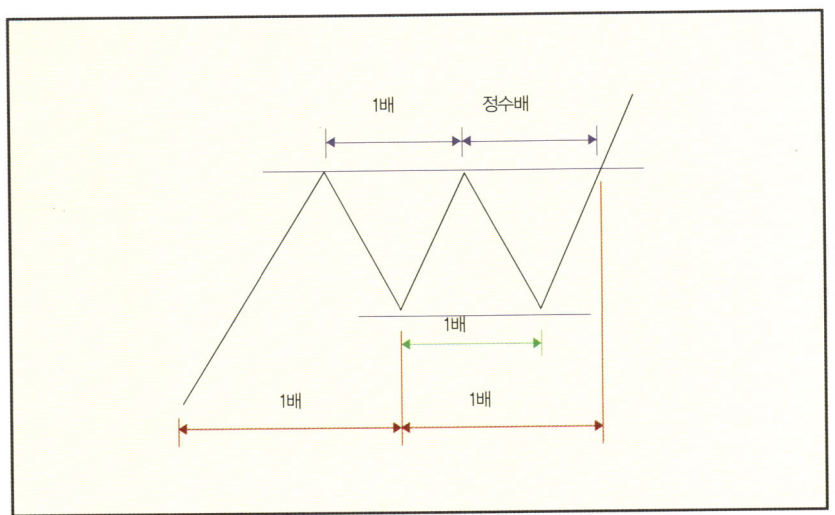

[그림 20-1] 박스권을 돌파하는 일반적인 유형

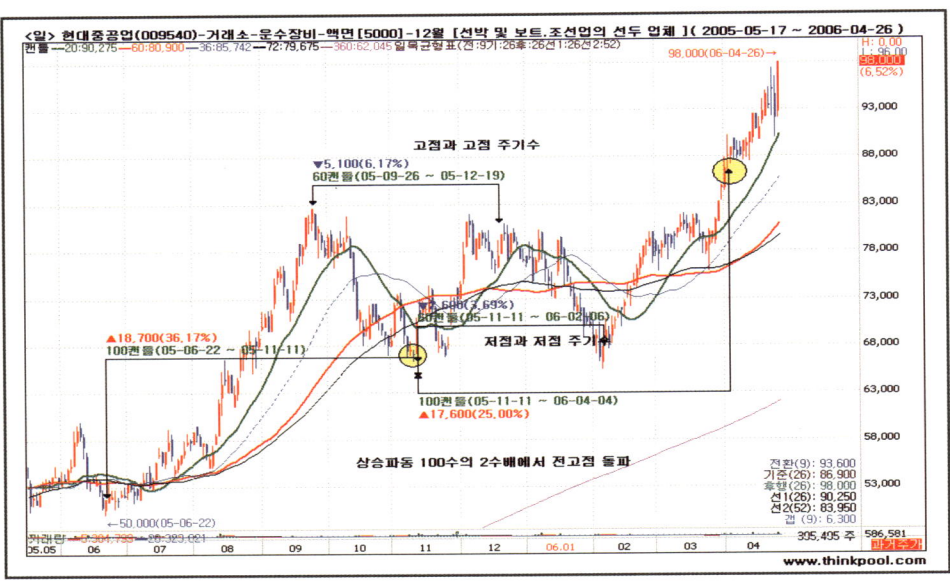

[차트 20-1] 파동 – 박스권

[차트 20-1]은 고점을 기록하고 박스권 움직임을 보이다가 전고점을 돌파하는 흐름이 나오면서 재차 시세를 내는 차트이다. 첫 고점과 박스권 상단의 되돌림이 60수였으며 박스권 하단의 첫 저점과 재바닥이 60수인 파동이 규칙적으로 발생했다. 첫 상승과 하락의 탄생파동인 100수 주기파동이 기준이 되어 100수 후에 전고점을 돌파하는 변곡으로 작용했다.

대칭변곡과 수렴형 돌파

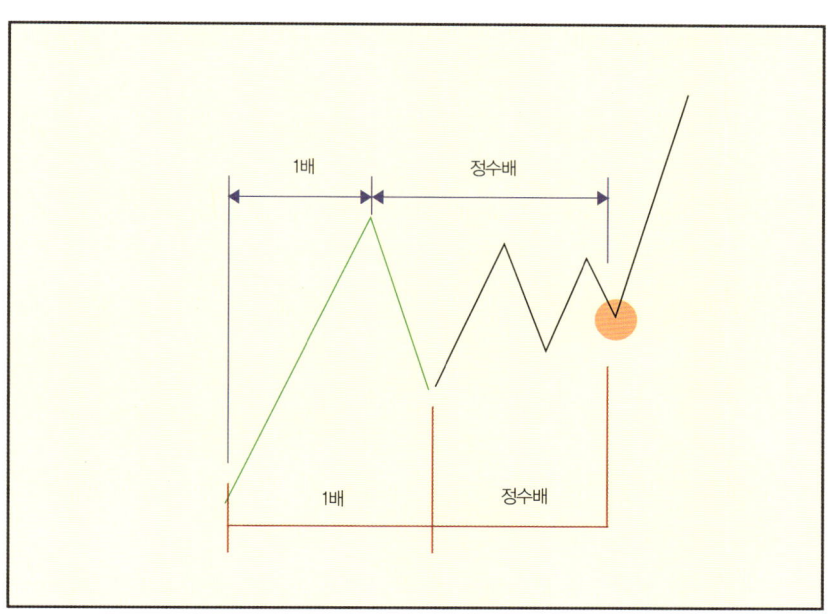

[그림 20-2] 2차 상승의 일반적인 유형

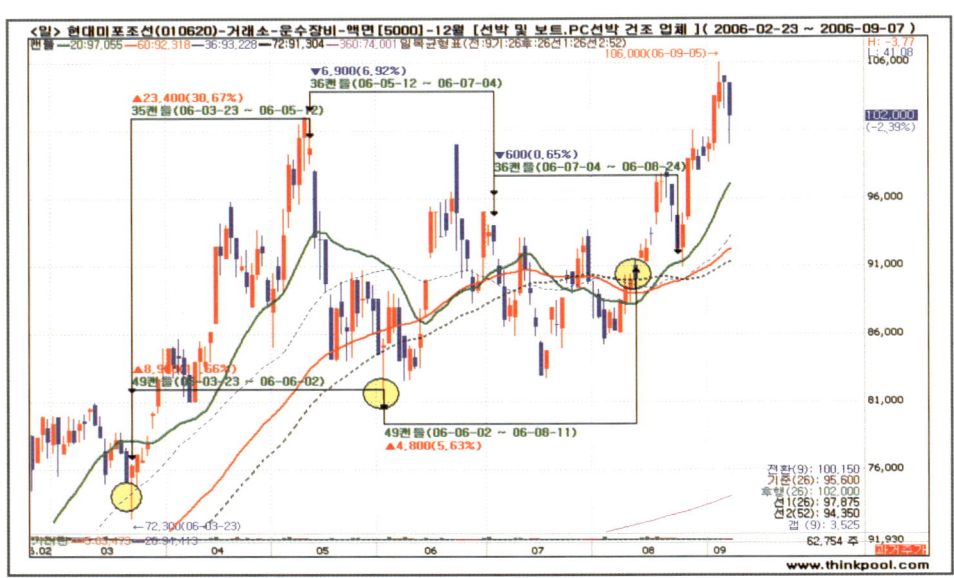

[차트 20-2] 파동 - 2차 상승

Check Point

조정파동이 진행되는 경우에
는 상승파동을 기준시간으로
하여 정수배되는 시점이거나
상승과 하락의 파동 마디를
기준시간으로 하여 정수배되
는 시점에서 전고점 돌파가
되는 상승이 시작된다.

　　박스권 흐름과 삼각수렴형의 흐름은 조정파동이라는 속성으로 볼 때 같은 현상으로 이해하면 된다. 일단 가장 큰 기준은 첫 상승파동이나 상승과 조정의 파동 마디이다. 정수배로 떨어지는 자리에서 변곡점이 실현된다.

　　[차트 20-2]는 큰 상승을 보인 파동이 재상승하는 변곡이 오기까지 수렴이 되는 과정을 보여주는 차트이다. 첫 상승을 보인 36수 파동이 다시 반복되는 주기가 36수의 3배수되는 시점이었다. 첫 상승과 조정의 49수 파동주기가 2번 반복되는 시기에 급등했다.

돌파변곡과 새로운 장세

전고점인 저항을 넘어서는 흐름이 나온 파동은 새로운 시세의 출발로 보아야 한다. 새로운 시세의 출발점을 조정의 저점으로 볼 수도 있고 전고점을 돌파할 시기로 볼 수도 있다. 첫 고점에서 조정을 받는 파동이 다시 전고점을 넘는 시기는 조정을 받는 시간파동과 대칭으로 존재하는 것이 기본이다. 대칭구간에서 전고점을 넘는다면 새로운 고점까지는 기준시간의 정수배로 떨어지는 것이 일반적이다.

조정의 저점에서 시작하는 파동은 전고점을 넘어 새로운 고점의 변곡이 순환수로 끝나는 때가 있는데 이 경우는 이전 파동의 상승과 조정의 파동 마디가 하나의 사이클을 형성했다고 보아야 한다.

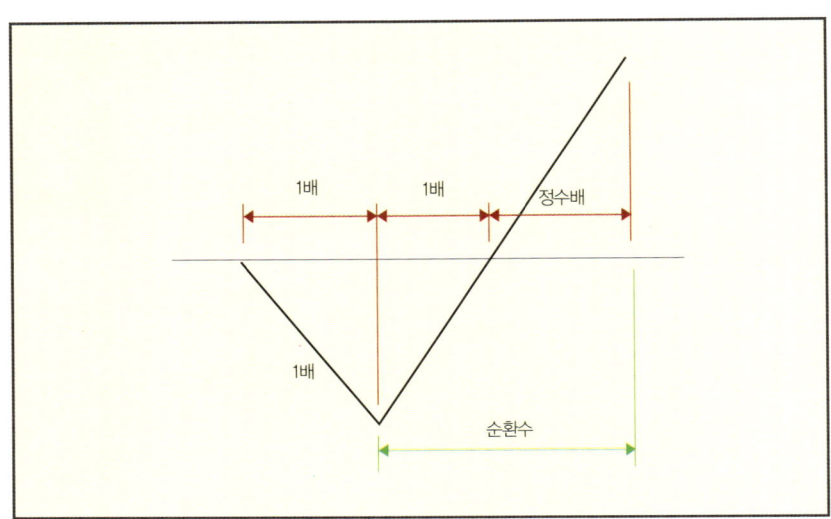

[그림 21-1] 역전파동 – 전고점 돌파의 경우

N자형 파동의 기본형

N자형 파동은 두 가지 형태로 나타난다. 첫 번째 형태에서 상승파동의 2분의 1은 조정파이고 조정파의 대칭형이 전고점을 돌파하며, 조정의 저점에서 새로운 고점까지의 시세는 첫 상승파동이 반복되는 지점이다. 시세의 전체 크기는 5수배 구조를 형성한다.

두 번째 형태에서는 상승과 조정의 파동 마디가 기준파동이 되어 전고점을 넘는 파동이 대칭으로 나타나는 경우가 있다. 기준파동이 3수배라고 가정한다면 대칭파동 역시 3수배가 된다. 전체적으로 6수배 구조를 형성한다.

188

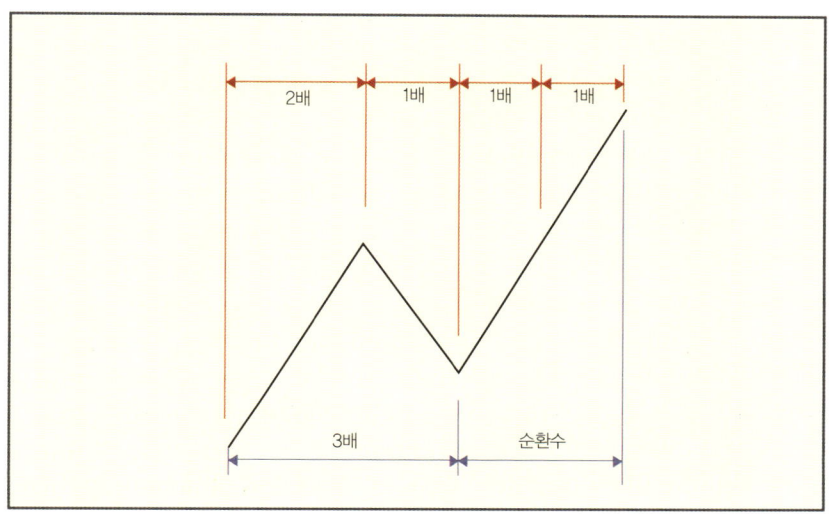

[그림 21-2] 상승파동

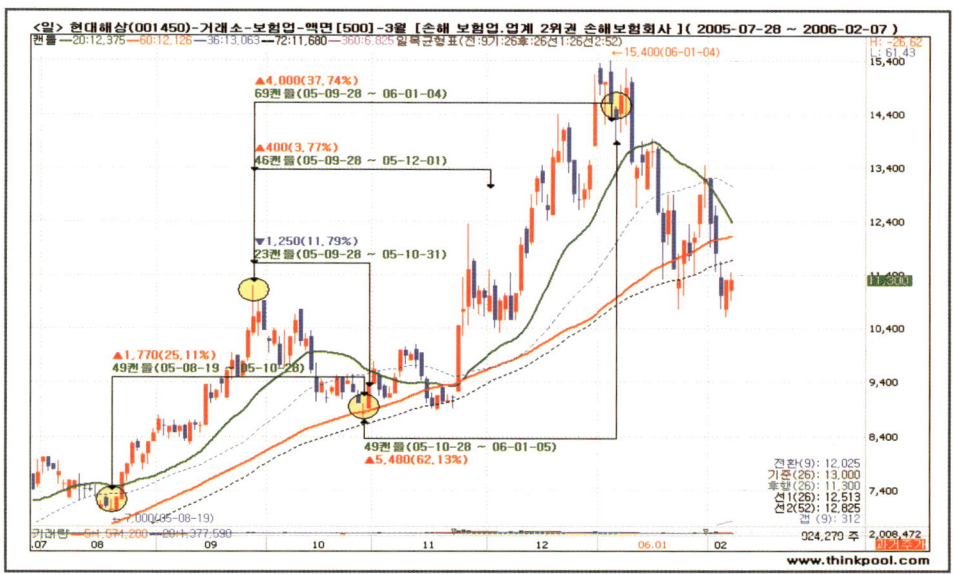

[차트 21-1] 파동 – 상승파동의 시간파동

[차트 21-1]은 N자형 상승과 전고점 돌파의 시세국면을 잘 나타낸 차트이다. 첫 탄생파의 49수 주기파동이 N자형으로 상승하여 49수 주기파동이 고점을 보인 차트이다. 첫 고점에서 바닥까지 23수 파동을 보였다. 23수 파동이 기준이 되어 전고점 돌파변곡으로 23수가 되었으며, 다시 최종 고점까지 23수가 더 연장되었다. 고점에서 고점 주기 23수의 3수배와 저점에서 저점 주기 49수가 만나는 점에서 최종 고점을 기록했다.

상승과 조정파동의 주기파동을 기준으로 본다면 전고점을 넘는 파동이 1배이거나 0.5배인 경우가 있으며 상승파동을 기준으로 전고점을 넘는 파동이 1배인 경우가 있다.

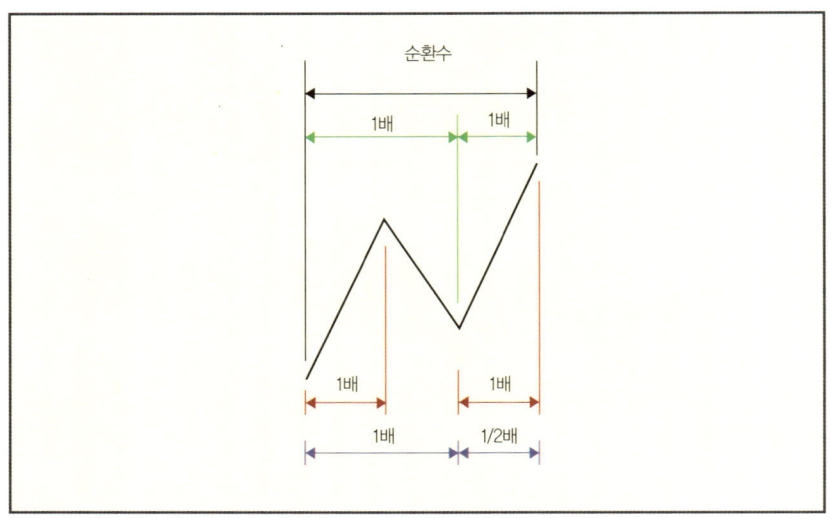

[그림 21-3] N자형 파동의 일반적인 형태

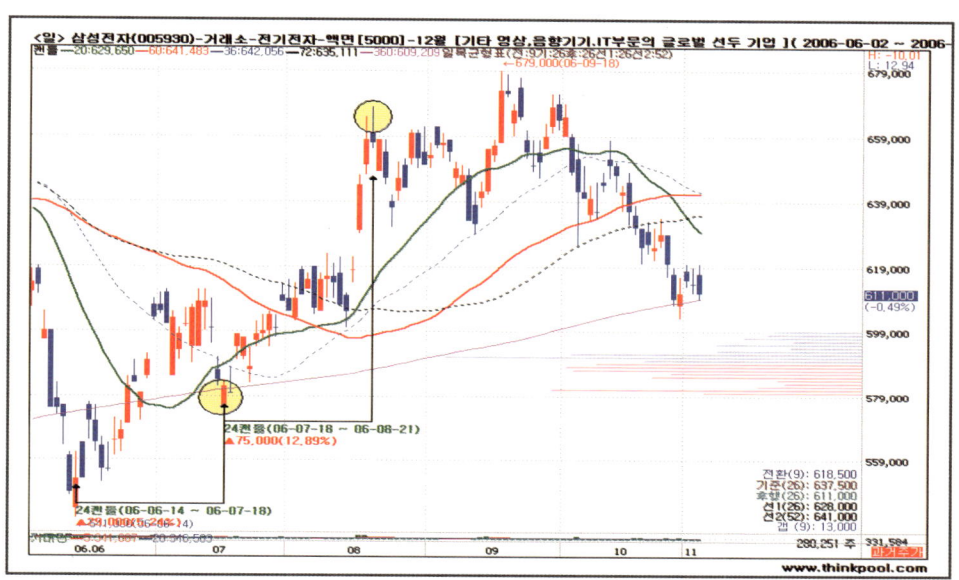

[차트 21-2] N자형 파동의 응용

　[차트 21-2]는 상승 5파의 구조를 가진 N자형 파동의 응용차트이다. 일반적으로 첫 번째 구간에서 형성된 저점과 저점의 파동주기가 두 번째 구간에서 저점과 고점의 파동주기로 바뀌는 양상이 전개되었다. 상승 3파가 형성되었음에도 추가적인 상승을 보인 것은 1파의 고점에서 정수배되는 진폭만큼 상승하지 못했기 때문이다. 이후 추가적으로 상승하여 5파를 형성했다.

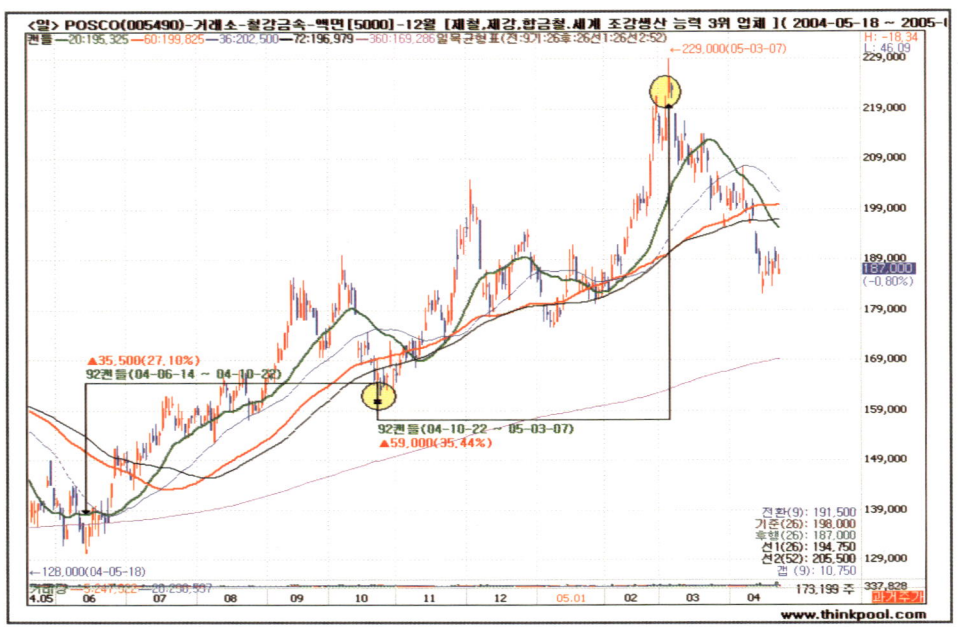

[차트 21-3] 파동 - 5파동

[차트 21-3]은 92수의 파동주기를 가진 차트이다. 첫 번째 구간에서
는 저점과 저점의 주기형태로 나타났지만 두 번째 구간에서는 저점과
고점의 주기로 나타났다. 또한 N자형이 다시 나타나는 구조를 보였다.
전체적으로 5파동을 이루는 구조는 시간대칭인 경우 전반부나 후반부
에 나타나기도 하고 시간대칭 이후 후속적으로 나타나기도 한다.

박스권 돌파의 일반적인 형태

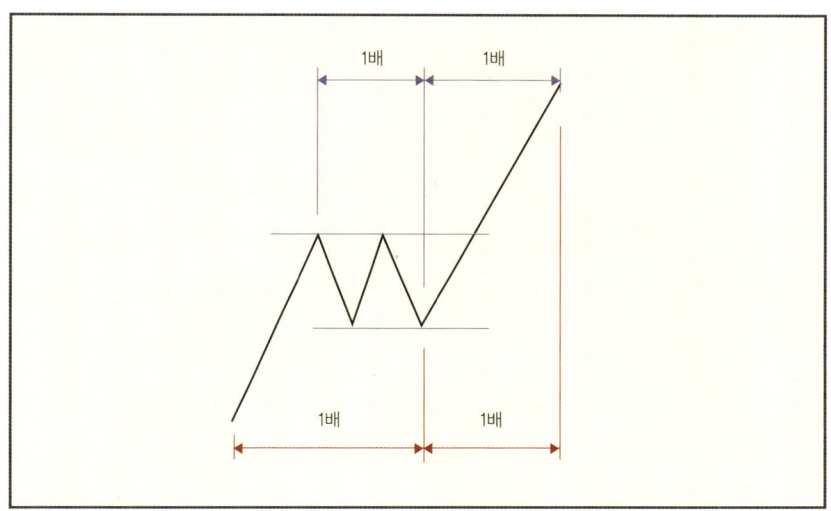

[그림 21-4] 박스권 이중바닥의 일반적인 유형

Check Point

박스권을 형성한 이후 전고점을 돌파했다면 마지막에 형성되는 저점을 조정의 기준으로 판단해야 한다.

박스권 움직임은 에너지 비축과정이므로 첫 고점에서 조정의 끝인 저점까지를 하나의 파동 마디로 판단해야 한다. 전고점을 넘는 시세가 나온다면 시세의 폭은 박스권 조정파동의 정수배이거나 상승과 조정의 파동 마디가 기준파동이 된 정수배 변곡일 수 있다.

[차트 21-4]는 상승추세가 진행되는 과정에서 박스권 움직임을 보이는 차트이다. 박스권이 나타나는 것은 일반적으로 강력한 진폭층 안에 갇힌 형국이라는 점에서 매우 중요한 파동분기점이다. 박스권 고점과 저점의 주기를 통해 파동분기를 파악해야 한다. 여기에서는 마지막 박스권 저점이 38수 파동주기로 작용하였다.

[차트 21-4] 파동 - 박스권 이중 바닥

N자형 파동의 변형 - N자형 파동의 중첩

전고점을 돌파하면서 본격적인 시세를 내는 형태가 아니라 전고점을 돌파한 이후 크게 조정을 보이고 재상승하는 경우가 있다. 이런 경우에는 N자형 파동의 변형이자 중첩이라고 볼 수 있다. 전고점을 넘는 파동의 고점이 주기를 형성하거나 전고점을 넘는 파동의 저점이 주기를 형성하는 것이 일반적이다.

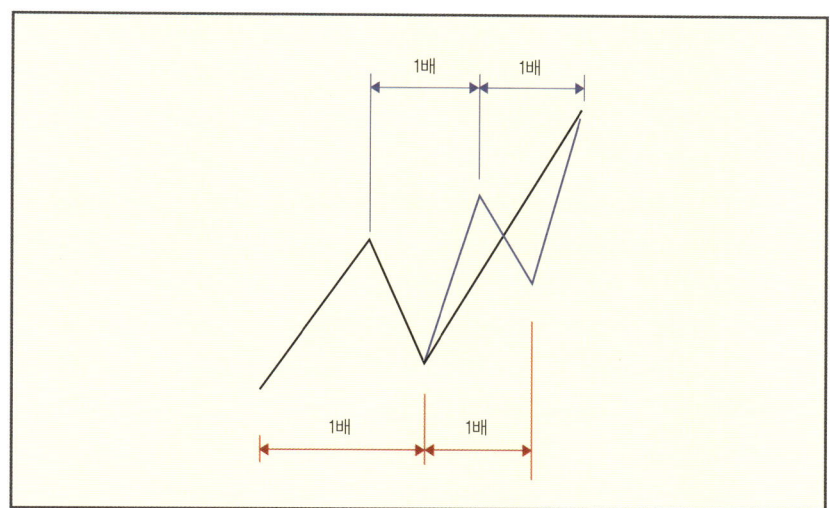

[그림 21-5] 상승 5파동

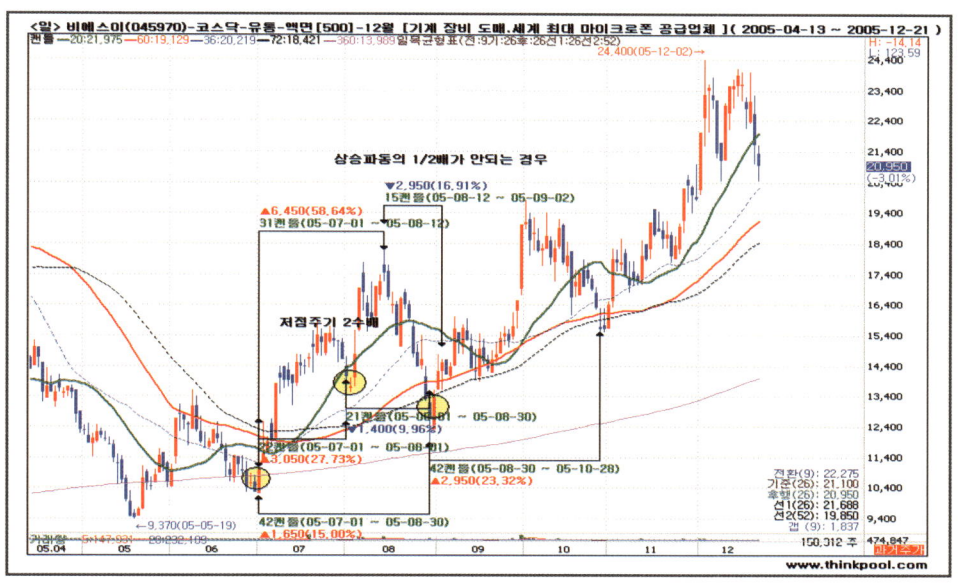

[차트 21-5] 타이밍 - 중간 주기 2수배

[차트 21-5]는 상승과 하락이 2 대 1인 탄생파동이 나타난 차트이다. 상승 31수와 하락 15수를 기록한 42수 주기파동이 두 번 반복되고 있다. 첫 42수 파동은 탄생파이므로 새로운 장세의 기준역할을 하고 있으며 다시 전고점을 넘은 후 조정을 보이고 다시 상승하는 N자형 파동을 보였다.

N자형 파동의 변형 – 횡보형 돌파

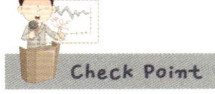

크게 상승하고 조정을 보인 파동이 장기간 횡보를 보이다가 다시 재상승하는 경우에도 N자형 파동으로 보아야 한다. 횡보를 보이는 구간

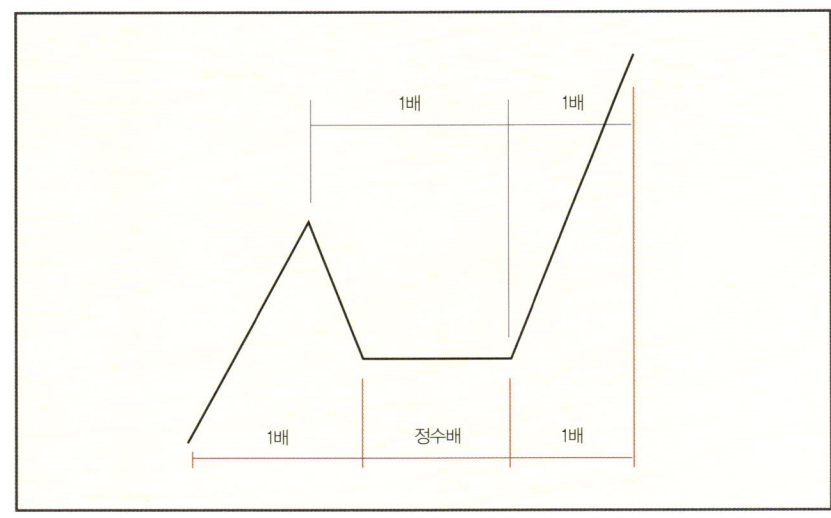

[그림 21-6] 조정의 연장이 진행되는 경우

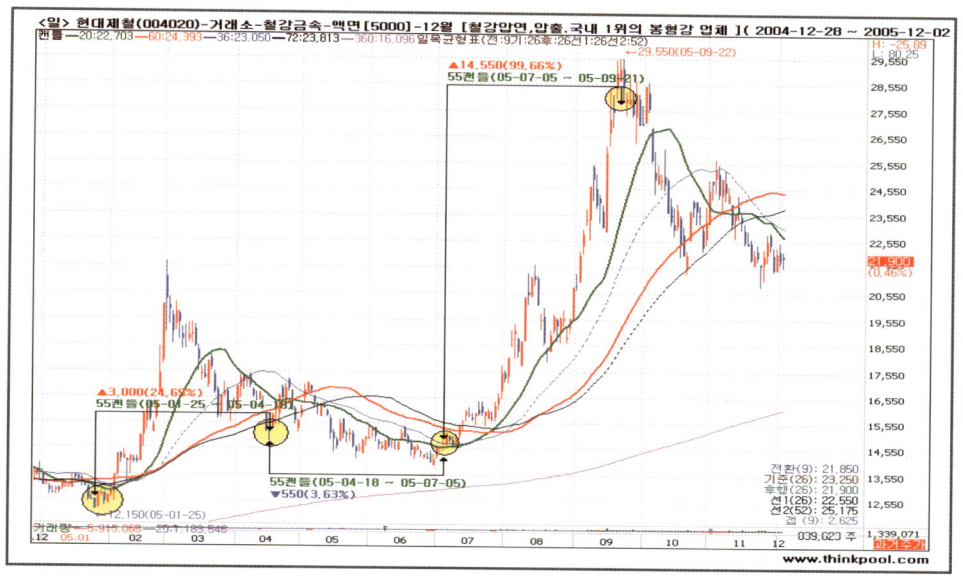

[차트 21-6] 파동 – 조정의 연장

은 상승과 조정의 파동 마디가 정수배 동안 진행되어 변곡점에서 전고
점을 돌파하는 흐름이 나올 수 있다. 전고점에서 하락추세와 바닥에서
횡보한 추세가 파동 마디가 되어 변곡점을 기준으로 대칭형으로 상승
추세가 이어질 수 있다.

　[차트 21-6]은 55수 탄생파동이 발생한 이후 바로 상승하지 못하고
55수 동안 횡보를 보이는 차트이다. 55수 조정을 보이고 다시 급등하는
파동이 출현하여 전고점을 넘는 시세를 보였다. N자형 파동의 변형된
모습으로 볼 수 있으며 55수가 대칭되면서 충분한 조정을 마치고 다시
상승하는 주기파동의 모습을 보였다고 할 수 있다.

횡보장세에서 상승장세로 전환되는 파동

횡보장에서 상승추세로 전환되는 파동의 기준점

Check Point

장기 횡보를 보인 상황에서 상승추세가 시작되는 경우에는 마지막 횡보의 저점이나 횡보구간을 탈출하는 돌파점을 기준으로 잡는다.

장기 횡보를 하는 경우에 마지막 저점을 시작점으로 잡는 것이 일반적이지만 경우에 따라서는 일정한 박스권을 돌파하는 시점이나 장기 이평선을 뚫는 시점을 시작점으로 보기도 한다. 이는 3가지 기준파동이 각각 다르기 때문이다. 첫째, 횡보 구간의 박스권에 나타난 순환수가 존재하며 둘째, 횡보 이전의 고점에서 하락하는 순환수가 존재하며 셋째, 이전 장세의 저점에서 존재하는 순환수가 각각 다르게 존재하기 때문이다.

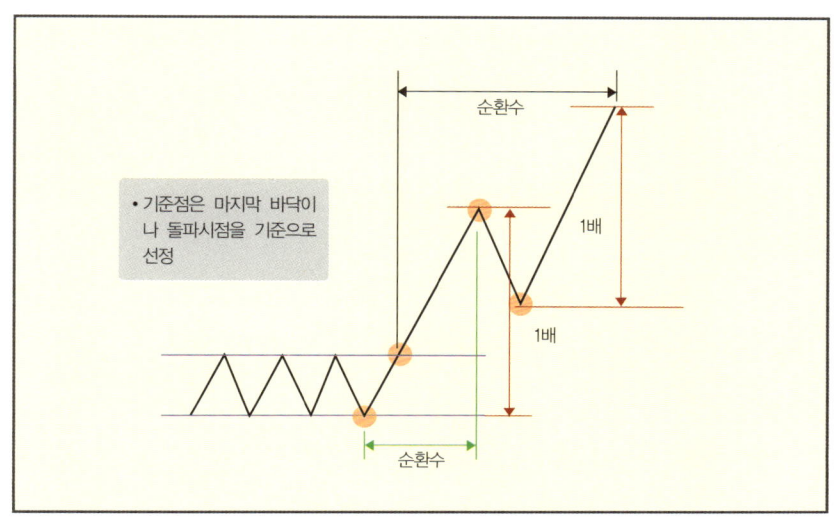

[그림 22-1] 다중바닥 - N자형 파동

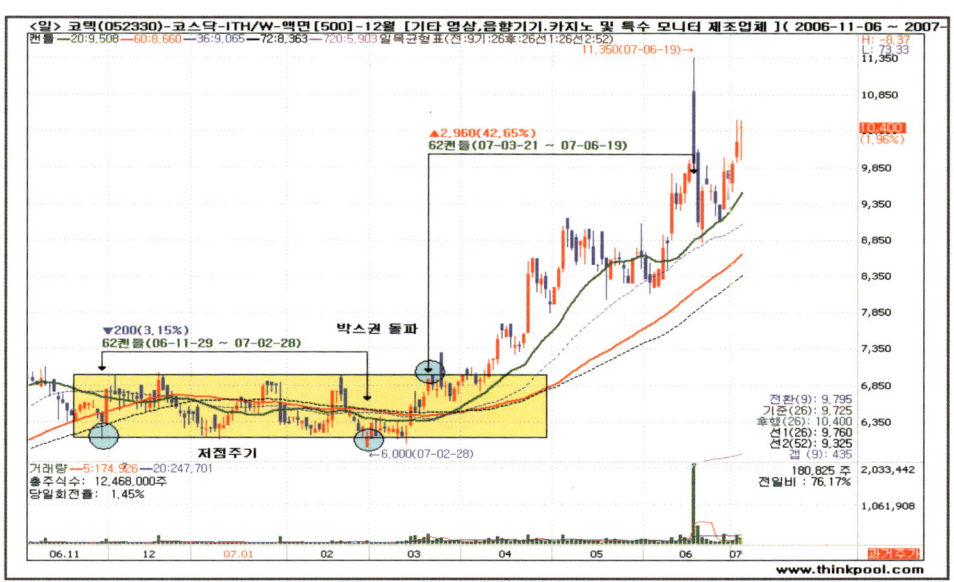

[차트 22-1] 다중바닥

[차트 22-1]은 박스권 62수의 조정기간과 박스권 돌파 상단에서 시작한 62수의 상승기간이 대칭인 파동을 보여주고 있다. 박스권을 탈출한 마지막 저점을 시작점으로 잡는 경우도 있고 박스권 돌파를 새로운 상승파동의 시작으로 판단하여 시작점으로 보는 경우도 있다.

삼각수렴형에서 상승추세로 전환되는 주기파동의 원리

크게 하락을 하여 바닥을 형성하는 경우에 바로 상승추세를 형성하기보다는 크게 하락한 파동의 되돌림이 형성된 이후 재바닥을 형성하면서 바닥다지기 양상이 진행되는 경우가 일반적이다. 바닥에서 삼각

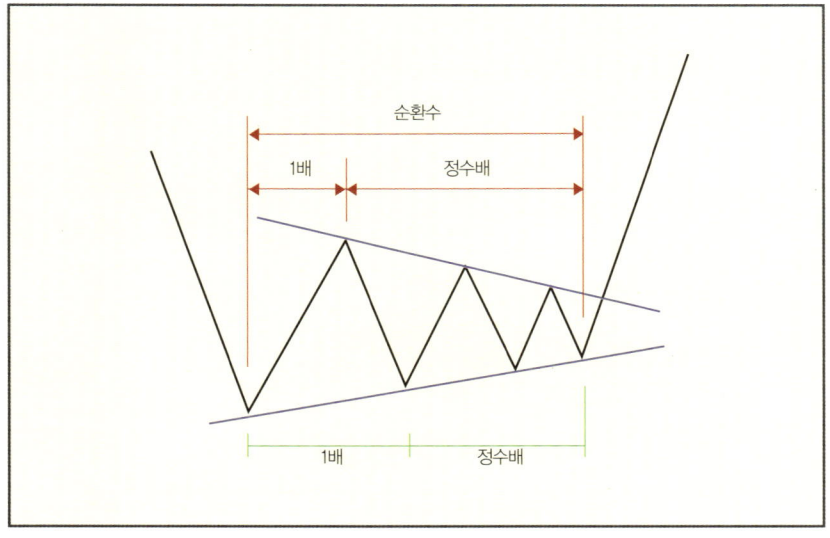

[그림 22-2] 바닥에서 삼각수렴형이 진행되는 유형

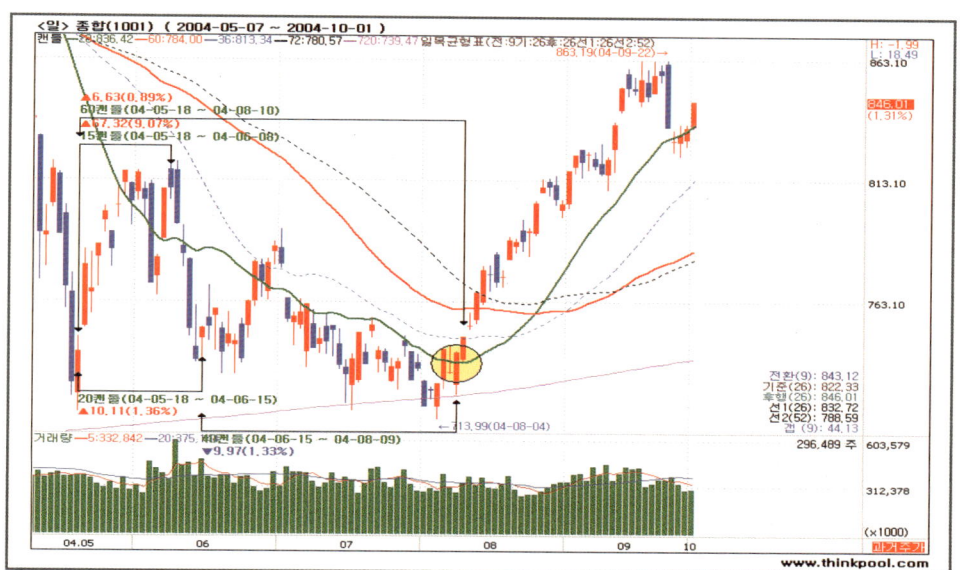

[차트 22-2] 삼각수렴주기

수렴형의 파동이 진행된다면 되돌림 파동이나 첫 저점 주기파동을 기준으로 정수배를 하는 것이 기본이다.

[차트 22-2]는 주가 급락 이후 반등과 하락이 반복되면서 수렴되는 양상을 보이는 차트이다. 첫 반등파가 15수였으며 15수의 4배수인 60수에 수렴이 끝나는 변곡이 나타났다. 저점주기가 20수인 주기파동이 3번 반복되어 60수에 수렴이 끝났다. 15와 20의 정수배가 공통적으로 만나는 60수에서 변곡점이 발생했다.

Check Point

바닥에서 삼각수렴형이 진행되는 경우에는 되돌림 파동이나 저점주기를 기준으로 정수배 변곡으로 판단한다.

하락추세에서 상승추세로 전환되는 3단계 주기파동

하락이 끝나는 첫 번째 시그널은 상승파동이 재바닥을 형성하고 올라오는 것이며 두 번째 시그널은 재바닥을 형성한 파동이 전고점을 돌파하고 절반 조정을 보이고 다시 진행되는 것이다. 세 번째 시그널은 이전 파동보다 조정의 폭이 좁게 형성된 후 다시 진행되는 양상을 보이는 것이다. 크게 본다면 주기파동이 진행될 때마다 조정 폭이 점점 좁아지는 단계적 반등을 보인다. 대체적으로 주기파동이 형성되면서 병행될 때가 많다.

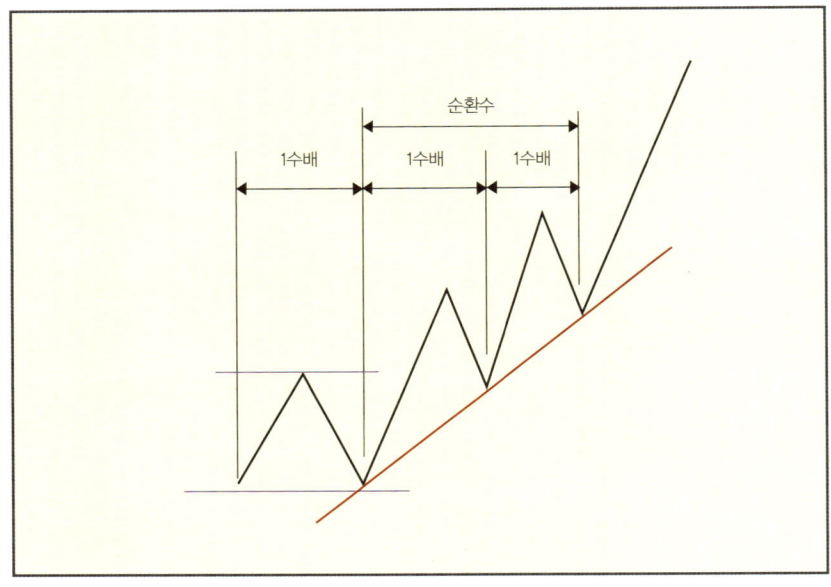

[그림 22-3] 이중 바닥 후에 상승 추세로 전환하는 경우

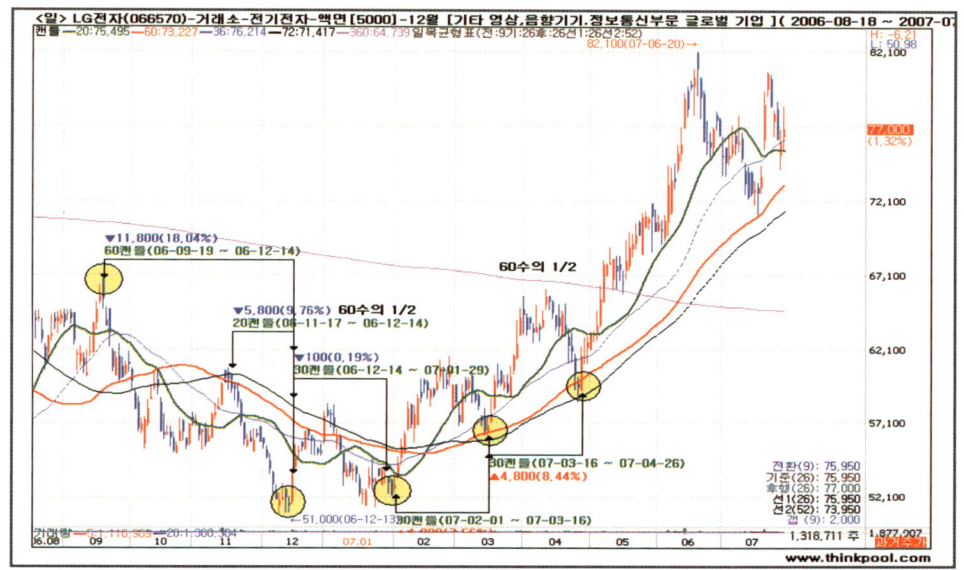

[차트 22-3] 파동 - 쌍바닥과 상승추세

[차트 22-3]은 추세가 전환되는 과정을 잘 나타내는 차트이다. 역배열에서 60수 하락하여 첫 번째 바닥을 형성하였으며 30수 주기로 쌍바닥을 형성하고 다시 30수 주기의 파동이 두 번 반복된 후 강력한 상승파동이 출현했다. 전체적으로 쌍바닥의 구간이 전체파동의 중심축 역할을 하였다.

장세순환의 구조

삼봉(三峯) 구조와 헤드앤숄더(Head & Shoulder) 패턴

Check Point

삼봉 구조와 헤드앤숄더 패턴은 대천정권에서 자주 발견되는 패턴이며 대바닥권에서는 역으로 나타난다. 파동마디의 기준폭을 정수배로 하여 주기를 형성하는 특징이 있다.

헤드앤숄더 패턴은 장세순환 구조를 대변하는 일반적인 파동 구조이다. 기본적으로 상승추세의 구조와 하락추세의 구조가 대칭을 이루며 기준이 되는 저점의 주기가 정수배로 형성된다.

삼봉 구조는 상승추세로 본다면 N자형 패턴이며 하락추세로 본다면 역N자형 패턴이다. 두 가지 N자형 파동을 합성해 놓았다고 보면 된다. 네크라인점에 해당하는 주기의 변곡에 일정한 정수배 법칙이 존재한다.

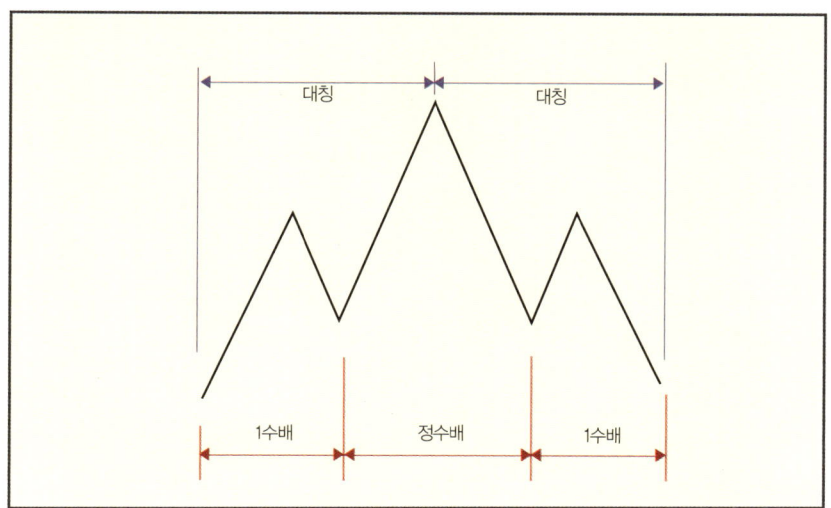

[그림 23-1] 파동 – 삼봉

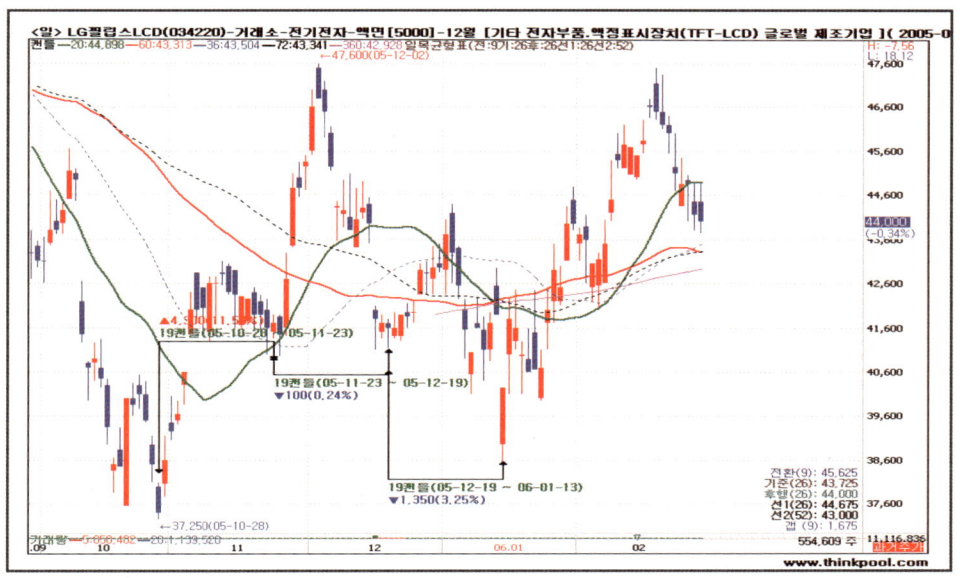

[차트 23-1] 파동 – 삼봉

[차트 23-1]은 파동 마디가 19수 주기를 보이는 삼봉형 차트이다. 19
수는 한달 동안의 거래일인 20수에 근접한 수배열이기 때문에 이 차트
에서는 한달이라는 상승과 하락의 반원형 시간파동이 3번 반복되었다
고 할 수 있다. 3개월이 하나의 모형을 이루는 모습을 보이고 있다.

쌍봉(雙峯) 구조와 대칭 구조

쌍봉 구조를 형성하면서 고점을 기록하는 장세의 구조는 봉우리를
기준으로 좌우 대칭이거나 저점의 주기가 대칭인 구조가 일반적이다.
쌍봉의 오른쪽 봉우리가 전고점을 돌파하지 못하고 하락한 형태로도

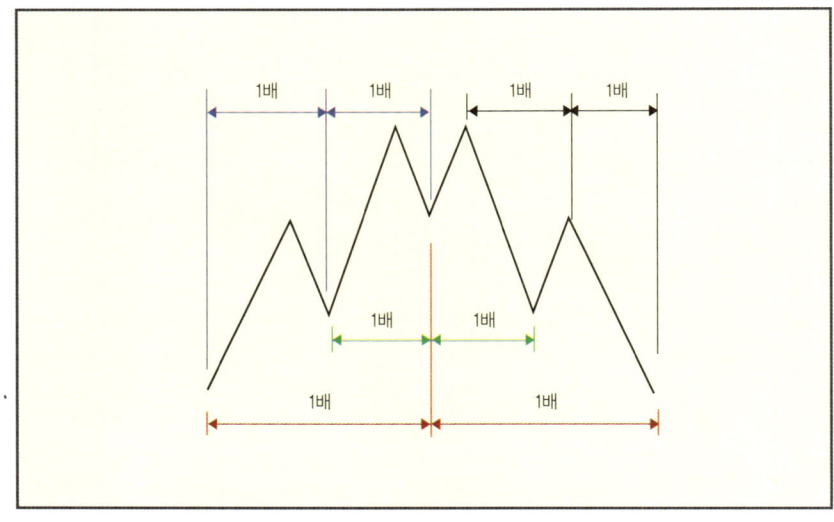

[그림 23-2] 일반적인 쌍봉의 예

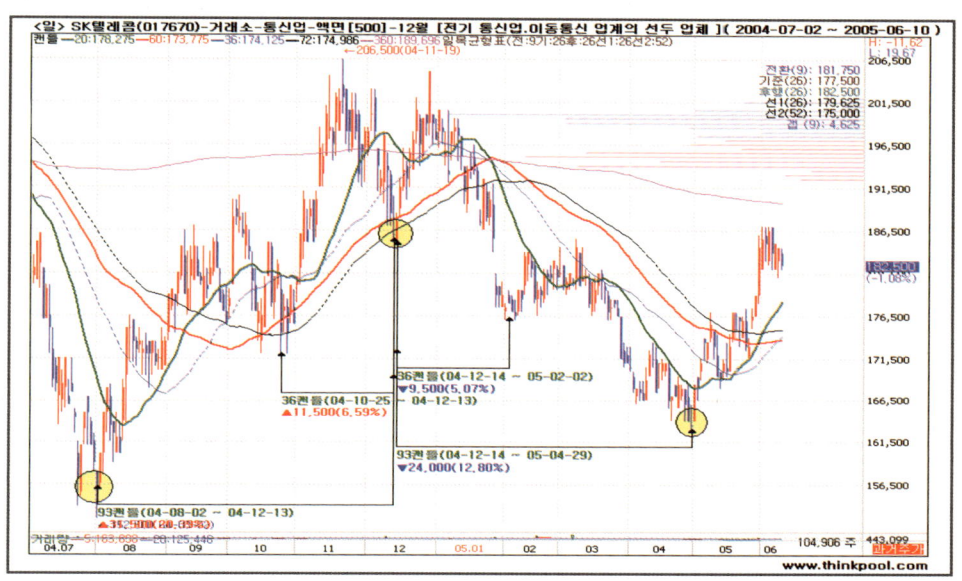

[차트 23-2] 파동 – 쌍봉과 대칭

파악할 수 있으며 되돌림과 전고점 돌파 실패로도 생각할 수 있다.

쌍봉의 고점 중심이 전체 장세의 중심을 형성하기도 하고 쌍봉 중에서 한 봉우리가 장세의 변곡으로 작용하기도 한다. 쌍봉 중에서 즈금이라도 높은 봉우리가 어디에 위치하느냐에 따라 파동의 기준과 적용이 달라진다.

[차트 23-2]는 고점이 쌍봉인 차트이다. 고점에서 좌우대칭 변곡을 보이고 있다. 쌍봉의 중심에서 좌우로 36수 파동이 대칭을 보이고 있고 더 큰 주기로 본다면 장세의 주기인 93수 파동이 대칭을 보이고 있다.

하락추세선으로 보는
상승전환의 변곡점

CHAPTER
24

하락추세선을 돌파하는 기본형

Check Point

하락추세를 벗어나는 변곡점
은 첫 하락파동의 정수배 혹
은 첫 하락과 되돌림 파동 마
디의 정수배인 지점이다.

하락추세에서 추세전환이 이루어졌다고 볼 수 있는 상황은 추세선을 돌파하는 변곡점이 실현되거나 쌍바닥 이후 급등하는 흐름이 나와야 가능하다고 본다. 고점에서 하락 3파동이나 5파동이 형성되는 점에서 기준파동의 정수배 흐름이 나온다면 확실한 바닥이라고 볼 수 있다.

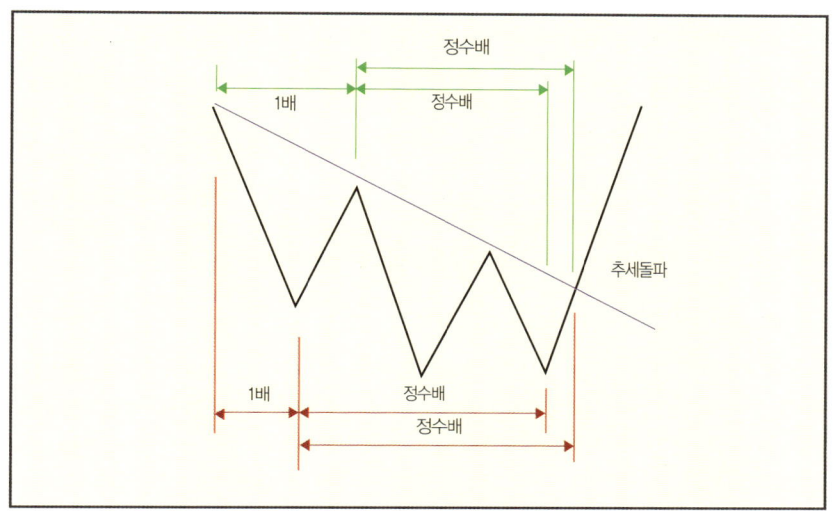

[그림 24-1] 바닥 추세전환

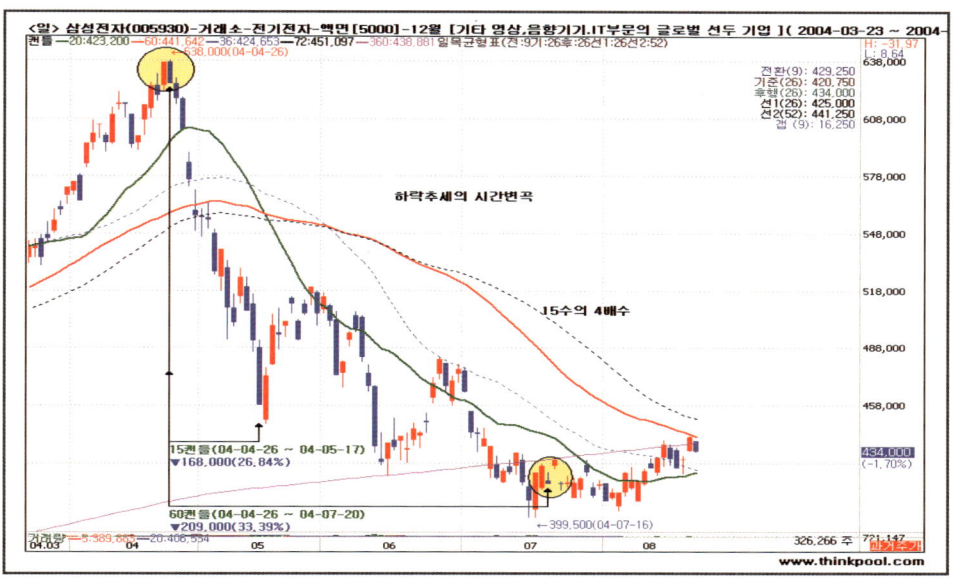

[차트 24-1] 파동 - 하락추세의 시간변곡

[차트 24-1]은 하락장세가 완성되는 과정을 나타낸 차트이다. 15수 하락파동이 형성된 이후 지그재그 형태의 하락을 보이면서 15수의 4배수로 하락이 완성되는 모습이다. 하락장세는 하락과 되돌림의 주기파동이 정수배가 되거나 하락파동의 정수배가 되는 시점에서 끝나며 하락장세가 마감되면 상승변곡이 발생하거나 바닥을 형성한다.

CHAPTER

25

상승추세선으로 보는
지지선 변곡점

상승추세선으로 보는 지지선의 기본형

Check Point

추세선을 지키면서 상승한 파동이 변곡점에서 가파른 상승각도를 이루며 급등하는 경우가 있다. 이런 경우 초기에 형성된 주기파동의 정수배만큼 상승하거나 전체 지그재그 파동의 대칭시간만큼 상승한다.

기존에 형성된 추세선을 지키면서 지그재그 상승한 파동이 시세 분출을 할 때에는 지그재그 파동으로 수렴한 만큼 시세 분출이 된다.

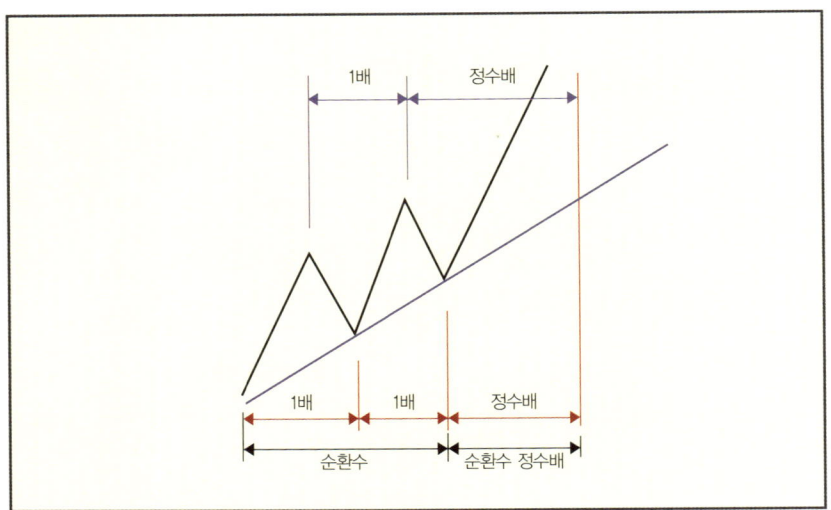

[그림 25-1] 상승추세

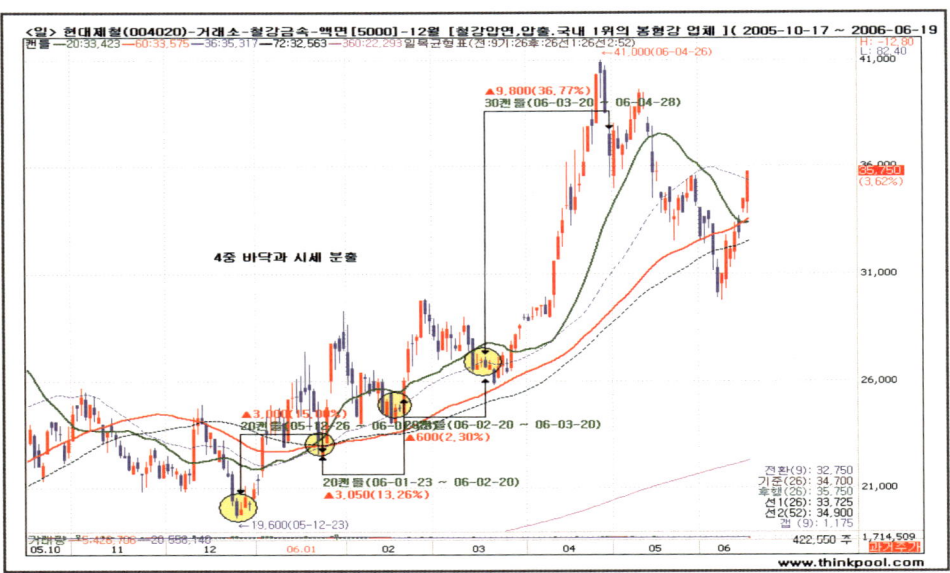

[차트 25-1] 파동 – 4중 바닥

[차트 25-1]은 바닥에서 상승추세를 유지하면서 다중 탄생파동을 형성한 차트이다. 20수 주기파동이 3배수 진행되어 시세 분출을 준비하는 모습이다. 상승추세 중 20수의 3배인 60수 파동이 하나의 다중바닥을 형성하였으며 시세 분출 변곡과 일치하는 모습을 보이고 있다. 60수 변곡점 이후 대시세가 나타났으며 60수의 2분의 1배인 30수에서 고점을 기록했다.

CHAPTER

상승추세 지지선의
붕괴변곡

26

N자형 파동에서 일어나는 추세이탈의 기본형

Check Point

상승추세선에서 지지에 실패를 보이는 변곡점은 일정한 시간주기의 접점을 의미한다.

상승추세를 이루는 파동은 추세선에 지지를 받고 상승하지만 이미 목표가에 도달했다면 추세선을 이탈한다. 추세선 변곡이 일어나는 변곡점은 파동의 주기와 일치한다. 목표가에 도달하는 파동은 기존에 형성된 추세선 지지를 받는 파동의 주기와 일치하는 N자형 파동인 경우가 많으며, 추세선 이탈이 일어나는 구간은 목표가를 이루는 상승파동의 2분의 1 지점이다.

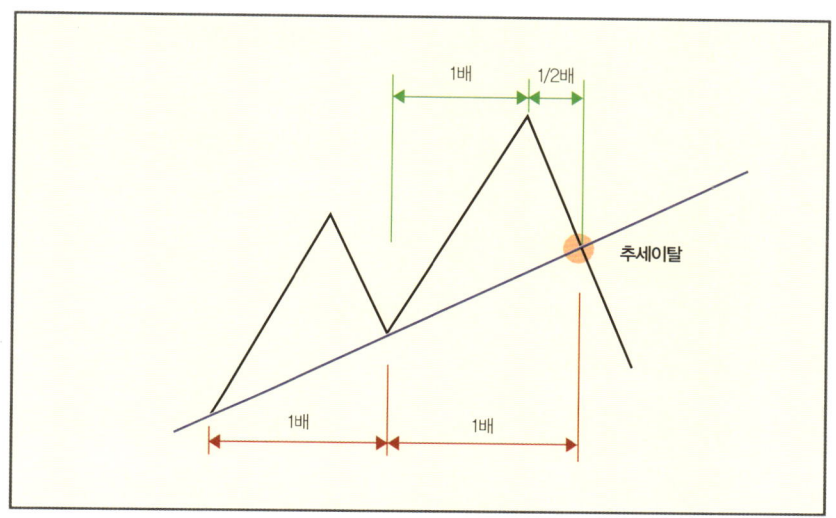

[그림 26-1] 추세전환의 일반적인 유형

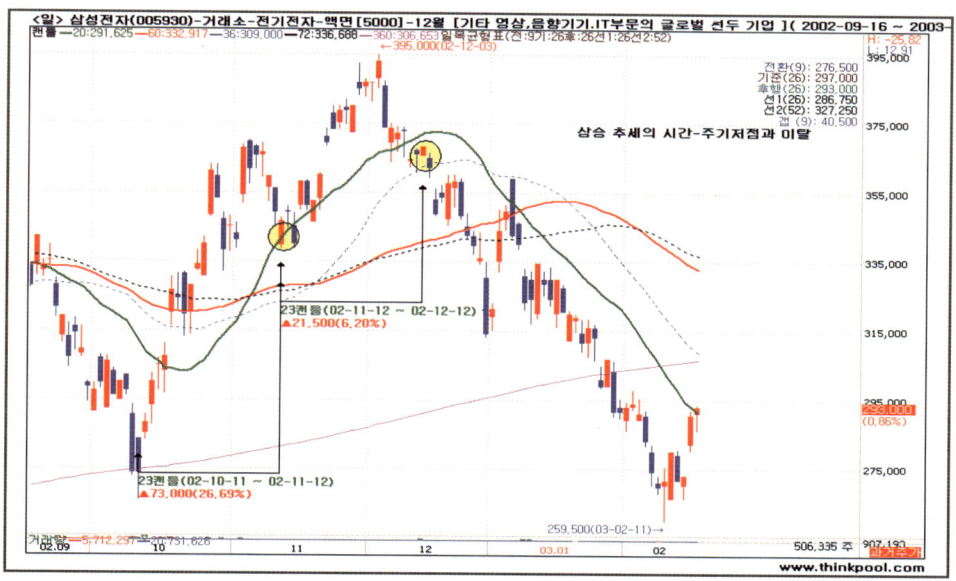

[차트 26-1] 파동 – 23수 파동 주기

[차트 26-1]은 23수 주기파동이 20일선 지지를 받으면서 상승추세를 형성한 차트이다. 상승추세가 지속되려면 일정한 주기의 저점에서 지지를 받아야 하는데 지지를 받을 자리에서 하락하는 변곡이 발생할 때에 추세이탈이 되었다고 판단한다. 지나친 하락에 대해 일시적으로 지지를 하여 되돌림이 발생하는 경우도 있지만 추세선 이탈이나 이평선 이탈이 되는 변곡점은 주기파동에서 발생한다.

[그림 26-2]는 N자형의 기본형에서 변형된 모습을 보여주고 있다. N자형은 전고점을 넘어 목표가에 도달하고 추세이탈하지만 위의 파동은 전고점을 넘지 못하고 되돌림이 나오면서 추세이탈하고 있다. 진폭으로 본다면 다른 개념으로 파악해야 하지만 시간으로 본다면 같은 공식으로 이루어진 파동으로 봐야 한다.

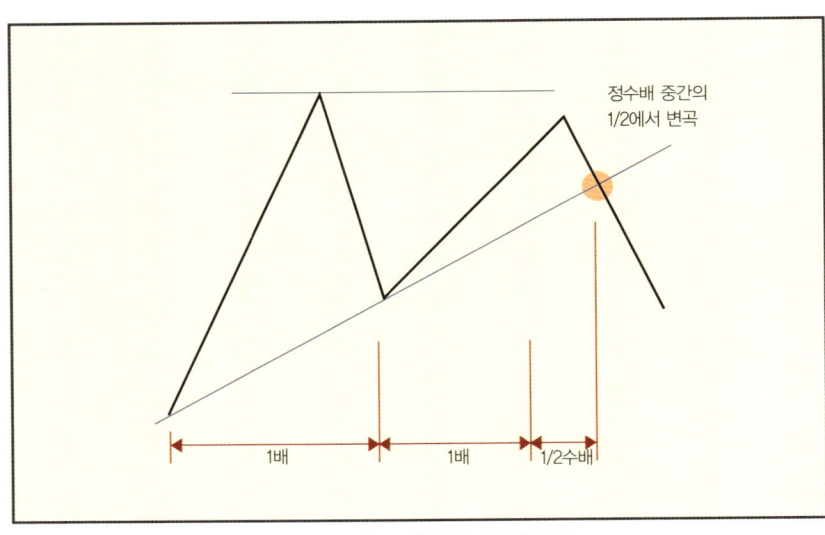

[그림 26-2] N자형 상승파동의 실패

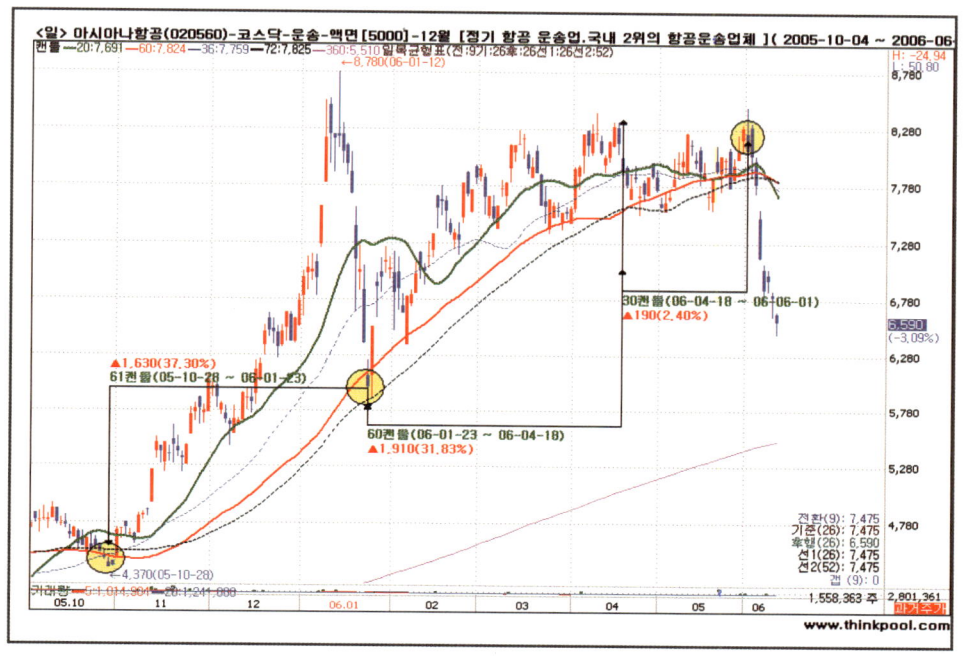

[차트 26-2] 파동 – N자형 실패

　[차트 26-2]는 첫 고점이 장세의 최고 고점을 기록하고 N자형 상승을 이루려다 되돌림만 형성하고 60수 주기파동의 2분의 1에서 급락을 보이는 차트이다. 상승과 하락의 주기가 60수인 탄생파동이 재상승하려고 다시 60수 동안 상승하였으나 되돌림 고점을 기록했다. 다시 60수가 상승파동을 형성하려고 시도했으나 60수의 2분의 1인 30수에서 급락 변곡을 보였다.

상승장세에서 일어나는 추세이탈의 기본형

　　전체 장세로 본다면 순환수는 상승 구간을 나타내므로 상승파동의 고점 혹은 상승추세가 끝나는 점을 의미한다. 세부 파동으로 본다면 첫 상승과 하락의 파동 마디에 형성된 주기가 정수배되는 점에서 상승추세가 끝나거나 상승의 고점이 실현된다.

　　[차트 26-3]은 상승추세가 꺾이는 양상을 나타낸 차트이다. 상승추세선의 지지를 받는 25수 주기파동이 정수배로 반복되는 모습이다. 상승추세의 시작점에서 추세이탈까지 순환수 양상을 보이고 있는데 대략 60수 전후에서 이탈이 일어났다. 추세이탈이 되기 전에 숨고르기 파동

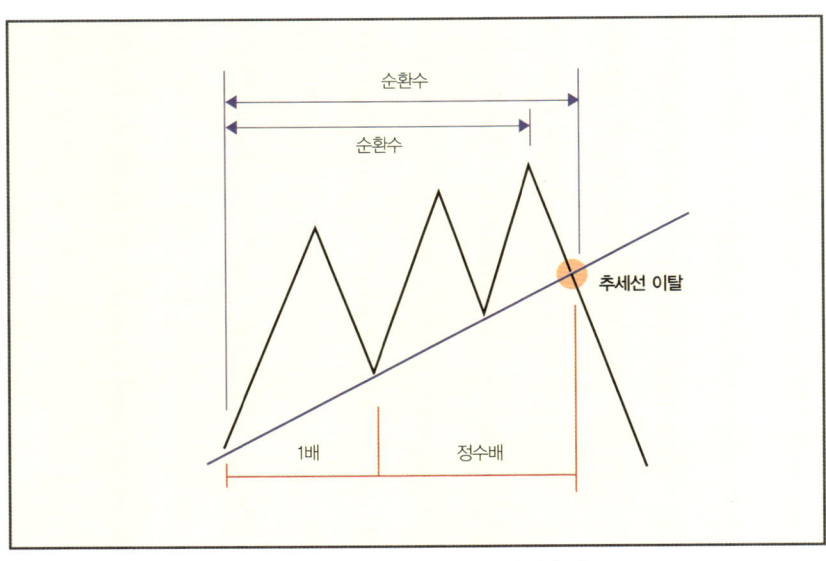

[그림 26-3] 추세이탈이나 상승 실패의 변곡

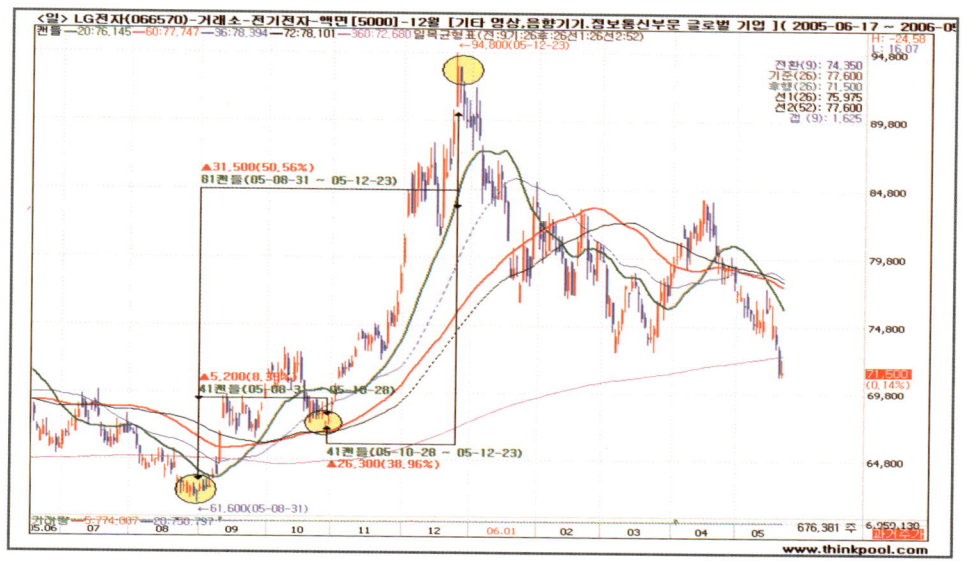

[차트 26-3] 파동 - 상승추세 실패

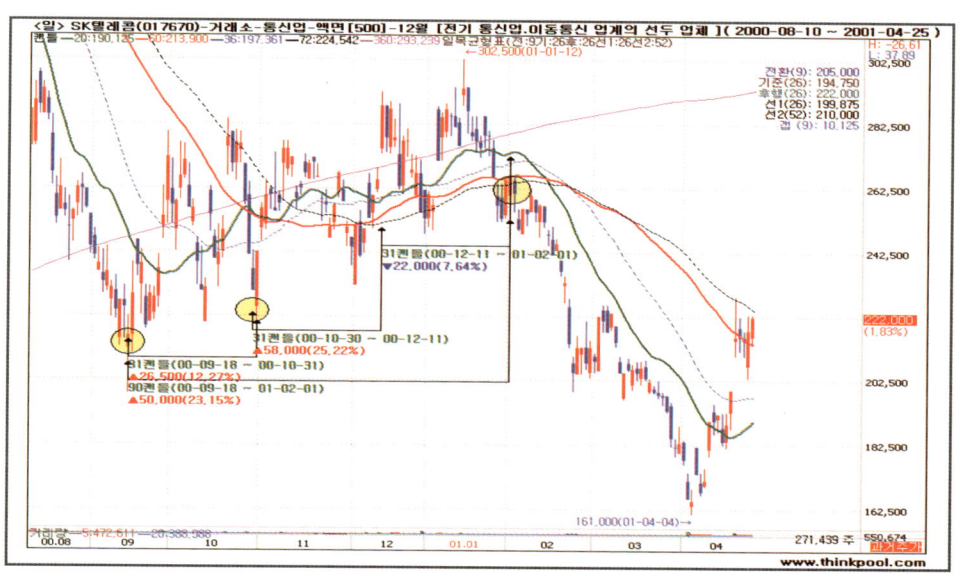

[차트 26-4] 파동 - 추세이탈 2

이 전개된 것은 60수 시간을 형성하는 과정이다. 추세선을 이탈한 파동이 2단으로 하락하여 바닥을 형성하였는데 전체 장세 주기가 108 순환수(36수×3배) 변곡을 보였다.

[차트 26-4]는 상승추세선을 지지하면서 상승하고 있는 31수 주기파동을 나타낸 차트이다. 31수 주기파동이 3번 반복되었지만 마지막 3배수 지지선에서 이탈하여 하락한 모습이다. 31수의 3배인 주기가 90수 순환수 변곡을 보였다. 결국 반등추세는 시간의 일순환이 3개로 나누어진 상태에서 존재했다고 볼 수 있다.

되돌림파동에서 일어나는 추세이탈

Check Point

고점과 되돌림 고점의 파동을 기준으로 볼 때 시간이나 진폭이 2분의 1 비율을 형성한다면 하락파동의 추세가 시작되는 탄생파동의 기본형이 출현한다.

상승장 이탈은 상승을 시작한 첫 파동을 기준파동으로 했을 때 2.5배되는 구간의 고점에서 일어난다. 이후 고점에서 하락한 파동의 시간이나 진폭의 2분의 1 지점에서 반등했다가 재하락한다면 본격적인 하락이 일어난다. 이는 장세의 방향을 알려주는 첫 탄생파이자 태극파동이 생성되는 출발점에서 생성되는 기본파동이기 때문이다.

[차트 26-5]는 24수의 상승파동이 형성되고 재상승을 시도하다가 실패한 양상을 보이는 차트이다. 24수 상승파동 후 24수 조정파동을 형성하고 다시 상승을 시도하다 24수의 2분의 1인 12수에서 하락변곡과 추세이탈 변곡이 나타났다. 상승과 조정의 24수 대칭파동을 보인 후 24수 상승파동을 시도하다 24수의 2분의 1에서 변곡이 발생한 모습이다.

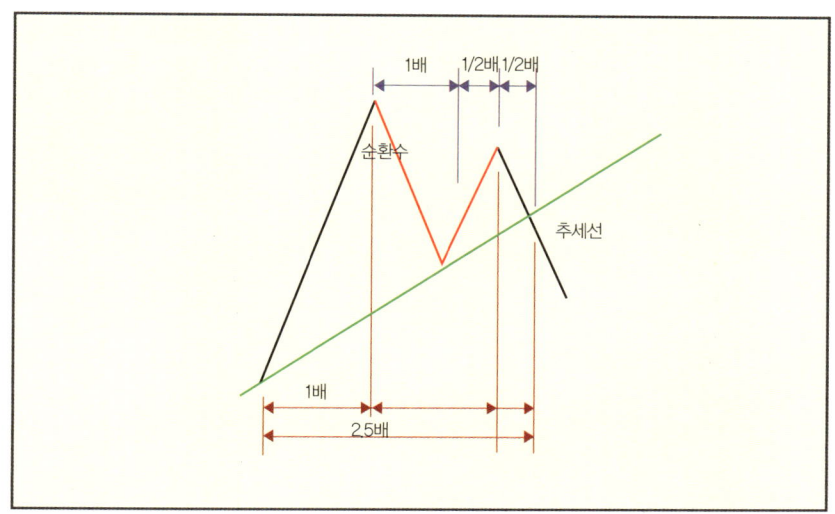

[그림 26-4] 추세이탈

[차트 26-5] 파동-추세이탈

조정파동의 변곡점

조정파동에서 일어나는 추세이탈의 기본형

Check Point

삼각수렴형이 다 진행되지 않고 수렴이 되는 지지와 저항의 추세선을 돌파하는 경우 이 현상은 기준 파동의 2분의 1 구간에서 일어난다.

삼각수렴형이 진행된다 하더라도 중간에 얼마든지 상방이나 하방으로 이탈할 가능성이 있다. 지그재그 파동이 진행되다가 고점과 고점 주기의 정수배가 진행되는 중간에 변곡점이 출현하기도 하며 저점과 저점 주기 사이에서 나타나기도 한다.

기준이 되는 파동 주기의 2분의 1에서 발생되는 변곡은 탄생파의 개념이기 때문에 강력한 방향성 파동이 생성된다.

222

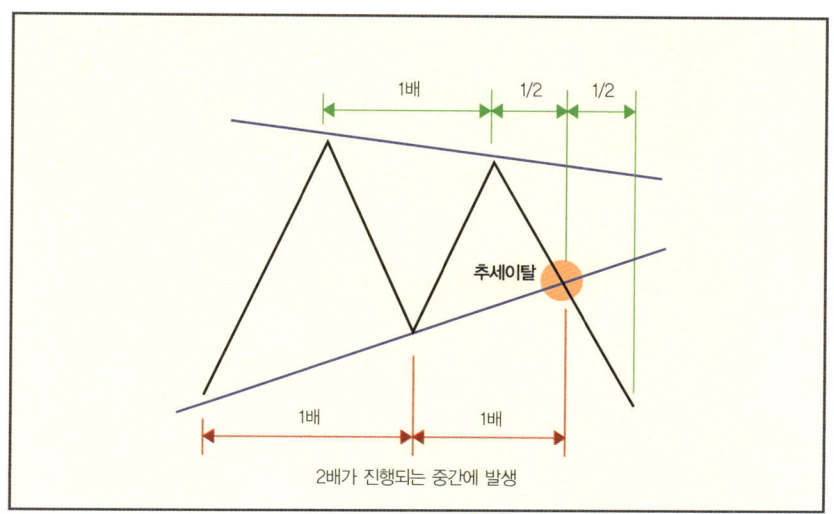

[그림 27-1] 추세수렴 실패

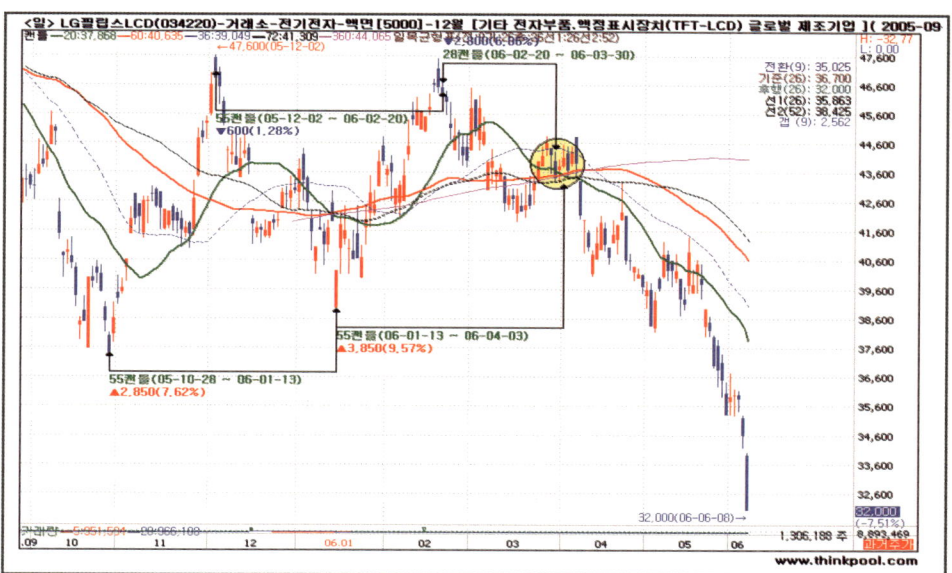

[차트 27-1] 파동 – 추세수렴실패

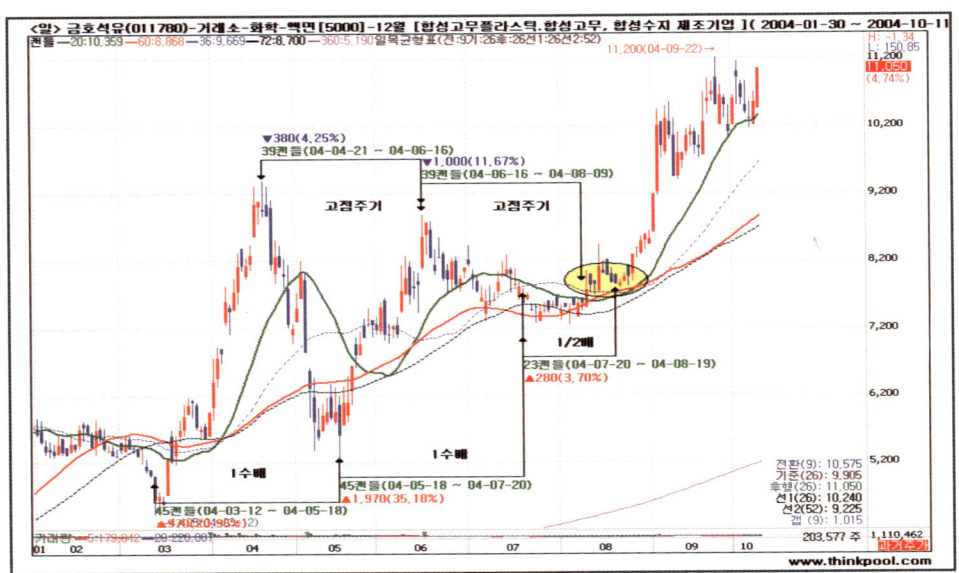

[차트 27-2] 파동 - 추세수렴 주기

　　[차트 27-1]은 상승과 하락이 반복되는 삼각수렴형 차트이다. 저점과 저점의 55수 주기파동이 두 번 반복되어 재상승하려는 의지를 보였다. 그러나 고점에서 55수 파동을 형성한 후 다시 55수 파동을 형성하던 중 중간지점인 28수에서 변곡점이 출현하여 급락하는 모습을 보이고 있다.

　　[차트 27-2]는 삼각수렴 이후 주기파동의 2분의 1에서 상승변곡이 일어난 차트이다. 저점과 저점의 주기가 45수인 주기파동이 두 번 진행되었으며 고점과 고점의 주기가 39수인 주기파동이 두 번 진행되어 삼각수렴형이 완성되었다. 상승변곡은 저점주기의 45수 파동의 2분의 1인 23수에서 저점을 향하여 가지 않고 상승변곡이 발생했다.

삼각수렴형 파동에서 일어나는 변곡점

주가가 크게 급락하거나 하락파동이 나타난 후에는 숨고르기 삼각수 렴형 파동이 진행되는 경우가 많다. 숨고르기 삼각수렴이 끝나는 변곡 점을 알기 위해서는 기준파동이 되는 주기파동의 정수배를 해보면 된 다. 기존에 형성된 파동이 전체 횡보장이었을 경우 순환수에서 변곡이 일어난다.

Check Point

삼각수렴형이 진행된다는 것 은 이평선이 수렴된다는 의 미와 같다. 첫 주기파동의 정 수배 지점이 수렴이 끝나는 변곡점으로 작용한다.

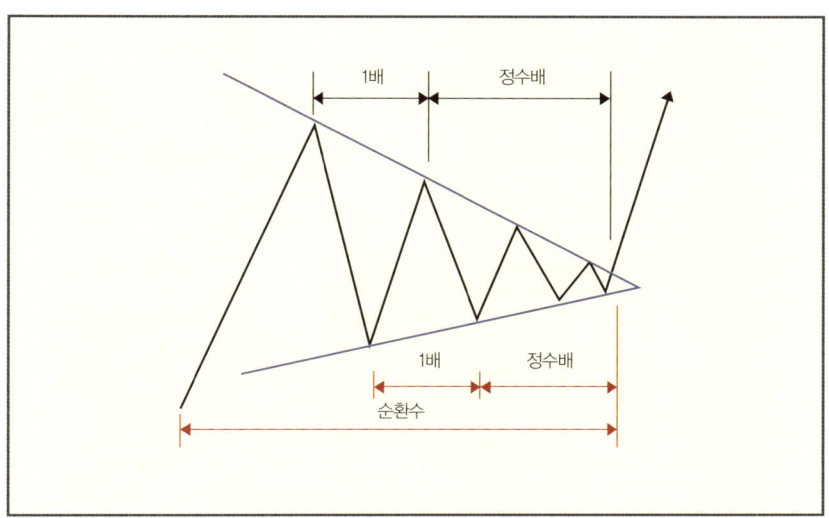

[그림 27-2] **삼각수렴형**

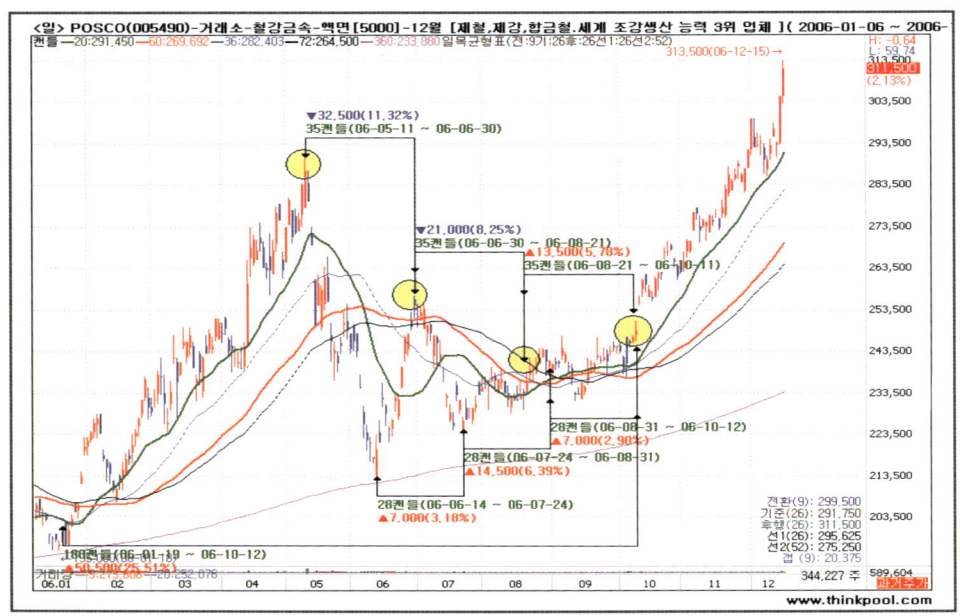

[차트 27-3] 파동 - 삼각수렴형

[차트 27-3]은 고점에서 하락한 파동이 지그재그로 움직이면서 되돌림과 하락을 반복하며 추세수렴을 이루는 과정이 나타난 차트이다. 전체적으로 고점과 고점의 35수 파동이 3번 반복되었으며 저점과 저점의 28수 파동이 3번 반복되었다. 결국 한 점으로 수렴한 이후에 급등하는 모습이다. 전체 장세의 시점에서 추세수렴까지 180수, 즉 9개월이라는 장세의 순환파동이 형성되었다.

TECHNOLOGY OF CHART
INVESTMENT

목표가를 산출하는
파동이론

파동의 중심이론

파동의 무게중심과 대칭

목표가가 완성된 파동은 살아있는 생명체처럼 일정한 규칙과 질서를 가지고 있으며 어떤 형태로든 대칭적인 모습을 보인다. 살아있는 생명체의 큰 특징은 좌우대칭이며, 번개나 태풍의 형상을 닮은 파동의 전체 모습이나 이면에 존재하는 파동원리도 좌우대칭적 구조나 중심점이 있다.

사물의 중심에 커다란 힘이 존재하는 중심점인 태풍의 눈.

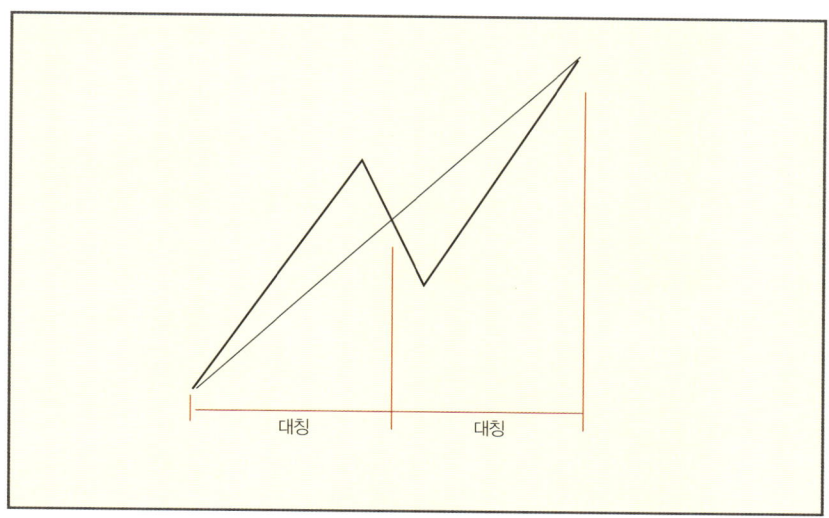

[그림 28-1] 파동대칭 1

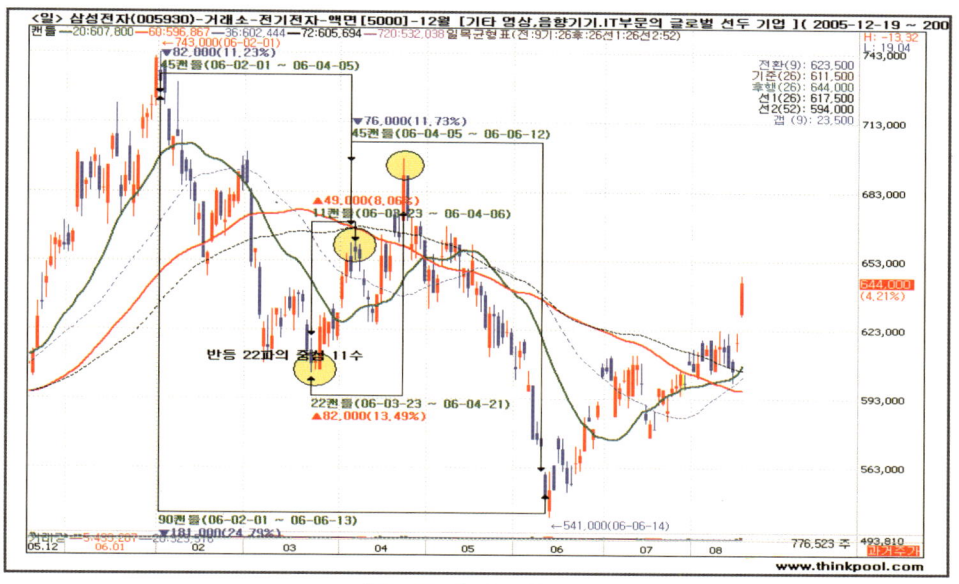

[차트 29-1] 역N자형 하락

[그림 28-1]은 조정파동의 중심점을 기준으로 시간상에 존재하는 방식이 대칭을 보이고 있는 그림이다. 저점과 고점을 이은 선이 조정파동의 중심을 관통하거나 중요 이평선을 붕괴하는 변곡으로 작용하고 있다.

[차트 28-1]은 역N자형으로 하락하는 차트이다. 22수가 반등파를 형성하고 있으며 22수의 중심인 11수를 중심으로 좌우대칭 형태를 보이고 있다. 전체 하락파동의 중심이 반등 22수의 중심점에 위치하고 있다. 전체 파동의 모습이 좌우 대칭이기 때문에 파동의 완성으로 볼 수 있다.

대칭형 구조이론

29

시간대칭

　N자형으로 상승하는 파동의 고점의 변곡은 시간이나 진폭 중에서 한 부분에서 대칭구조를 가지고 있는 경우가 많으며, 대칭적인 변곡이 존재하는 고점에서 주가의 고점을 기록한다. 만일 새로운 고점을 향하여 상승한다면 정수배 원리로 받아들여야 한다.

Check Point

파동의 마디가 조정파동에서 교차되는 모습을 보이고 있으며, 조정파동이 전체 파동의 중심축 역할을 하고 있다.

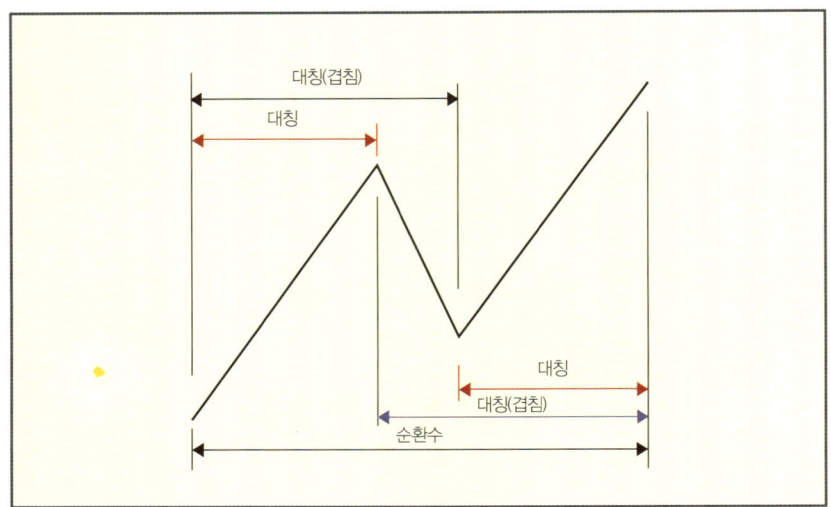

[그림 29-1] 파동대칭 2

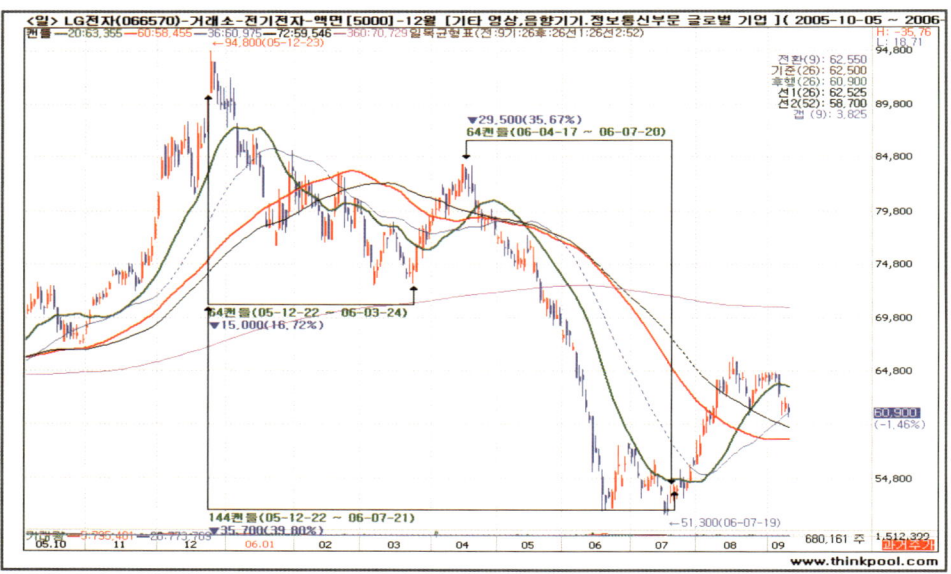

[차트 29-1] 파동 – 역N파동

서로 다른 이질적인 요소가 서로의 꼬리를 물면서 순환하는 모습

[그림 29-2] 태극문양

[차트 29-1]은 역N자형으로 2단 하락하는 모습을 보이고 있는 차트이다. 중요한 특징은고점에서 하락한 64수 파동이 기준이 되어 일시 반등 뒤에 64수 파동이 다시 한번 나타났다는 것이다. 연결고리 역할을 하는 되돌림 파동이 중간에 연결되어 있다. 즉 되돌림 파동 전체가 기준이 되어 좌우 대칭을 보이고 있다.

진폭대칭

N자형으로 상승하는 파동에서도 상승파동과 조정파동의 시간비율이 2분의 1인 파동은 정수배 파동으로 진행될 가능성이 많고 1 대 1인 파동은 기준진폭의 반복으로 진행될 가능성이 많다.

[차트 29-2]는 N자형으로 상승하는 과정에서 첫 고점을 기준으로 아래로 조정을 보인 만큼 위로 상승한 차트이다. 하락조정이 16수를 보였으며, 전고점을 넘는 반등이 16수를 보였다. 1파의 고점을 중심으로 위아래로 같은 진폭만큼 움직이는 태극파동이 나타났다고 볼 수 있다.

Check Point

N자형으로 상승하는 파동은 기준진폭의 재연가능성과 정수배 상승가능성 여부를 시간파동을 보고 판단해야 한다.

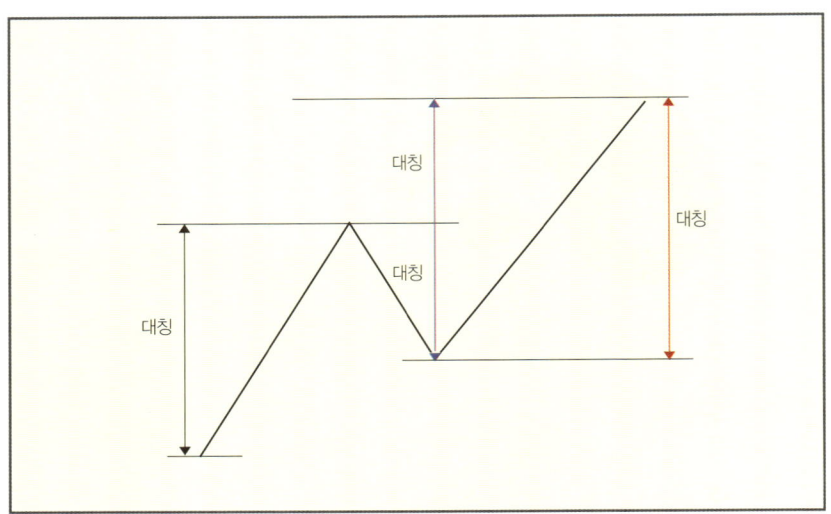

[그림 29-2] 파동대칭 3

[차트 29-2] 파동대칭

정수배 구조의 층이론

CHAPTER
30

기준진폭의 정수배 반전

첫 상승파동이 시작된 저점에서 첫 고점까지 진폭을 정수배로 나열하여 나온 가격은 절대적인 저항자리이다. 층을 확인하는 방법은 전고점을 돌파하고 안착하는 지지층이 정수배 반전되는 가격이 생성되거나, 고점을 기록하고 크게 하락하는 파동이 나오는 것을 파악하는 것이다.

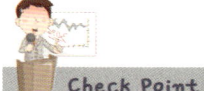

Check Point

첫 탄생파동의 고점을 기준으로 정수배만큼 오를 때 바로 올라가지 못할 수도 있으며, 조정파동에서 기준파동의 반복이 나오면 정수배 반전이 안될 수도 있다.

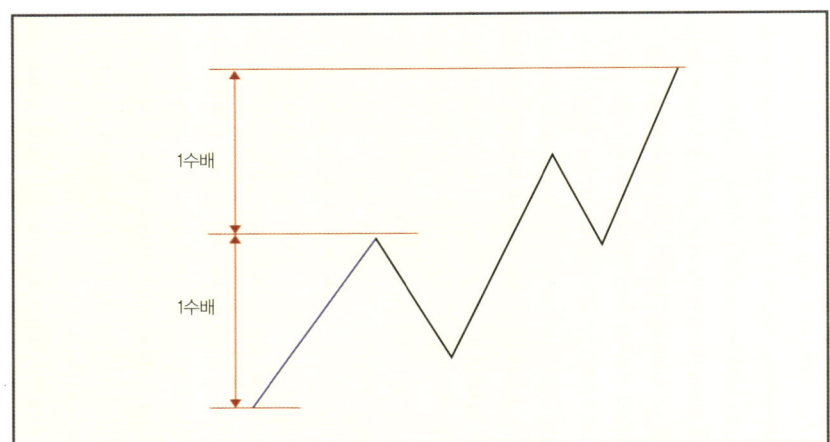

[그림 30-1] 층이론

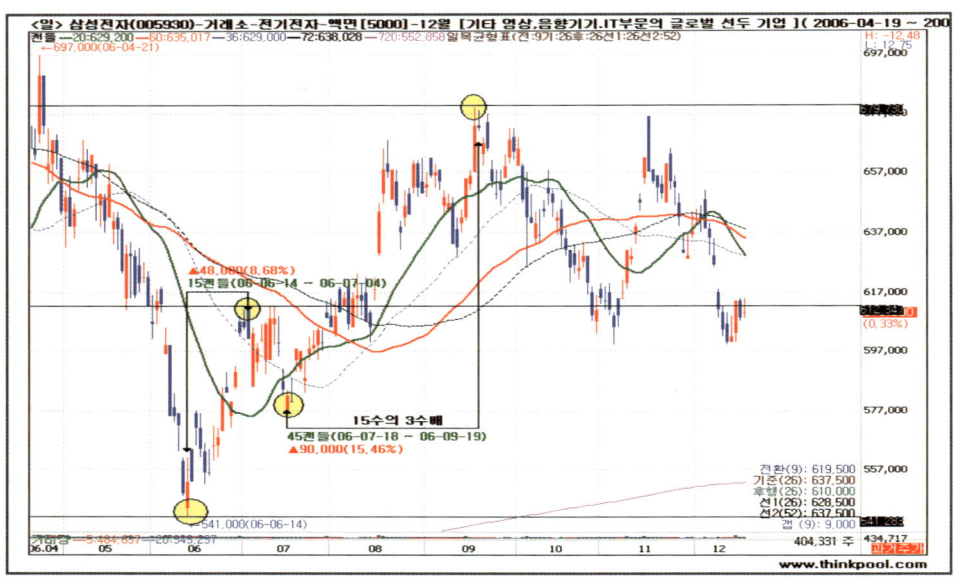

[차트 30-1] 층파동 1

[차트 30-1]은 기준파동의 진폭이 정수배로 상승하는 차트이다. 15수의 상승파동이 기준폭이 되어 정수배로 반전되는 양상을 보이고 있다. 첫 파동이 형성되는 시간은 15수였지만 정수배로 오르는 과정에서는 15수의 3배에 해당하는 시간이 소요되고 있는 모습이다. 일반적으로 3파를 형성하는 N자형 파동에서는 1파의 정수배가 나오기는 힘들며 5파를 형성하는 N자형 파동에서 나오는 경향이 있다.

기준시간의 정수배 반전

[차트 30-2]는 상승파동의 고점이 기준시간이 되어 다시 정수배 연장

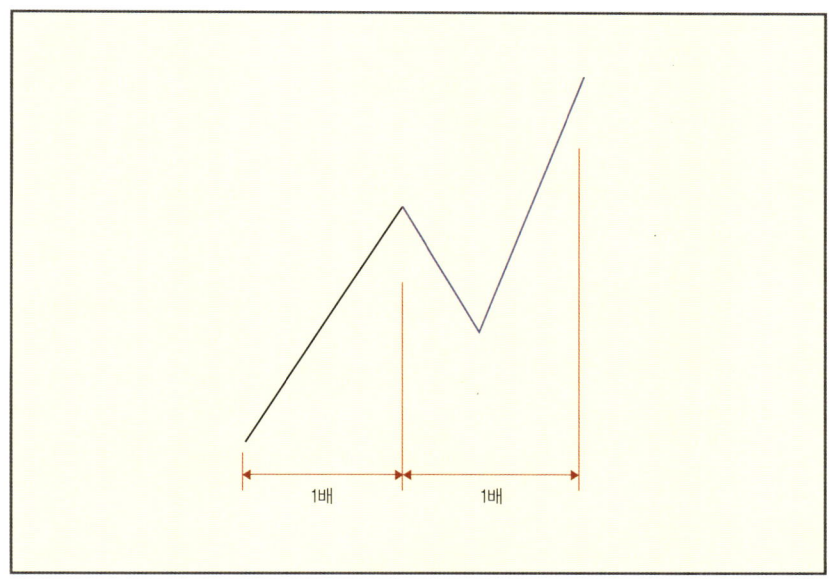

[그림 30-2] 대칭시간

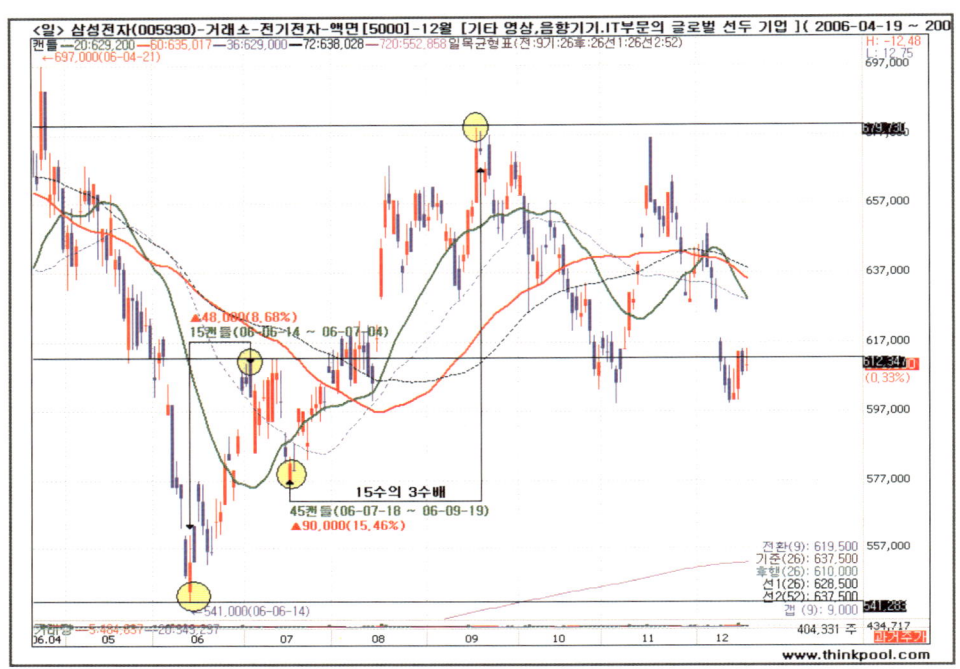

[차트 30-2] 상승과 하락 - 주기변곡

되는 변곡이 최종 고점으로 작용한 차트이다. 첫 상승파동이 17수인 파

동이 기준시간과 단위가 되었으며, 다시 조정을 보이다가 재상승하여

17수의 정수배가 된 구간이 최종 목표가 변곡이 되었다. 진폭으로 보더

라도 정수배 상승을 보였다.

쌍바닥 패턴으로 기준층을 잡는 방법

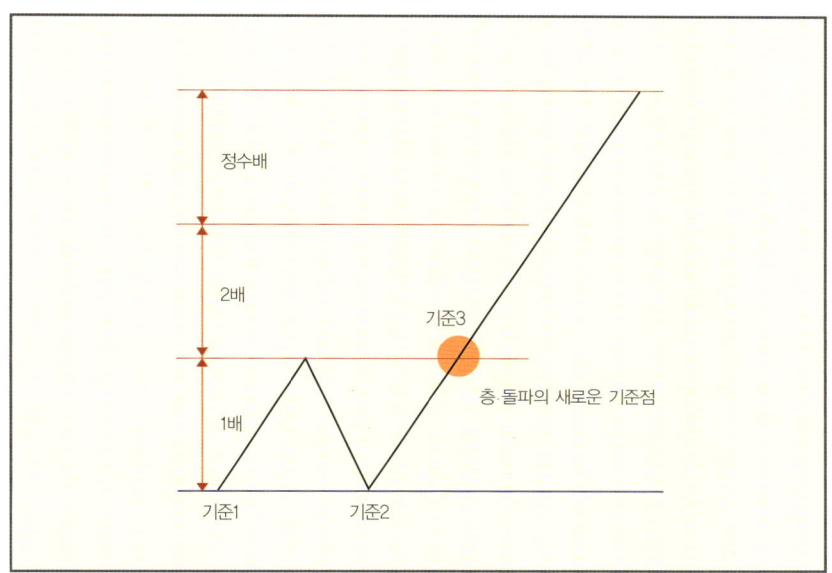

[그림 30-3] 쌍바닥 – 3배수 파동

[그림 30-3]은 쌍바닥이 나오는 파동의 고점이 기준이 되어 정수배 고점마다 변곡점이 형성되는 구간을 보여주고 있다. 쌍바닥이 형성되는 구간의 파동주기가 기준이 되기도 하고 바닥의 고점을 돌파하는 구간이 기준이 되기도 한다. 새로운 층으로 진입할 때에는 진입시점을 새로운 시세의 출발점으로 잡아야 한다.

Check Point

삼각수렴형이 진행된다는 것은 이평선이 수렴된다는 뜻이며, 이는 첫 주기파동의 정수배에서 수렴이 끝나는 변곡점으로 작용한다.

[차트 30-3] 쌍바닥층

[차트 30-3]은 쌍바닥을 형성한 파동의 진폭이 기준폭이 되어 정수배마다 지지와 저항축 역할을 하는 모습이다. 전고점을 넘는 시점부터 새로운 시세의 출발점으로 나타났으며, 45수가 고점주기로 작용하고 있는 모습을 보이고 있다. 2배수 고점에서 조정을 보이다가 1배수 고점이 지지역할을 하고 있다.

N자형 패턴의 다중바닥을 기준으로 목표가를 잡는 방법

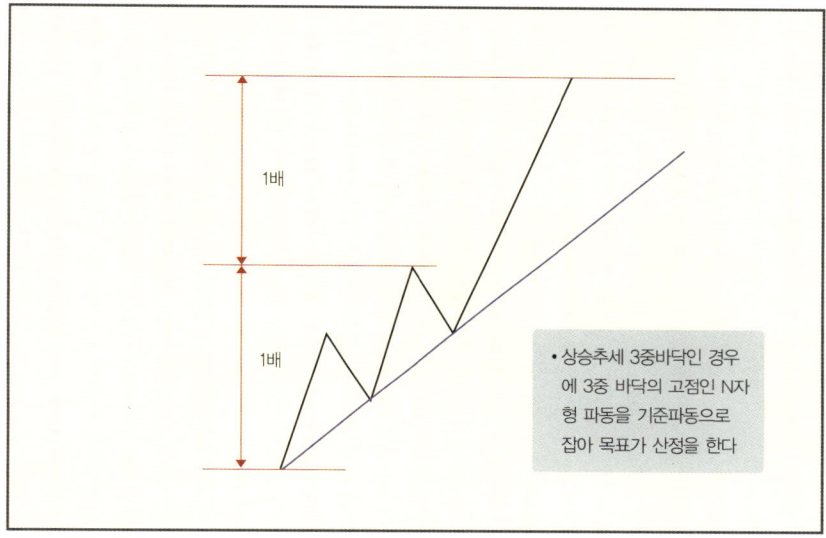

1배

1배

• 상승추세 3중바닥인 경우
에 3중 바닥의 고점인 N자
형 파동을 기준파동으로
잡아 목표가 산정을 한다

[그림 30-4] 상승추세 – 3중 바닥

N자형 파동 자체가 하나의 단위파동이자 기준이 되는 진폭으로 작용한다면, 이 파동을 기준으로 하여 정수배 반전하는 고점을 목표변곡으로 사용한다. 또는 N자형의 상승추세에 있는 다중 바닥의 마지막 변곡 이전에 형성된 고점을 기준으로 정수배 반전하는 점을 목표가로 설정한다.

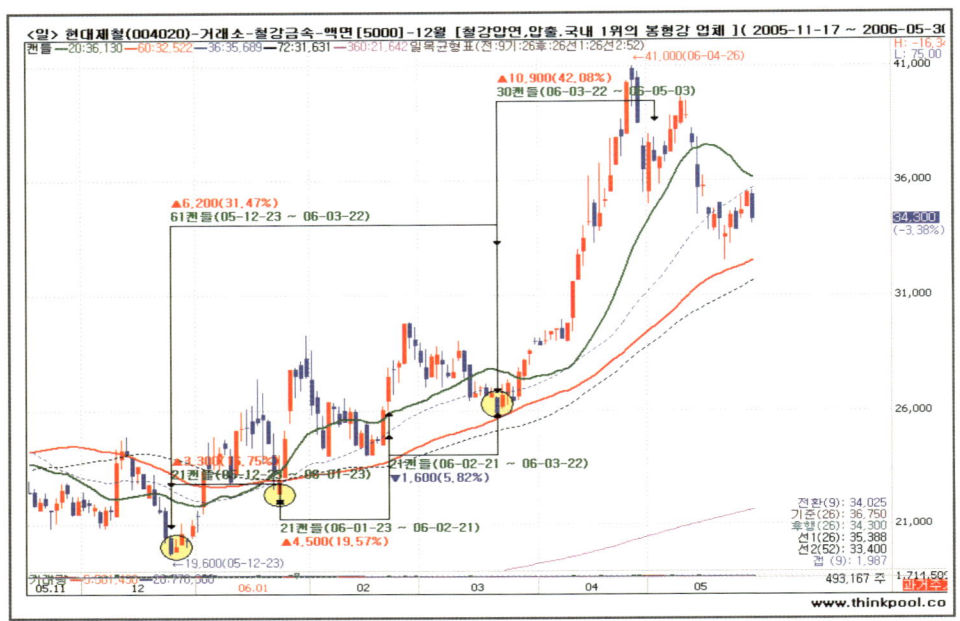

[차트 30-4] 파동 – 3중 추세선

　　[차트 30-4]는 저점이 높아지는 21수 주기파동이 3배수 진행된 차트이다. 21수의 3배수인 60수 동안 상승에너지를 비축하면서 형성된 1차 고점이 기준 진폭이다. 기준진폭의 정수배만큼 상승한 것을 알 수 있다.

기준폭의 재생이론

한번 형성된 파동은 일정한 법칙내에서 발생했기 때문에 기준폭이 되어 시세분출 과정에서 형성되는 기준폭의 정수배 단위가 되는 경향이 있다. 때에 따라서는 1.5배나 2.5배로 1배수의 2분의 1단위로 분할되기도 하지만 그 기준은 변하지 않는다.

전체파동은 대칭형이기 때문에 시작파동과 끝파동이 닮은 꼴을 형성하기도 하고, 첫 탄생파동의 진폭이나 시간이 끝 파동에서 재현되는 경우가 있다. 엘리어트 파동으로 해석한다면 5파는 1파의 같은 길이나 1.618배가 나올 수 있다는 법칙과 동일한 원리이다.

기준폭의 주기가 재현되는 경우

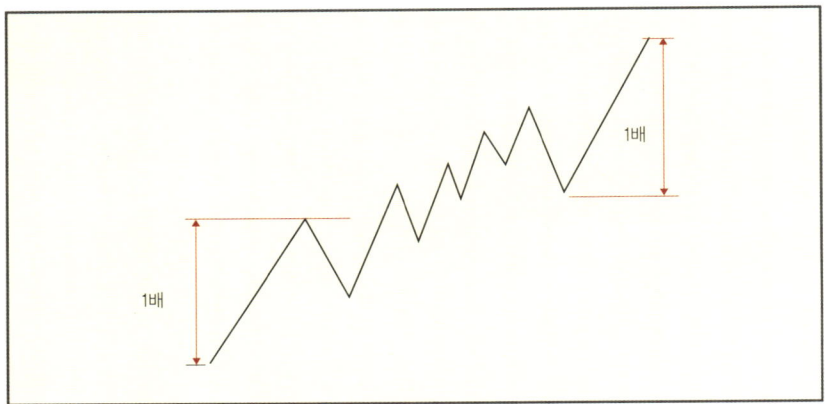

[그림 31-1] 기준폭 주기 재현

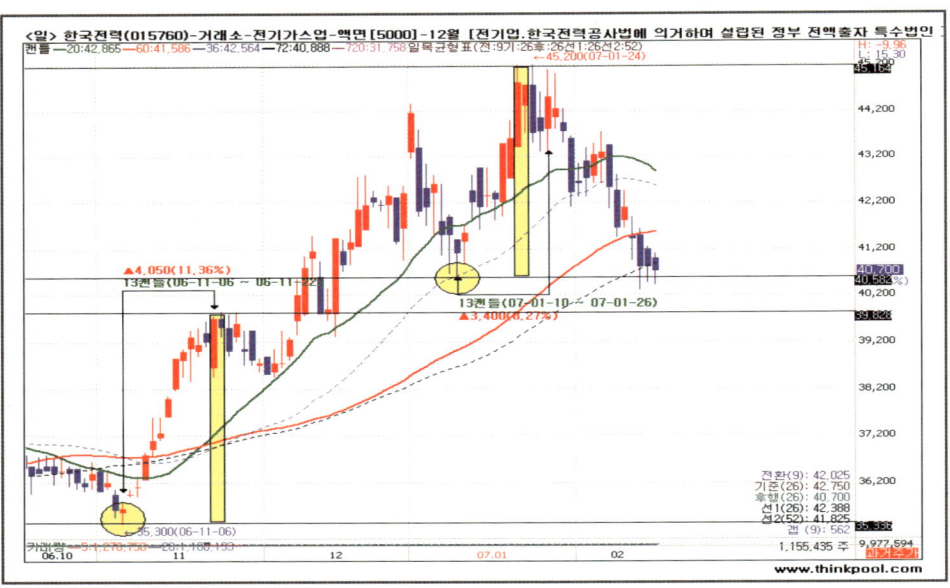

[차트 31-1] 대칭11

[차트 31-1]은 첫 상승파동의 진폭이 마지막 상승파동의 진폭과 동일한 패턴을 보이는 차트이다. 전제적으로 대칭형 구조를 보이고 있기 때문에 완벽한 상승의 고점이다. 이 차트는 시간도 똑같은 재생을 보이고 있다는 점에서 시간과 진폭 모두 닮은 꼴을 하고 있다.

Check Point

첫 탄생파의 진폭이 마지막 고점에서 출현하는 경우가 있는데, 다시 새로운 상승추세의 시작일 가능성이 있다는 점을 염두에 두어야 한다.

기준시간이 주기 재현되는 경우

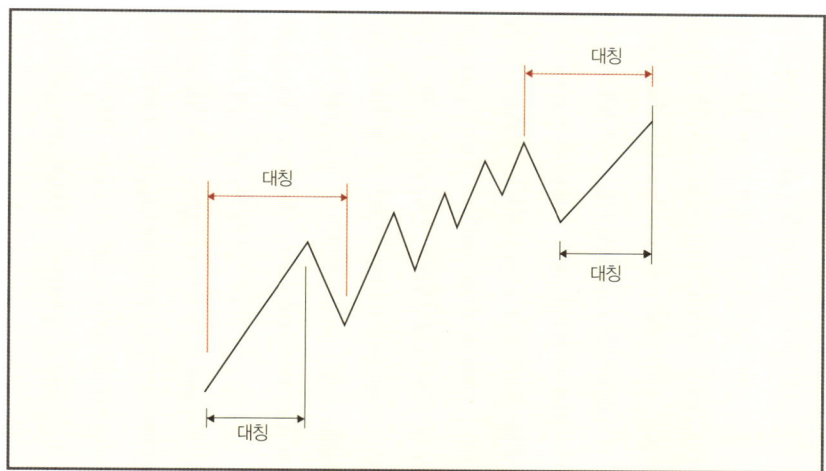

[그림 31-2] 대칭형 구조

모녀 : 호수에 비친 풍경을 그린 동양화이다. 마치 기도하는 모녀처럼 대칭으로 보이는 착시그림이다. 나뭇잎에서 사람얼굴까지 모든 형태가 좌우대칭의 질서를 보인다.

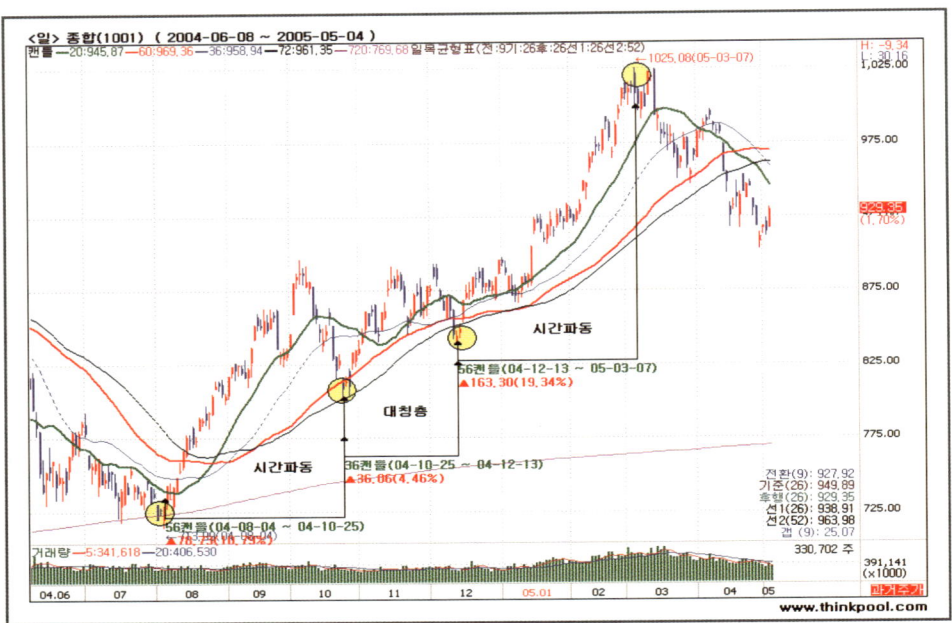

[차트 31-2] 대칭시간축

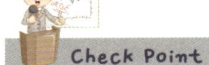

　　[차트 31-2]는 36수의 파동마디가 중심이 되어 전후에 56수라는 시간
파동이 좌우대칭형을 이룬 차트이다. 진폭으로 보면 좌우대칭이나 닮
은 꼴이 아니지만, 시간의 개념으로 본다면 56수 시간마디가 대칭으로
이루어진 모습을 보이고 있다.

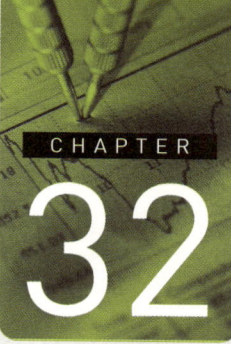

N자형 파동의
목표가 분석방법

N자형 파동에는 두 가지 종류가 있다. 첫째, 일정한 시간단위 안에서 상승추세를 이어가면서 강력한 상승이 이어지는 시세 초기의 파동이다. 둘째, 첫 상승과 조정파동이 일정한 시간단위 사이클과 일치하면서 새로운 시간단위에서 재상승하는 파동이 있다.

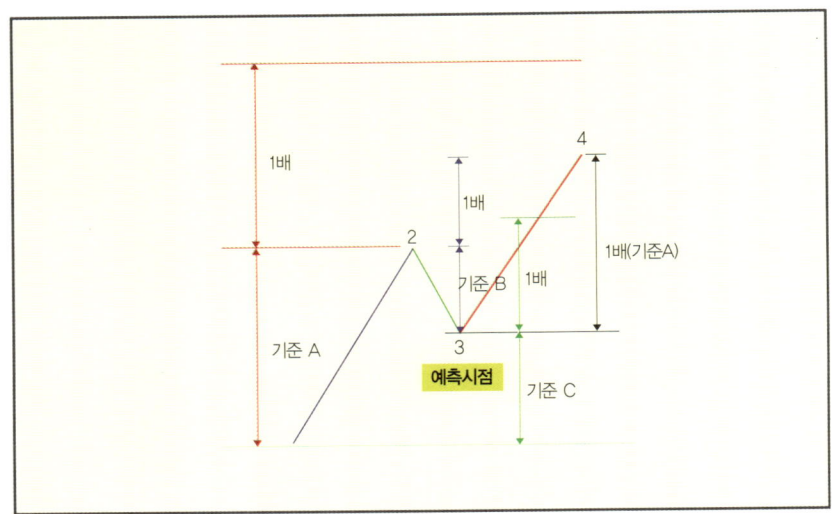

[그림 32-1] 목표가 산출 모형

[그림 32-1]은 N자형 파동이 진행되려는 시점에서 탄생파를 가지고 목표가를 산출하는 기준을 표시한 것이다. 탄생파는 첫 상승과 조정이 진행된 파동의 마디이며, 그림에서는 1-2-3으로 표시되었다. 3의 시점에서 전고점을 돌파한다는 것을 가정할 때 목표가를 계산하는 방법이다.

정수배 진폭

정배수 진폭을 파동이론에서 가장 일반적으로 적용되는 목표가 산정 방법이다. 기준이 되는 탄생파(1-2)의 기준폭(A)의 정수배 반전으로 고점변곡을 정한다.

기준폭 재현

기준이 되는 탄생파(1-2)의 기준폭(A)만큼 조정파동(2-3)의 저점에서 올라간다는 것을 기준폭의 재현이라 한다.

조정파동의 대칭

조정파동(2-3)의 고점에서 아래로 조정을 받은 기준폭(B)만큼 위로 대칭을 이루는 고점을 목표가로 잡는 방법이다.

공간파동의 정수배 반전

탄생파의 시작점과 조정의 끝 점 사이에 존재하는 진폭(C)을 기준으로 상방으로 정수배 반전하여 목표가를 잡는 방법이다. 이러한 방법을 사용하는 것은 탄생파가 절대기준이 되는 강한 층을 돌파하고 안착한 지점이 기준층이 된다고 판단하기 때문이다.

부록

주식시장의 장세순환론

경기와 주가의 시차

　주식시장에는 일정한 사이클이 있기 때문에 전환점이나 정점이 존재한다. 바닥권에서 반전하여 강세장으로 돌아서는 시점은 불경기의 최고 암울한 상황에서 시작되고 주식장세가 천장을 실현하는 것도 활황기가 최고 절정에 달한 상황에서 출현하기 때문에 사이클이나 파동을 모른 채 성공적인 주식투자의 결과를 보장하기는 힘들다. 기술적 분석에서는 파동주기로 보는 시간론을 통해 예측이 가능하다.

다우의 파동법칙에 나타나는 순환론

다우이론은 찰스 다우(Charles H. DOW)가 개발한 주식시세동향 판단 방법으로 다우가 사망한 후 해밀턴과 비숍에 의해서 발전되었다. 해밀턴은 "현재주가의 움직임이란 과거주가의 반영이 아니고 미래주가의 반영이다. 금후 일어날 여러 가지 일들은 사전에 이미 그 징조가 나타난다"고 말한 바 있다.

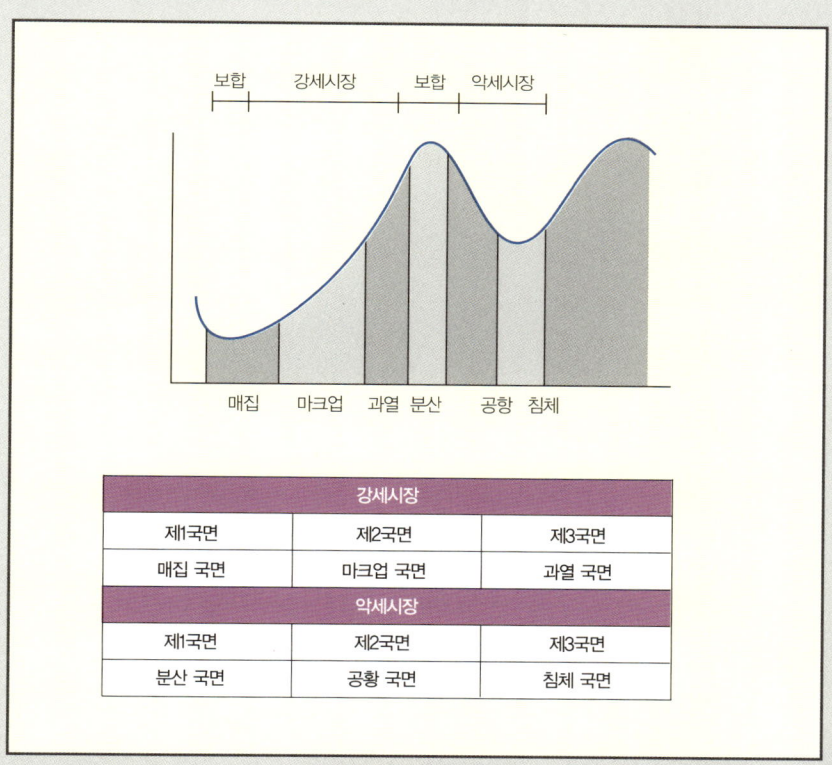

강세시장		
제1국면	제2국면	제3국면
매집 국면	마크업 국면	과열 국면
악세시장		
제1국면	제2국면	제3국면
분산 국면	공황 국면	침체 국면

[그림 부록-1] 다우이론

[그림 부록-1]은 장세의 일순환 과정을 6단계로 분리하여 장세의 특성을 분류한 도표이다. 상승추세(강세시장)는 매집 국면, 마크업 국면, 과열 국면으로 구분된다. 매집 국면은 경제, 시장 여건, 기업의 경영환경 등의 지표가 좋지 않은데도 선도매수세가 집중 매수하면서 거래량이 증가하는 국면이다. 마크업 국면은 주식시장의 주변 여건이 개선되면서 거시경제지표가 호전되는 시기이다. 과열 국면에서는 마크업 국면에 끌린 일반 투자자들이 대거 진입하면서 자금에 의해 주가 상승이 이루어지는 유동장세가 전개된다.

하락추세(약세시장)는 분산 국면, 공황 국면, 침체 국면 등 3가지 국면으로 이루어진다. 분산 국면에서는 내재가치에 비해 주가가 매우 높은 점을 인식하면서 선도매수세의 매도가 시작된다. 주가상승세가 둔화되지만 일반인 중심의 투기세력이 남아 있어 거래가 많다. 공황 국면에는 매수세력이 크게 약해지면서 경제나 기업 실적이 악화된다. 침체 국면은 공황 국면에서 주식을 미처 매도하지 못한 일반 투자자들의 매물로 주가가 계속 하락한다. 침체 국면이 되면 다시 선도매수세는 매집 국면을 만들 준비를 한다.

장기파동은 2년 이상 10년 이하의 기간 동안 계속해서 강세시장에서 약세시장으로 순환하는 파동을 말하며 주파동의 평균기간은 4년~4.5년이다.

4년~4.5년을 정수배로 확장하면 8년에서 9년 주기로 반복된다고 할 수 있다. 수파동으로 본다면 1년을 기준으로 8~9년이 순환 사이클이라는 사실을 알 수 있다.

그랜빌의 이론에 나타나는 순환론

미국의 증권 분석가 그랜빌(J. E. Granville)은 주가와 이평선의 관계를 분석하여 매매시점을 포착하는 방법을 개발했다. 단기적인 이평선으로는 6일과 25일 이평선이 중요하고 장기적인 이평선으로는 13일과 26일선 또는 150일선과 200일선이 중요하다고 주장하면서 8가지 국면에 대한 매매원칙을 정립했다.

그랜빌의 법칙에서 가장 중요한 기준선은 200일선이며, 순환주기로 보는 장기파동은 48개월~54개월이다. 이평선은 200일선을 강조하고 장세주기는 48~54개월을 주장했다는 사실에서 수의 의미를 분석해 보면 중요한 시간의 비밀을 발견할 수 있다.

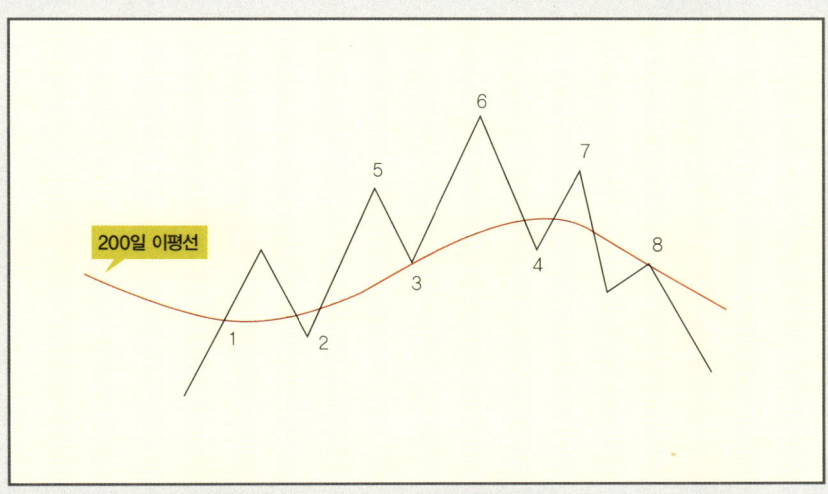

[그림 부록-2] 그랜빌의 8법칙

매수	1국면	하락하는 200일 이평선이 눕거나 상승으로 전환되면 매수
	2국면	상승하는 200일 이평선을 주가가 하회하면 매수
	3국면	200일 이평선을 넘어 상승했던 주가가 하락 반전 후 200일 이평선의 지지를 받으면 매수
	4국면	하락 반전된 200일 이평선을 주가가 급격히 하향 돌파하면 매수
매도	5국면	200일 이평선을 급격히 돌파한 주가는 조정폭이 크므로 매도
	6국면	상승하는 200일 이평선이 눕거나 하락하면 매도
	7국면	하락하는 200일 이평선을 주가가 상향 돌파하면 매도
	8국면	200일 이평선 아래에 있는 주가가 200일 이평선 돌파에 실패하면 매도

[표 부록-1] 그랜빌의 8법칙

200일선은 영업일수 20일로 환산하면 10개월 주기를, 48개월은 4년 (12개월×4=48개월), 54개월은 4.5년(48개월+6개월) 주기를 의미한다. 48 개월과 54개월을 2배하면 각각 96개월과 108개월이 되며 4년과 4.5년 을 2배하면 8~9년이 나온다.

96개월은 100개월에서 4개월 부족한 수치이며 약 10개월의 10배이 므로 200일선을 10배수하여 일순환하는 자리라고 봤을 때 서로 통하는 주기이다. 108개월은 36개월의 3배수 파동이기 때문에 순환수 주기이 다.

일목균형표에 나타난 순환론

일목균형표는 도쿄 지역 신문에 주식 시황을 게재하던 호소다 고이치 (細田悟一)가 1935년에 발표한 차트분석 기법으로 그의 필명인 이치모쿠

산징(一目山人)에서 이름을 따왔다. 그가 1969년 일생의 연구 업적을 정리하여 발간한 저서 《세상에 행복을 주는 책》에 자세한 내용이 실려 있다. 일목균형표에서는 다른 지표들과 달리 가격보다 시간을 중요한 분석의 대상으로 여겼으며, "시세는 시세폭이 아니라 시간이다."라고 말했을 정도로 시간의 변화에는 진폭과 파동의 비밀이 있다고 주장한다.

일목균형에서는 9일, 26일, 52일이라는 3개의 시간을 중요한 분석의 요소로 제시하고 있으며 시세는 중요 기준일에서 기본이 되는 수치인 9수, 17수, 26수, 33수, 42수, 65수, 129수, 172수, 176수, 226수 에서 변화가 일어난다고 설명하고 있다.

[그림 부록-3]은 일목균형표의 시간론을 이해하기 쉽게 나타낸 그림

Check Point

시간이 완성되거나 정수배가 되는 구간마다 변곡이 일어난다. 10이라는 수는 10에서 완성되고 360이라는 수는 정수배 반복마다 순환이 되기 때문에 변곡이 일어난다. 10-100-1000이라는 수는 질서를 나타내며, 36-72-108-144는 순환을 나타내므로 중요한 변곡이 되는 원리가 시간파동(상수파동)의 핵심 순환원리를 나타내는 수이다.

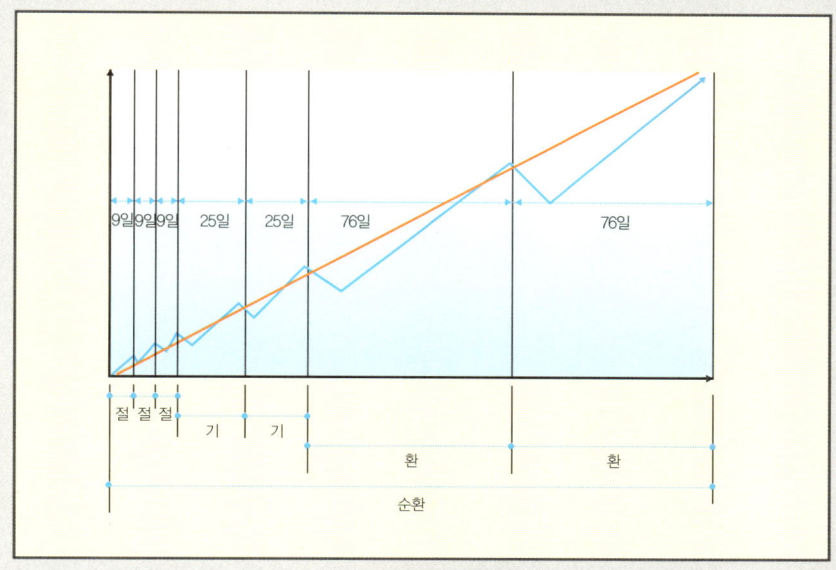

[그림 부록-3] 일목균형표

이다. 9일을 1절이라고 하며 하나의 파동이 만들어지는 최소단위로 삼는다. 대바닥에서는 9일 또는 17일을 중요한 수로 보고 있다. 9일이 3순환되는 26일은 1기라 하여 1차 목표시간으로 정하고 단기시세의 시간단위로 보았다. 26일의 3순환되는 76일은 1순으로 칭하고 중기추세의 시간단위로 보았으며 76의 3순환되는 226일은 1환으로 칭하고 226일의 3순환되는 676일은 1순환으로 칭하여 장기 상승추세의 시간단위로 보았다.

여기에서 단기 순환수의 기본인 9수, 26수, 52수와 장기 순환수인 226수와 676수에 주목할 필요가 있다. 26수와 52수와의 관계는 26수의 2배수가 기본순환임을 의미하며, 26수는 27이라는 수에서 1수가 부족한 수배열이다. 27수의 2배는 54수이며 4배는 108수가 나온다. 108수는 36수의 3배수이자 9수의 12배수이다.

226수는 시간으로 보면 11개월과 일주일 그리고 1일을 더한 시간이며 676수는 34개월에서 4일이 부족한 수이며 36개월에서 2개월이 부족한 시간을 의미한다.

엘리어트 파동법칙에 나타난 순환론

1946년 엘리어트(R. N. Elliott)는 〈자연의 법칙-우주의 신비(Nature's Law-The Secret of the Universe)〉라는 이론을 발표하였다. 그 이유를 정확히는 알 수 없으나 우리를 둘러싼 우주 또는 삼라만상을 움직이는 어떤 법칙이 존재하고 있음을 경험으로 알 수 있다고 주장하면서 '주가는 상승 5파와 하락 3파에 의해 끝없이 순환한다'는 가격순환법칙을 내세웠다.

　주가도 인간에 의해 움직이고 이것이 또한 삼라만상을 구성하는 일부분이 되므로 당연히 시장의 구조가 단기뿐 아니라 장기적으로도 동일한 패턴으로 구성된다는 것을 강조했다. 주가는 프랙탈적인 성격을 가지고 움직이면서 거시적인 파동으로 갈수록 파동의 수가 늘어나는 것일 뿐이며 파동은 규칙적인 질서를 가지고 있다는 사실을 밝혔다.

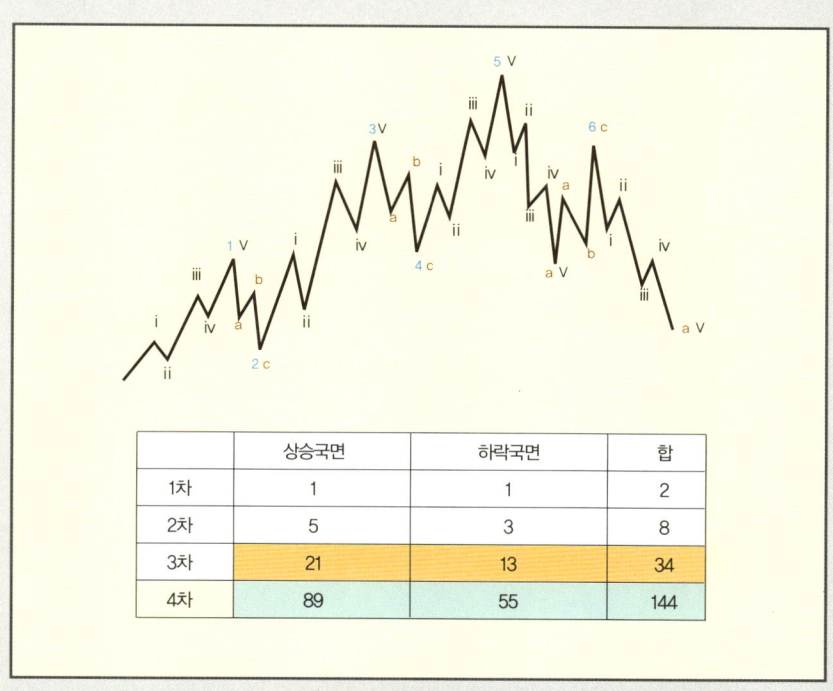

	상승국면	하락국면	합
1차	1	1	2
2차	5	3	8
3차	21	13	34
4차	89	55	144

[그림 부록-4] 엘리어트 파동

엘리어트 파동이론은 피보나치 수열(1, 1, 2, 3, 5, 8, 13, 21, 34, 55, 89, 144, 233, 377)을 이용하여 의미 없어 보이는 숫자들이 자연의 질서를 지배하는 숫자라는 원리를 응용하여 목표가격과 파동의 개수에 대한 세부적인 카운팅을 하였다.

엘리어트 파동에서는 큰 사이클인 주순환파(primary cycle)를 완성하는 기간을 3년으로 분석하고 있다는 점에서 3년, 즉 36개월의 시간주기를 가진 파동이론이라 할 수 있다. 상승 5파에 나타난 3개의 충격파동을 3개의 강세국면으로 대입시키고 하락 3파에 나타난 파동국면마다 3개의 약세국면으로 대입시키면 다우이론에서 제시한 6단계 장세분기법과 일치한다.

[그림 부록-4]는 엘리어트 파동이론을 나타낸 차트이다. 상승국면과 하락국면을 대칭하여 나타내고 있다. 상승 5파동과 하락 3파동을 합하면 8파동이 되는데 전체 순환의 주기와 국면이 8개로 나타난다는 의미를 가지고 있다. 상승 5파와 하락 3파를 세부파동으로 나누면 21파와 13파가 되고 전체를 합하면 34수가 된다. 36수에서 2수 부족한 17수의 2배수 파동이다. 다시 상승 5파와 하락 3파를 더 세밀하게 본다면 89수와 55수가 되고 합하면 144수가 된다. 144수는 36수의 4배수이자 72수의 2배수인 파동이라는 점에서 36수의 순환주기라는 것을 알 수 있다.

36수를 중심으로 하는 시간주기론

시간주기	다우이론	그랜빌 이론	엘리어트	일목균형
3년	4년~4.5년	48~54개월	3년	34개월(676일)
36개월	2수배=9년	2수배=9년	3년=36개월	36-2=34개월
36수	36수x3	36수x3	36수	36수

[표 부록-2] 시간주기론

주식시장의 장세를 설명하는 대표적인 파동이론의 주기를 분석해 보면 3년(36개월)이 기준이 되어 거의 근접하는 주기를 가진다는 것과 3년(36개월)의 정수배가 되어 전체 사이클이 형성된다는 것을 알 수 있다.

다우이론과 그랜빌에서는 4~4.5년을 기준으로 장세가 순환하지만 이것을 정수배하면 8~9년이라는 주기 사이클을 형성한다는 것을 알 수 있다. 엘리어트 파동은 시간으로는 3년, 수로는 34수나 144수로 표현하고 있다. 일목균형에서도 시간으로는 676일인 34개월, 수로는 33수로 표현하고 있다.

한국 경제순환 주기와 36수 순환주기

한국의 통계청의 발표에 따르면 평균적인 확장기는 34개월 그리고 수축기는 17개월이며 순환주기는 34+17=51개월이라고 한다. 36수 순환주기로 분석해 보면 확장기 34개월은 3년 36개월에서 2개월 부족한 수이며 17수의 2배수를 의미한다. 수축기는 17수의 1배인 17개월이다. 결국 상승과 하락은 2 대 1의 구조를 형성한다는 것을 알 수 있다. 17수

시간주기	소순환	중순환	대순환
기준	3년-36개월	6-72년	9-108년
변형	3-4년	5~7년	8-12년

[표 부록-3] 한국 경제의 시간주기론

는 36수의 2분의 1인 18수에서 1수가 부족한 수에서 나왔다. 결국 상승 파동이 36개월 가까이 진행되다 꺾이는 것이 34개월이며 하락파동이 36개월까지 진행되지 않고 18개월 가까이 진행되어 17개월에서 새로운 상승파동이 나타난다는 것을 의미한다.

전체적으로 본다면 주식시장이나 경기변동이 일정한 순환을 보이면서 발전한다는 것을 알 수 있다. 어떤 변수나 종류에 상관없이 자연시간에 나타난 각종 주기에 따라 움직인다는 것이다. 서로 다른 주기가 합성되어 나타나 상승 사이클이 합성될 때에는 양화 작용을 구축하여 버블을 만들고 하락 사이클이 합성될 때에는 악화 작용을 구축하여 패닉을 만든다는 사실을 알 수 있다.

금융시장의 경기순환론

02

경기순환의 3대 대표이론

경기변동을 일으키는 각종 변수의 실체에 대한 연구가 진행되면서 각종 경기순환(景氣循環 Business Cycle;Trade Cycle)에 대한 이론들이 등장하였다. 금융시장에서 경기사이클을 진단할 때에는 주글라 파동(Juglar's waves)과 키친 파동(Kitchen's waves) 그리고 콘트라티에프 파동(Kondratieff's waves)이 대표적으로 등장한다.

주글라 파동은 '주순환(중기파동, major cycle)'을 의미하며, 주로 설비투자와 관련하여 약 10년을 주기로 나타나는 파동의 형태를 말한다.

키친 파동은 '소순환(단기파동, minor cycle)'을 의미하며, 통화공급이나 금리 및 재고변동 등에 따라 약 40개월을 주기로 나타나는 파동의 형태를 말한다.

콘트라티에프 파동은 '대순환(장기파동, long cycle)을 의미하며, 기술혁신이나 신자원 개발 등에 따라 발생되는 산업 인프라(대공장, 철도, 운하, 토지개발)의 거대투자 주기가 약 50~60년을 주기로 나타나는 파동의 형태를 말한다.

주글라 파동 – 기업의 투자사이클

프랑스의 경제학자 주글라는 1862년에 "자본주의 경제에서는 고용, 소득, 생산량이 대폭적인 파상운동을 하고 그 파동의 모든 단계는 그 전 단계로부터 차례차례로 나타난다"고 주장했다.

기업의 설비투자 증가→생산의 증가→과잉생산→기업의 설비투자 감소로 이어지는 기업의 설비투자의 10년 순환주기를 주장한 것이다. 이는 설비투자에 따른 시장의 수요 공급 관계의 장기적 변동에 기인한다. 이후 은행대출액, 금리, 물가는 9년 혹은 10년을 중심으로 움직인다는 것과 공황현상이 10년 단위로 경제에 영향을 미친다는 사실이 밝혀졌다. 사이클의 변동치의 극단적인 시간은 최단 6년에서 최장 13년이며, 평균은 8년~10년 주기이며, 핵심적인 두 축은 6년 또는 10년마다 변한다는 경기순환이론이다.

키친 파동 - 금융의 순환사이클

키친은 1923년 논문에서 1890~1922년의 영국과 미국의 어음교환액, 도매물가, 이자율의 변동을 통하여 주글라 파동과 콘드라티예프 파동 이외에 40개월을 주기로 하는 단기파동이 존재함을 증명하였다. 시장의 예상과 현실의 매출 불일치에서 오는 재고투자의 순환적 변동성의 극대화가 주요 원인이라고 분석하고 있다.

키친 파동을 고찰하기 어려운 것은 키친 파동(단기파동)을 지배하는 더 큰 주기인 주글라 파동(중기파동) 안에 몇 개가 혼재되어 복합적으로 나타나기 때문이다. 예를 들어, 중기사이클인 주글라 파동의 10년 상승세의 3년 조정기에 키친 파동이 나타나면 경기악화로 인하여 재고가 쌓이면서 고용과 소비침체의 조정을 보이는 구간이 형성된다. 3년이 일반적인 주기지만 경우에 따라서 4년 주기를 가지기도 한다.

콘트라티에프 파동 - 산업과 문명사이클

콘트라티에프는 기술진보, 기업가의 혁신, 신자원 또는 신영토의 개발 등에 따라서 장기적인 물가와 금리 변동을 통해 인플레이션과 디플레이션을 반복한다는 이론을 제시하였다. 장기파동의 길이는 최소 40년에서 70년이며 평균 50~60년 주기 사이클을 가진다는 사실을 주장했다. 또한 주기의 변곡에서는 전쟁, 생산량 증감, 식량부족, 기술혁신 등을 제시하였다.

콘드라티에프 주기에 따르면, 2020년경에 세계는 컴퓨터, 정보 통신, 생명 과학 등의 산업이 주도하는 새로운 경제 도약기를 맞게 될 것이다.

한센의 부동산 경기주기 – 건축 순환(building cycles)

특히 부동산과 관련한 경기 주기에는 1964년 한센이 《Business Cycles and National Income》이라는 저서의 제3장에서 기술한 '건축 순환(Building Cycle)이 대표적이며 대략 17년의 주기를 갖는다. 인구에 의해 건축물이 부족하면 건물 임대료가 상승하고, 건축이 활기를 띄게 된다. 일정기간이 지나면 건축의 공급이 과잉되며 17~18년이 되면 건물이 노후화되어 임대료 등이 낮아지게 된다는 것이다.

우리나라 부동산의 경기 동향을 보면, 서울의 아파트 가격은 1991년 초에 천정권을 형성한 후 1998년 말에 바닥권을 형성하고 다시 2006년 말에서 2007년 초에 천정권을 나타냈다. 이 이론에 의하면 1991년에서 17년 후가 2007년이기 때문에 2015년 전후인 8~9년간은 앞으로 부동산은 약세 국면이 올 가능성이 있다고 보아야 한다.

쿠즈넷 파동(Kuznet cycle) - 소비이론

건축활동의 순환과 밀접한 관계가 있으며, 16년~22년 주기로 소비활동의 변동이 온다는 경기순환 이론이다. 활황기 동안 노동에 대한 수요가 증가하면 임금상승 압력이 가해지며, 부의 증가로 새로운 가족의 형성과 새로운 주거시설에 대한 수요 그리고 대량 소비가 이어진다는 순환론이다.

계절 변동(seasonal variations)

계절 변동은 1년을 주기로 하는 순환 변동을 뜻한다. 계절의 연례 행사처럼 다가오는 경기변동의 3개월 또는 6개월 주기를 말한다. 계절변동은 자연적 요인과 사회관습적인 요인에 의해 발생한다. 계절의 변화에 따른 추세를 분석하는 것이 대표적인 방법이다. 기업에서도 분기별 결산과 실적 발표가 있기 때문에 주식시장에서도 추세와 긴밀한 연관이 있다고 보아야 한다.

그러나 객관적으로 반복되는 시간개념이기 때문에 경기분석에서는 중요한 요소로 생각하지 않지만, 시계열적 시간론적 관점에서는 투자심리와 호재와 악재가 급격하게 변해 장세가 변하는 변곡점 역할을 한다.

경제주기의 복합 합성

각각 다른 시기에 나온 3개의 주요 경제주기인 주글라 파동 – 키친 파동 – 콘트라티에프 파동을 조합하여 각 경제주기의 구성 요소를 살펴보면 일정한 규칙과 질서의 주기를 발견할 수 있다.

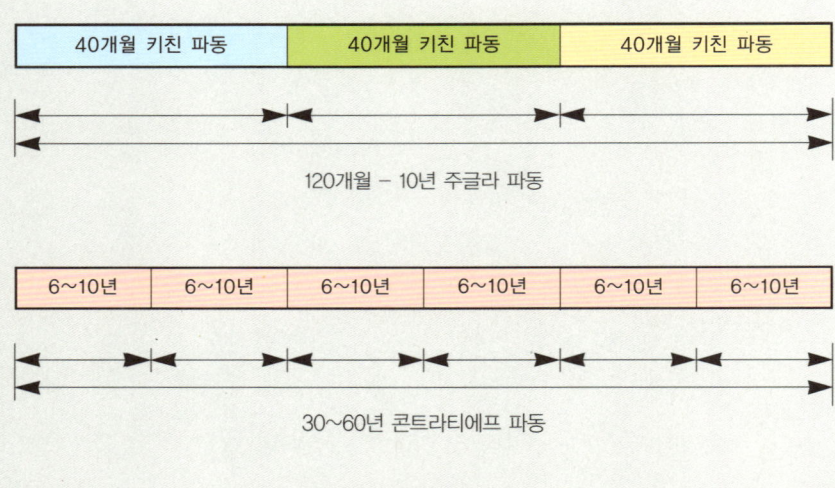

[그림 부록-5] 경제주기 합성 1

[그림 부록-5]는 3개의 경제주기를 조합한 도표이다. 40개월의 주기를 가진 3개의 키친파동은 3년, 즉 36개월에서 4개월이 더 많은 시간주기이다. 3개의 키친파동이 모여 하나의 주글라 파동을 형성하고 있는 모습을 발견할 수 있다. 주글라 파동은 짧으면 6년으로도 분석이 되는

데, 이는 키친 파동의 36+4개월 주기 중에서 36개월의 2배수가 작용되어 72개월 6년이 형성되기 때문이다. 6년은 36년의 6배수로 분할되기도 한다. 6 또는 10년 주기의 주글라 파동이 6 또는 10개 모이면 하나의 콘트라티에프 파동이 된다. 6년 주기파동이 6개 모이면 36년이며, 10개 모이면 60년이다. 평균 54년으로 분석하는 경우가 있는데, 이는 36의 3배수인 108수의 2분의 1 분기된 전환점이 54이기 때문이다.

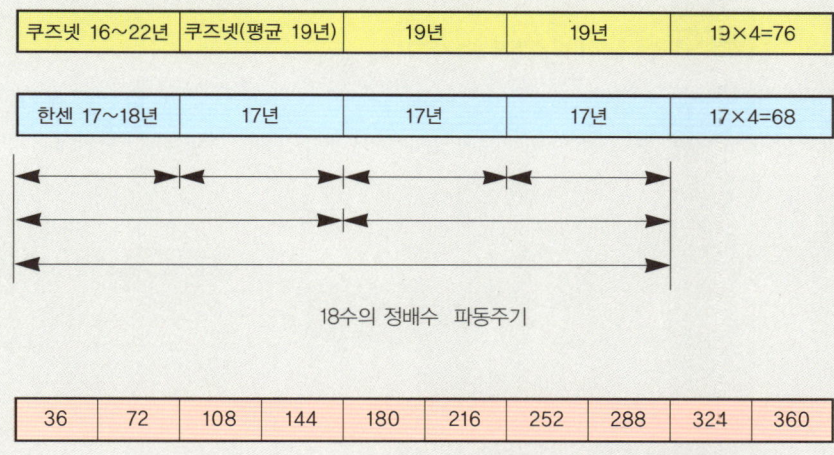

18수의 정배수 파동주기

| 36 | 72 | 108 | 144 | 180 | 216 | 252 | 288 | 324 | 360 |

36수의 10배수 파동주기

[그림 부록-6] 경제주기 합성 2

[그림 부록-6]은 20년 전후의 시간주기를 가지는 쿠즈넷과 한센 주기를 분석한 도표이다. 쿠즈넷 주기인 16~22년의 평균은 19년이며, 한센의 주기는 17년이다. 양 경제 주기의 평균은 18년이며, 18수의 정수배

되는 구간이 전체 주기를 완성한다고 보아야 한다. 20수에서 1수 부족한 19년의 쿠즈넷 주기와 3수 부족한 17의 한센주기로 분석할 수 있다. 20년 주기가 형성되기 전에 새로운 주기가 생성된다고 보아야 한다. 20수를 3배하면 60년이 되며, 18수를 4배하면 72년이 된다. 60~72년을 더 큰 주기로 움직인다고 보아야 한다. 60년의 6배하면 360수이며, 36수의 10배(72수의 5배수)도 360수이다. 360수가 6분할이면 60수이며, 60수의 3분할은 쿠즈넷 19년 주기이며, 360수가 5분할이면 72수이며, 72수의 4분할은 한센 17년 주기이다.